Choosing Equality

School Choice, the Constitution,
and Civil Society

Joseph P. Viteritti

选择平等
美国的择校、宪法与社会

［美］ 约瑟夫·P.维特里迪　著

何　颖　武云斐　译

广西师范大学出版社
· 桂林 ·

总　序

教育政策中的理性设计与集体经验

一年前，和来访的澳大利亚专家进行了一次关于教育市场化的专题讨论。讨论的议题涉及 20 世纪 90 年代以来，澳大利亚的教育市场化改革中，家长使用"学券＋自费"的方式离开公立学校，导致公立学校日益衰退的案例，也涉及著名的私立学前教育集团 ABC Learning 疯狂扩张，乃至最后崩盘的过程分析。在讨论的过程中，澳大利亚专家多次提到，这场改革是政府主导下的集体试验，没有相关经验，对于家长选择给公立学校带来的影响，也没有进行充分思考。他最后总结道："这些改革的教训不是彻底否认教育选择，而是说明，家庭的教育选择行为和政府分配教育机会的方式是需要彼此配合的，市场需要管制，公立教育需要弹性。"

这次专题讨论使我回忆起五年前，对加州大学伯克利分校法学院教授，也是美国择校研究的核心人物约翰·E. 孔斯（John E. Coons）和史蒂芬·D. 休格曼（Stephen D. Sugarman）的拜访。在那次拜访中，我们谈及我们正在组织翻译的"教育均衡与选择"研究丛书，谈及他们的著作选入该丛书的原因，也谈及中国当时如火如荼的"择校治理"。他们也反复强调，美国的择校研究，是公立学校体系内部的改革尝试，是对不利人群选择权的尊重……应该说，当时的我仅仅从文本上理解了这些，但今天从政策意义上理解了其中的含义。

从开始对择校进行研究，到现在出版"教育均衡与选择"研究丛书，十多年过去了，我和我的同事们越来越少了当初的意气风发，越来越深刻地理解了教育政策的本质。公立教育对公共性、集体利益的追求，与家长对自己孩子未来的关注之间，在很多时候并不一致，因此，在这两个目标之间寻求平衡和妥协，建立一个公平有效的机制，是教育政策的核心追求。这也是"十九大报告"中对我国社会主要矛盾的描述，即"人民日益增长的美好生活需要和不平衡不充分的发展之间的矛盾"，这其中涉及"供需"之间的结构性矛盾，也涉及供给体系内部，地区间、各类供给间的不平衡和不充分。

对于教育体制改革的目标，社会整体的认同度非常高，然而，我们今天却非常缺乏对于策略和政策工具的研究与思考，也缺乏相应的集体经验和感知。即使在法治体系相对健全、阶层差异相对较小的澳大利亚，政策经验的缺乏也使得其教育改革出现了未曾预料的结果。这使我想起了日本著名的发展经济学家对发展中国家的忠告，即技术引进的一个重要条件是进行制度创新，且新的制度要和本国人民的价值体系相一致才能有效运行，这是一个追赶型国家发展的"社会能力"。① 这种社会能力，不仅取决于学者的思考和理论建构，更取决于公众的已有经验和感受。

然而，中国改革开放 40 年的经验表明，社会经验的形成不仅需要多试验、多总结，还需要从多方面寻求间接经验、有益的经验和糟糕的教训。这是我们在新的时期进行国际学术翻译的"新道路"，这些著作不仅仅向我们提供概念和思考，而且和伟大的社会实践与尝试结合起来，反映了这些学者的思考和分析。美国尝试对公立教育体系改革已经近 40 年了，和澳大利亚不同，美国的择校改革主要是在公立学校体系内部进行的，虽然涉及私立学校，但也对这种选择过程进行了严格的招生程序监管和过程监管。这种监管对于公立教育的核心价值的影响，以及各种法庭判例对于公立学校改革的意义，是我们非常稀缺的社会经验。

就我们这些翻译者而言，选择书的过程，也是思考的过程，我们奉献的丛书，也是我们对公立教育基本问题的思考。从贺拉斯·曼（Horace Mann）建立第一个公立学校体系，到今天进行公立教育改革的尝试，美国人用 200 年积累的问题和 40 年积累的改革经验，向我们展示了进行教育体制改革的困难。在学术研究的漫长道路上，尽管枯坐冷板凳，内心会产生强烈的孤独感，但是，面对教育体制改革的关键时刻，需要我们不忘初心，以多年的学术思考、真诚的学术态度，构建教育体制改革的共识，提高社会对政策工具的认识。

组织出版这套学术译丛，从某种意义上说，体现了我们的学术使命。从选书来看，这套译丛中每一本的作者都是美国顶尖学府的当代主流学者，每一本都是他们的经典力作，每一本都由久负盛名的出版机构精心打造，而且

---

① 速水佑次郎.发展经济学——从贫困到富裕［M］.李周，译.北京：社会科学文献出版社，2003：170—175.

每本书的观点不尽相同，是一套在政治光谱上覆盖面较广的、学术观点对比强烈的、思想价值较高的译丛。而且这套译丛的译者中有多位跟原书作者长期学习过或保持长期交流，对原著的理解更加细致深入，因此，我们在准确译介、思想传播方面也不辱使命。当然，这套译丛更重要的学术使命，是通过引介国外经典的、有影响力的学术思想作品，深度反思我国义务教育均衡发展政策的相关话语概念，为择校政策困局寻求疏导之策，为择校问题研究提供可鉴之思。

本丛书第一次推出五本著作，它们分别是：

1.《教育选择：家庭的权利与责任》

本书是教育选择研究领域的学术经典作品之一，在本书中，孔斯教授和休格曼教授围绕着为何要实施教育选择、谁来做出选择以及如何实施教育选择等核心议题展开了论述。其间涉及教育选择的思想流派和理论基础、儿童的利益问题、教育权的归属问题、种族融合问题、教育资助的主体、类型与方式问题等。两位作者分析论证了教育选择在补偿弱势群体方面所能发挥的重要价值和作用，旗帜鲜明地提出了要赋予弱势群体家庭以教育选择权，并构建了一个立法和政策改革的模板。在这两位法学教授看来，教育选择有助于促进教育公平而非损害教育公平。事实上，相较于市场化等改革指向，以教育公平为导向的教育选择计划在实践中最具有可行性，其影响力也是最大的。

2.《选择平等：美国的择校、宪法与社会》

这本书结合历史考察、法理分析和哲学思辨，并以来自大量实证研究的已有成果为支撑，对各种公立和非公立学校间的择校计划及其与教育平等目标的关系进行了系统讨论，为读者描绘了一幅有关学校选择在利益纠结与价值冲突之下动态发展的画卷。不仅如此，作为一名政治学和法学"科班出身"的学者，约瑟夫·P.维特里迪（Joseph P. Viteritti）教授在本书中独具匠心地以公民社会的视角来认识择校，就缔结了美利坚合众国的联邦宪法及其修正案的不同理论解释进行了梳理辨析，对州宪法层面上的阻碍及其与公立学校运动的关系进行了讨论，从教育与公民社会间的深刻联系出发就择校的功能与价值进行了阐释，并以促进教育机会平等为目标提出了学校选择项目合理实施的前提和原则。

3.《拯救学校：从贺拉斯·曼到虚拟学习》

从这本书的名字就可以看出作者立足改革公立学校体系的雄心壮志，不过，这本书本质上是一次历史回顾，它描绘了建国时期、进步教育、人权运动、工会化、法制化、特殊教育、双语教学、问责机制、特许学校、家庭学校……各个时期、不同的方式，在不同时代的教育舞台上出现的重要角色和他们的改革。保罗·E. 彼得森（Paul E. Peterson）教授为我们展示了这些人的教育梦如何走向迷途，公立学校如何成为一场政治足球赛，这其中的两边既不是家庭与社区，也不是政府、法庭与联邦政府。彼得森预见到，虚拟学习可以作为一种解决之道，它可为个体学习注入新的活力，为人们提供个性化的教育和学习方式，这也是公立教育的先驱和哲学家们所一直梦寐以求的结果。

4.《特殊利益：教师工会与美国公立学校》

自 20 世纪 80 年代以来，美国公众对公立学校的质量表现出不满，美国各级政府采取了多种形式的改革，然而成效一般。为什么公立学校的表现差强人意？为什么公立学校无法解雇不合格教师而只能低效运行？为什么数十年的教育改革，代价高昂，学校却拒绝变化、难以提升？特里·M. 莫（Terry M. Moe）教授在分析了大量资料之后，把批评的矛头指向了教师工会。该书通过大量的信息和卓越的分析，以新的眼光审视了美国教师工会政治权力上升的历史、制度基础、政治运作方式，研究结论简单而令人震惊：教师工会是美国近年来教育改革的阻碍力量，它们利用团体的政治合力，通过集体谈判和其他政治活动，为保护自己的利益而抵制那些对孩子们至关重要的教育改革；只要教师工会依然强大，美国学校就不可能真正为孩子提供最有效的教育。

5.《学校、法庭与议会：解决美国公立学校投入产出的难题》

埃里克·A. 汉纳谢克（Eric A. Hanushek）教授长期置身于教育财政问题的研究，并且在相关领域颇具权威。书中回溯了美国教育改革的历史，认为法庭在教育资金和教育政策的制定中起着十分重要的作用。然而研究发现，法庭和立法机构虽然通过决议，将大量资源投入学校，却并没有显著改善学生的成绩。作者认为，这是因为法庭在制定相关政策时，扭曲了对学校和教师的激励。基于此，作者提出了解决美国公立学校投入产出难题的新方法：建立一个基于业绩评价的激励系统，将教育资金与学生业绩表现直接关联。这个系统将赋权并激励教育者，以更好、更高效的决定进行学校管理，从而最终改善学生的成绩。作者利用以往的丰富经验和严谨的数据及研究，说明了为何在公立学校改革中，重构财政制度、激励制度和问责制是必要的。该书对于教育政策、教育财政和学校改革的相关研究具有极大的参考价值。

在很长一段时间里，贫穷限制了我们的选择，因此，当我们拥有选择能力的时候，我们少有考虑我们的选择给整个社会带来了什么。市场是一个选择的工具，但是，市场是和许多工具一起发挥作用的，其中就包括法律、利益相关者组织、财务评价和监管、教师代表……译丛向我们展示了对"教育选择"议题的讨论进入第二代后的复杂的治理体系。

这套译丛从立项到出版前后用时六年多，如今终于要和各位读者见面了，需要感谢的人很多。感激我们的译者团队，大家相互熟知、相互独立、相互交流、相互欣赏、相互支持，以民主的精神、真诚的态度、友善的方式、持久的耐心，建立了超越学术地位、跨越学脉关系、穿越学府界限，虽远在天边却近在眼前，既能独当一面又能相互抚慰的、自由平等的学术合作。真心感谢他们为这个译丛项目持续多年的、精益求精的、不计回报的付出。他们所体现出的思想活力、专业态度、合作精神和理想情怀给我留下了最深刻的印象和最美好的记忆。

除了译者队伍，还要隆重感谢此次翻译工作的支持团队。首先是奕阳教育的张守礼先生，他对这套译丛的出版资助，对编译团队的全程支持，以及在每一次需要出手相助的时候体现出的爽朗、慷慨和温暖，让我们永记心中。译丛的原书作者约翰·E.孔斯教授、史蒂芬·D.休格曼教授、约瑟夫·P.维特里迪教授、保罗·E.彼得森教授、特里·M.莫教授和埃里克·A.汉纳谢克教授，他们多年来给予翻译团队充分信任、关心指导和耐心包容。还要感谢广西师范大学出版社的刘美文、周伟和李影编辑对这套译丛的欣赏和呵护，多年来，他们与翻译团队始终通力合作，最终确保译丛顺利出版。

此外，特别要衷心感谢给译丛的每一本书题写推荐语的德高望重的学界前辈和造诣深厚的学界同仁，这套译丛正是因为有了他们的鼎力推荐，才具有了更加厚重的学术品位。

经过长达六年的不懈努力，我们收获的不仅仅是这套译著成果，还看到一群年轻学者忠于志趣、精诚合作、使命担当，感受到他们以学术为志业，笃定前行、抚慰内心、经世致用的精神气质，更让我感受到中国择校研究不久将迎来春天，正如休格曼教授在给我们的赠言中写下的寄语："致敬下一代的择校研究领域的学者们。"希望这套译丛仅仅是个开始……

是为序。

曾晓东　刘　涛
分别于北京师范大学、华东师范大学

中文版序

当《选择平等：美国的择校、宪法与社会》于 1999 年问世之际，美国教育中同时存在两种关于学校选择的争论。第一种与学校选择的功绩有关。反对者认为，让家长有机会在当地学区举办的传统公立学校之外为子女选择学校的这种做法将对公立教育造成伤害。他们假设，如果给儿童离开学区公立学校的机会，就会有大量儿童选择离开，其结果会导致公立学校的消亡。他们宣称，如果学生就读非公立学校，美国社会所信奉的诸如平等、自由、宽容这些基本理念就会遭受破坏，他们觉得这些基本理念由传统公立学校负责灌输才是最好的。

一些反对者回顾美国教育阴云密布的历史，认为美国南方曾经通过私立学校选择来破坏美国最高法院在"布朗诉学区董事会案（Brown v. Board of Education）"（以下简称"布朗案"）（1954 年）中做出的反种族隔离的司法判决（当时公立学校中的种族歧视违反宪法）。这些反对者似乎混淆了不同时代背景下的私立学校选择。倾向于通过诉讼方式反对学校选择的其他反对者，质疑这种做法——用公共经费资助教会学校或者资助就读教会学校的学生——违反了美国宪法第一修正案（以下简称"第一修正案"或"宪法第一修正案"）中关于禁止建立国教的条款。

我和其他许多人都发现，反对者提出的观点具有讽刺意味。如果这些传统公立学校的辩护者认为，给学生一个选择其他学校的机会就会导致学区公立学校学生的大规模逃离，那么这恰恰说明他们所标榜的公立学校系统的质量并不怎么样。忧虑民主社会基本价值观的同时却拒绝给予家庭择校权，这似乎是虚伪的表现。我们的国家的确曾有一段种族歧视的悲伤历史，但是联邦法院已经对公立学校中的种族隔离做出了裁决。而且，顺便说一句，在灌输美国社会的民主价值观念方面，从整体上来讲，目前并没有系统性的证据表明，私立或教会学校不如公立学校做得好。实际上，有些证据表明，私立或教会学校在这方面做得更好。

2002 年，美国最高法院对资助儿童就读教会学校的合法性问题做出了最终判决，即泽尔曼诉西蒙斯—哈里斯案（Zelman v. Simmons-Harris）（以下简称"泽尔曼案"）。最高法院裁定，当符合以下情况时，资助儿童就读教会学校是合法的：（1）这项资助具有合理的世俗目的，如对贫困儿童的教育援助；（2）这项援助对宗教持中立态度，为广泛的公民提供援助；（3）对教会学校的资助只不过是参加择校项目的家长们自主选择的结果，所以对教会学校的资助是间接的。最高法院由此认定学校选择是合法的，而且是一项具有实际社会效益的有价值的教育政策。

这个案子开始审判的时候恰逢《选择平等：美国的择校、宪法与社会》出版之际。该案是由俄亥俄州的副检察长①向联邦最高法院提起的上诉，他在诉讼过程中为克利夫兰市实施的学校选择计划进行辩护。他在看了我写的这本书之后与我取得联系，因为他认为我的核心观点——选择能够促进教育公平——会有助于他捍卫学校选择计划。他和他的同事们尤其专注于让当时掌握着影响最终判决关键一票的桑德拉·戴·奥康纳（Sandra Day O'Connor）大法官认可他们的观点，而且他们相信，以教育机会为核心论点会博得奥康纳大法官的同情。

择校反对者的见解又一次出现了逻辑问题。他们争辩道，给克利夫兰市的家长们一个让他们使用公共经费为子女选择教会学校就读的机会，这是宗教强制的做法。他们的理由是，教会学校的质量很好，以至于一旦给家长们一个替代性的选择，那些具有良好判断力的家长就不会选择把子女留在公立学校。一天早晨，俄亥俄州首席检察官给我打电话，与我讨论俄亥俄州的立法策略，让我了解这个案子的详情。我听了详情之后轻声地笑了，我觉得，择校反对者雇佣的那些声称捍卫公立教育的律师连事实都没搞清楚，律师费白花了。随后我对首席检察官说，克利夫兰市已经实施了若干项以公共经费支持的择校计划，而这些计划并没有包含教会学校。其他替代性的选择包括由政府提供资金支持的特许学校和磁石学校。首席检察官是一位律师而非一位教育者，他没有考虑到其他可供选择的学校。我提供的这条信息为他在俄亥俄州这个案子中用"广泛选项"的观点来反驳宗教强制的观点提供了事实依据。

在为这个案子（最终被递交到最高法院）撰写专家证言时，我清晰概述了

---

① 在美国的司法体系中，联邦和各州都设有副检察长（the solicitor general）一职。该职位由联邦和各州的总检察长（the attorney general）直接领导，作为相应的政府部门的代理人参与最高法院的诉讼活动。——译者注

其他可供家长选择的择校项目，并且证明，还有比得到原告承认的更多的可供家长选择的传统公立学校的替代选项。俄亥俄州首席检察官还请其他专家为这个案子提供了相同的证言。这些证言有助于我们解决一些摆在我们面前的法律问题。同时，我的证言中的核心观点把我带回了那个在《选择平等：美国的择校、宪法与社会》一书中明确表达过的有关教育机会的观点中，而这个观点在奥康纳大法官看来，我们也希望在其他大法官看来，是如此重要的一个理由。

这把我们带回到文章一开头提到过的第二个争论中，它发生于这本书出版的时候。该争论存在于支持学校选择的阵营内部的学者和倡议者之间。不可否认，在泽尔曼案中支持学校选择的专家们来自左右两个阵营，然而，不论过去还是现在，阵营内部的观点分歧都很重要，而且这种分歧曾经是推动我撰写这本书的动力。

也许争论是一个过重的词。在择校的支持者中的确存在观点的细微分歧，但是这些观点都很重要。一方面是那些赞成以市场模式择校的倡议者和学者，最著名的是经济学家米尔顿·弗里德曼（Milton Friedman），他在一篇发表于20世纪50年代中期的呼吁提供非排他性的教育券的文章中表露了他的观点。自由市场主义者认为，如果每位儿童使用由政府提供的教育券来选择就读公立、私立或教会学校，会产生两种情况：其一，把政府资源投入自由市场中，会刺激更多的人兴办学校；其二，家长会被教育质量更好的学校吸引，学校之间的竞争会使教育质量不佳的学校遭到淘汰。虽然弗里德曼没有使用特许学校这个术语，但是他自己当时已经预料到类似学校的出现，而真正的特许学校20年后才出现。自由市场主义者自信地认为，市场自身就可以促使美国教育得到好转，无需任何政府干预。对他们来说，政府对学校的干预会导致学校被过度管制，而且使他们想要替代的这个学校系统变得臃肿。

弗里德曼的观点在1990年被向前推进，那一年约翰·丘伯（John Chubb）和特里·莫（他的书也在这套中文译丛之列）出版了《政治、市场与美国学校》（*Politics, Markets and American Schools*）一书。作为政治科学家，他们还从制度分析的视角深入剖析了以下问题，即为什么政治体制没有能力使公立教育产生有意义的改变。至少可以这么说，这本书对公立学校的许多捍卫者来说是一种挑衅，他们把这本书视为旨在消亡公立教育的宣言。丘伯和莫认可那些捍卫者对这本书的如此描述，这导致人们对公立学校系统的进一步担忧。

如果说撰写《选择平等：美国的择校、宪法与社会》的目的是斥责那些反对学校选择的观点，那么另一个目的则是回应市场派的观点。当时，我很荣幸约翰·丘伯接受我的观点，还为此书做封面推荐。他后来成为市场派的标志性人物。特里·莫和我是多年的朋友，但是在学校选择这个问题上，我们的确存在分歧。一方面，不论当时还是现在，在我看来，政治进程会使一项非排他性的教育券计划变成现实，这似乎是不可能发生的事。丘伯和莫对政治进程的分析本来能够使他们达成与我相同的结论；但是在某种意义上说，他们的择校方案与弗里德曼的择校方案类似，是一种旨在激起强烈愿望的理想模式，即使不必然成为现实——尽管一些自由市场主义者仍然在谋求一种基于完全市场化的学校系统。另一方面，一个更有效的政治现实已经突然出现在美国教育领域。一种具有革命意义的择校方式出现在密尔沃基和克利夫兰，它完全改变了学校选择的话语体系——由讨论市场竞争变为讨论机会公平。

对于什么可以被称为学校选择的机会派或平等派，人们众说纷纭。杰克·孔斯（Jack Coons）① 和史蒂芬·D.休格曼（他们合作的书也被收录在这套中文译丛中）在 20 世纪 70 年代掀起了一场全国性的学校财政改革运动，他们设计了一个方案，将实施择校作为解决学校拨款不平等的一项措施。在密尔沃基和克利夫兰，黑人家长和社区活动家要求将择校作为表现不佳的公立学校的一种替代性的选项，他们的子女原先通常被托付于这类公立学校。他们要求获得教育券。我想，这里需要讲述一下往事。我在职业生涯的早些年曾经专注于研究失败的城区学校，并取得了一些发现。对于这些学校来说，教育券所提供的选择，如果算不上一种解决方案的话，至少可以作为一种回应。这些来自陷入困境的城市的社区倡议者为之前所述的择校的道德观点奠定了政治上的群众基础。自由派白人的子女从未经受过由教育的失败而带来的屈辱，他们被迫注意到这个问题，并对此做出了一些适当的回应。

密尔沃基和克利夫兰的择校计划与市场化择校在两个方面有明显不同。不是给所有家长教育券，而是这两个城市规定，只给低收入家庭发放教育券。不是因害怕政府过度管制而把政府排除在择校计划之外，而是规定政府对择校计划拥有监督和问责的责任。这些规定吸引了我，成为我在撰写《选择平等：美国的择校、宪法与社会》这本书以及日后持有的立场的基础。

---

① Jack Coons，即 John Coons，Jack 为作者对其昵称。

　　基于需求的择校是吸引人的，因为它显而易见的公平。关键在于，中产及以上阶层家庭已经在行使选择权了。他们能够搬迁至以高税收强力支持公立学校发展的社区，或者他们能够负担送子女就读私立学校的学费。基于需求的择校可以成为一种均衡器，尽管从来没做到完全均衡。这本书问世后，佛罗里达州已经立法通过了一项全州范围的择校计划，该计划仅针对那些长期就读于失败公立学校中的学生。了解到这类学校中低收入或少数族裔的学生占相当大的比例后，我也支持了这项计划。而且我确信，没有儿童应该被托付给这类学校。弗里德曼本人坚决认为，贫困家庭会从他设计的那种非排他性的教育券计划中获得最大利益，所以说，他明白教育券计划具有重新分配的潜在功效。

　　我承认非排他性的教育券未必会导致一个必然结论，即大多数儿童将会继续就读于由传统学区举办的公立学校。在我看来，这意味着，人们不能够指望把择校作为一种既能扩大教育机会，与此同时还能提高大多数学生将会就读的公立学校的教育质量的方法。我对那些公立学校的看法不是很消极，而有些择校的反对者则认为大多数家庭想要逃离公立学校。不可否认，城市学区就是一个巨大的失败的口袋，大量贫困的少数族裔学生困入其中，这种情况需要得到改变。对于大多数择校的赞成者，不论他们依从右派的市场路径，还是左派的机会路径，应该说我都赞成他们的立场。在学校选择这个议题上，我从来没有听说过有谁不想让公立学校办得好。

　　当我 1999 年撰写《选择平等：美国的择校、宪法与社会》的时候，特许学校已经在 33 个州和华盛顿特区出现了。至今为止，存在特许学校的州又增加了9 个。美国目前有 6 200 所特许学校，就读的学生有 2 300 万。这类公立学校的入学政策不是基于需求的，因为他们不歧视种族和阶层。然而，他们服务的学生中，低收入和少数族裔的学生占很大比重，这些学生希望有替代性的选项，从而离开失败的公立学校，而不是被指定进入那些学校。因此，特许学校给那些有更高学业需求的儿童提供选择的机会。不幸的是，由于对这类学校的学位需求超过了这类学校的招生能力，大多数特许学校都采取摇号的方式录取学生。结果是，特许学校提供的机会，也许被描述为"基于偶然的教育"更为确切，而不是"基于选择的教育"。我们的确需要开办更多这类特许学校。

　　有 26 个教育券计划正在 15 个州服务着 167 950 位学生。几乎所有这些计划都是基于需求的，并且要求某些形式的政府问责。尽管最高法院已经在2001 年做出了最终判决，在联邦层面为资助学生就读教会学校扫除了障碍，许多州的宪法依然有各种各样的法律条款，被用于取缔教育券计划。这些法规是诉讼的基础，在具有合法性的同时也具有政治性色彩。佛罗里达州的教育券计划就因这类诉讼而被废止了，缅因州和佛蒙特州的教育券计划也是如此。尽管如此，俄亥俄州和印第安纳州目前依然正在实行全州范围的教育券计划；而且华盛顿特区正在实施一项受联邦资金支持的教育券计划。

17个州实行抵税、奖学金或教育支出账户，旨在给贫困学生的家长或设立奖学金计划的第三方捐助者提供税收优惠。这类计划更不容易受到诉讼的伤害。因教育券、抵税、奖学金和教育支出账户而获得裨益的学生共约35万人。这些受益者中超过20%是残障学生，他们属于基于需求进行择校的那一类群体。

好消息是，学校选择正在不断发展，它持续为处于危机的儿童创造机会。令人沮丧的消息是，资助这些各种各样的计划的是州立法机构，而州立法机构容易受到来自学校选择的反对者的政治影响。因此，公立性质的特许学校和受公共资金或税收补贴资金支持的私立及教会学校的生均教育经费支出，往往低于学区公立学校的生均教育经费支出。绝大多数的选择学校服务的对象是弱势群体，这种悬殊差别对它们来说特别不公平。这就是为什么在美国教育领域中争取公平和公正的斗争必须继续下去。

关于这些受资助的选择学校与学区公立学校的学校效能的比较研究的证据是模糊的。最起码可以说，选择学校在与学区公立学校达到相同学术标准的前提下，前者对纳税人来说成本更低，但是这还不够。在我看来，择校的目的是平等而不是经济。应该给就读于自己所选学校的学生和就读于学区公立学校的学生提供相同的资助。这是一个关于简单正义①的问题。

几乎所有关于学校选择的评估研究的证据都一致表明，与不能择校而必须就读学区公立学校相比，家长对子女在择校后接受的学校教育更加满意。家长感到自己有权利和宝贵的机会为子女做决定。还有什么比这更民主呢？

约瑟夫·P. 维特里迪

于美国纽约

2016 年 5 月 22 日

---

① 此处作者一语双关。学者理查德·克鲁格（Richard Kluger）于 1976 年出版了一本名为《简单正义》（*Simple Justice*）的专著，该书对布朗案及美国黑人为争取平等而进行的斗争进行了历史研究，曾入围 1977 年历史类书籍的美国国家图书奖。此处作者引用该书名，意指择校与权利平等密切相关。——译者注

英文版序

    虽然这本书是几年前才正式立项的，但是我想说，它其实已经酝酿了二十余年。我对教育的兴趣产生自 1978 年，当时，我曾经效力的研究所的教授弗兰克·麦基亚罗拉（Frank Macchiarola）担任了纽约市公立学校系统的一把手，并且在组建团队时邀请我加入其中。从那时起，我有幸与波士顿和旧金山的学区督学们一起承担了一些短期任务。但这只是我在纽约最初三年的经历，而当我走出研究所之后，我对城市教育的看法开始变得更加深入。

    麦基亚罗拉不同于他的绝大部分前辈，他并不是一个在公立学校系统中一步步爬至这个位置的职业化的教育工作者。无论是他本人还是在他身边的大多数人，都并不认同他们所管理的这个系统。这个庞大而杂乱无章的官僚机构支配了这个城市的教育，而我们对它的看法完全是实用的：它要么成为落实新政策的工具，要么于势必进行的重要改革而言就是一个不可容忍的阻碍，必须被处理掉。

    当现在已故的罗恩·埃德蒙兹（Ron Edmonds）离开哈佛大学并作为教学事务的高级顾问加入我们的团队后，我们的教育议程有了更加清晰的界定。那时候，罗恩正处于"有效学校运动"这场赫赫有名的全国性运动之中。他当时很是焦虑不安，原因是第一份科尔曼报告表明，家庭背景是儿童学业成就的最关键的决定性因素。因而，他必须证明，在决定儿童的学习情况方面，学校确实发挥了影响作用。他断言，"所有的儿童都能学习"不仅会在纽约成为新的学校管理座右铭，还将成为遍及全美的具有改革思想的教育者所奉行的哲学表述。

    对于推进教育质量和平等需要什么，罗恩有着清晰的认识。他强烈敦促，如果我们需要提升美国教育的状况，那我们的着手点必须是改善那些成绩最差的学生的机会。只要做到这一点，剩下的事情就会水到渠成。罗恩属于在美国最早公开反对将校车作为推进教育机会的机制的那批黑人教育家之一——这并不是因为他不支持反隔离，而是因为他认为更重要的是在黑人和贫困儿童居住的社区内建立高效的学校。

　　在这个国家最大的公立学区为期三年的公共服务，为我提供了写出我所学习到的经验的机会，此后，我回到了学术界。我观察的核心，同时也是我在1983年所出版的一本专著的主题，聚焦于学校系统的政治结构与其客户之间存在的巨大分歧。正如城市教育主管办公室方面下定决心所要改革的一样，对这个学校系统及其任命的官员最有影响力的那些成员与那些实际上就读于这些学校的服务对象之间确实鲜有共同之处。这些具有影响力的群体经常声称其言论代表了学生和家长，但他们的利益却并不总是与此一致的。有影响力的群体和政治上处于弱势的受众间的主要分歧导致了政治上的困境，即要想追求一个能够维护那些受教育水平低下的孩子的利益的公平议程变得困难重重。这个窘境在今天仍然存在，并且不仅仅在纽约，它存在于这个国家里的几乎每一个城市学区。

　　尽管有这些政治上的观察，我在纽约的经验曾经还是让我彻底相信大城市学区是可以有效管理的，只要有决心和毅力，就可以使这些庞大的官僚系统满足所有儿童的需要。然而这种说法并没有经受住时间的考验。总的来说，大城市的学校系统在教育那些最不幸的学生上做得并不那么让人信服。这就像要将巨石推上山顶那样，总是只有短期的且容易逆转的进展。陈旧的官僚结构沉重地压迫着那些兢兢业业的教育工作者，他们日复一日地努力将这个被毫无人情味儿的规章制度所左右的系统变得人性化。

　　为了实现美国教育和社会的平等，我们需要赋予贫困家庭的父母维护其子女最大化利益的行动能力，并且为他们提供替代薄弱学校的可选项。本书中，我的目的旨在解释，向贫困人群提供特许学校和教育券形式的学校选择是如何以及为什么能够促进平等。在此，有几个问题引起了政界对教育选择的热情。

　　在准备本书的过程中，我得到了来自各方的大力支持。第五章和第六章的部分内容来自我对两篇旧文章的修改调整，这两篇文章曾经发表在《耶鲁法律政策评论》（1996年）和《哈佛法律与公共政策杂志》（1998年）上。布鲁金斯学会出版社的鲍勃·法赫蒂（Bob Faherty）和南希·戴维森（Nancy Davidson）最早对这一研究给予了支持，克里斯·凯拉赫（Chris Kelaher）见证了它诞生的全过程。盖瑞·凯斯勒（Gary Kessler）在编辑的过程中给予了有益的意见，英格·洛克伍德（Inge Lockwood）和苏珊·费尔斯（Susan Fels）分别对正文和索引进行了校对。

　　我是如此幸运，有这么多朋友、同事和伙伴愿意与我分享他们的专业知识，并在研究的各个发展阶段部分或全部地阅读我的作品。其中，我要特别感谢戴维·阿莫（David Armor），约翰·查布（John Chubb），杰克·孔斯，弗洛伊德·弗莱克牧师（the Reverend Floyd Flake），霍华德·富勒（Howard Fuller），威廉·高尔斯顿（William Galston），史蒂夫·吉尔斯（Steve Gilles），迈克尔·海斯（Michael Heise），吉姆·雅各布斯（Jim Jacobs），汤姆·詹姆斯（Tom James），弗兰克·麦基亚罗拉，布鲁诺·曼诺（Bruno Manno），苏珊·米切尔（Susan Mitchell），迪克·奈兹（Dick Netzer），迈克尔·麦康奈尔（Michael McConnell），黛安·拉维奇（Diane Ravitch），克里斯汀·罗塞尔（Christine Rossell），还有我的妻子罗斯玛丽·所罗门（Rosemary Salomone），她在全心投入她自己的专著研究时还给予了我无私的支持。我还要感谢我的研究助理凯文·科萨（Kevin Kosar），我的行政助理乔伊斯·贡（Joyce Kong），他们充满耐心地辛勤工作。我同样要向约翰·M.奥林基金会和博德曼基金会表示感谢，他们慷慨支持了这项研究。当然，我本人对本书的内容承担全部责任。

谨以此书献给我的儿子Andrew，他每天提醒着我，孩子是我们最珍贵的礼物。

约瑟夫·P.维特里迪

目 录

第一章　思考选择

　　将近半个世纪前，有一小部分来自堪萨斯州首府托皮卡市的黑人女孩的家长们走进联邦法院的法庭，主张每个美国儿童都应具有平等获得良好教育的权利。从那时起，政治的进程中加入了值得纪念的一类计划，即争取国家致力于这一理想主张，然而，结果却并不尽如人意。我们将孩子送上驶向敌对环境的大巴士，我们在犹疑不定的项目上投注巨资，我们在制度改革的边缘上小修小补，我们甚至试验了若干种不同形式的学校选择——其中一些促进种族融合，另一些则帮助处境不利的儿童获取了更多的学习机会。尽管有了琳达·布朗（Linda Brown）践行其有关平等的期望的勇敢努力以及一系列出于好意的政府行为，然而在美国，种族和阶层仍然与教育成就紧密相关。

　　在过去的 10 年中，若干实现选择的新途径被提出，鼓励了提升教育质量的竞争。其中最流行的包括特许学校——一种已经在 40 多个州和哥伦比亚特区实施的限定于公立学校间的选择形式，提高了在教育领域出现制度创新的希望。最有争议的选择途径莫过于教育券，在这种途径中，政府向那些送孩子就读私立学校和宗教学校的家庭提供资助。密尔沃基和克利夫兰实行了一种修正版本的教育券，旨在造福那些家庭经济状况符合特定标准的孩子。弗罗里达州则在 1999 年颁布了全州性的教育券计划，该计划的目标对象是那些就读于长期落后学校的儿童。

　　无论是面向公立还是私立学校，这些学校选择项目的共同特征是，旨在为学生提供除了该学区公立学校之外的其他更广的教育选择机会。当今大部分的学校选择支持者相信，准许父母为其子女选择学校能促进竞争并激励学校改进。然而，选择的概念具有多样和复杂的谱系。

　　社会科学家追踪了由经济学家米尔顿·弗里德曼在 20 世纪 50 年代中期提出的具有煽动性的教育券计划，这位诺贝尔奖获得者在这一计划中展望了一个由政府资助但由私人运营的学校系统。[1] 弗里德曼的计划，其设计明显地减少了政府在初等和中等教育中的角色，尤其为自由市场的倡导者所接纳，并且至今仍激发了许多人对于更保守的政治议程的向往。[2]

20 世纪 70 年代前期出现了若干不同形式的教育券计划。这些计划由西奥多·赛泽（Theodore Sizer）、克里斯托弗·詹克斯（Christopher Jencks）、约翰·孔斯和史蒂芬·休格曼等人提出，[3] 其文章通常与自由主义的社会议程存在联系。他们各自的提议皆聚焦于欠发达地区的教育需求，并且与后来在密尔沃基和克利夫兰通过的计划有着惊人的相似之处。

对特许学校的支持也在不同的教育群体中出现了。全美教师联合会（American Federation of Teacher）的已故主席阿尔伯特·尚克（Albert Shanker）是这一理念最早的支持者之一，他将特许学校视作提升公立学校质量的可行性举措。[4] 现如今支持特许学校的两位最能言善辩的捍卫者，亚利桑那教育局长丽莎·格雷厄姆·基根（Lisa Graham Keegan）和来自明尼苏达的前一线教师出身的研究者乔·纳森（Joe Nathan），其中一人支持教育券，而另一人则对此强烈反对。

对于不同的人而言，学校选择具有不同的意义。根据相应的制度设计，选择可以用来促进各种各样的政治目标，因此绝不能将其完全归属于政治上的右翼或者左翼。在本书中，我的目标在于解释，如果能够周密实施的话，选择是怎样被用来促进平等目标的实现的。我将以具有里程碑意义的布朗案判决的原则宣告为我的出发点。这个由最高法院在 1954 年正式宣告的令人惊叹的命令，即使以今天的标准来看，也是个雄心勃勃的主张。它保证的不仅仅是给予黑人平等的教育机会，而且是在美国尝试建构一种包括了法律、社

---

[1]   Milton Friedman, "The Role of Government in Education," in Robert A. Solo, ed., *Economics and the Public Interest* (Rutgers University Press, 1955).

[2]   参见 Andrew J. Coulson, *Market Education: The Unknown History* (Transaction Press, 1999); David K. Kirkpatrick, *Choice in Schooling: A Case for Tuition Vouchers* (Loyola University Press, 1990); Myron Lieberman, *Privatization and Educational Choice* (St. Martin's Press, 1989)。

[3]   参见 Theodore Sizer, "The Case for a Free Market," *Saturday Review*, January 11, 1969; Christopher Jencks, "Giving Parents Money to Pay for Schooling: Education Vouchers," *New Republic*, July 4, 1970; John E. Coons and Stephen D. Sugarman, "Family Choice in Education: A Model State System for Vouchers," *California Law Review*, vol.59 (1971)。

[4]   Albert Shanker, "Restructuring Our Schools," *Peabody Journal of Education*, vol.65 (1988).

会、经济和政治结构上的全面的伙伴关系。这一主张蕴含了教育在自由社会中扮演关键角色的观点，是一种具有洞察力的论述。我希望在它所形成的洞见和宪政传统的基础上继续努力。

我们已有的形式多样的学校选择提供了丰富经验，从中能够学到许多东西。有令人鼓舞的证据表明，如果决策者的政策制定适当，择校能够提升所有儿童的受教育机会，并且，这个过程还能强化美国民主的良好运行。这些证据中有部分仍然并不清晰。我们并不能完全预见一个尚未充分证实的命题的结果。但是，我们确实知道，教育的现状是不能容忍的。我们也知道，迄今为止，政策制定者已经采取了措施来改变教育不平等的格局，但是显然这些方法已被证明并不令人满意。

我并不认为学校选择——无论其采取何种形式——将有助于治愈已困扰了美国这么多年并且挥之不去的不平等问题。我也不觉得有必要做出声明来解释其作为我们的学校问题的解决方案之一所具有的作用。与医学界的科学家不同，教育研究者从未发现，并且可能永远也不会发现可用于应对教育顽疾的神奇对症药物。因此，我们的明智做法是执行那些能够帮助减轻当下的痛苦并且有助于长期治疗的处方。学校选择，在适当规划的情况下，能够满足这一要求。

要准确判断学校选择对于改进教育的贡献，我们必须对普遍状况有更好的感知。在教育中，要做到这种判断并不容易，因为问题的性质、严重程度，甚至是问题究竟存在与否，在专业人士那里并没有一个明确的共识。

很难责怪美国对学校不负责。自1970年以来，人均教育支出已经增长了63%[1]，然而增加的支出并没有使学业表现获得与之相称的改善。纵然我们比经合组织内除了奥地利和瑞士以外的其他所有国家都投入了更多的生均教育经费，美国学生在国际评估中的得分依旧一直低于其他国家的同龄人。[2]

在基础教育阶段，美国的人均教育支出是5 300美元，而国际平均水平是3 310美元；在高中阶段，美国的人均支出是6 680美元，而其他区域的平均

---

[1] James W. Gutherie, "School Finance: Fifty Years of Expansion," *The Future of Children: Financing the Schools*, vol.7 (Winter 1997), p.9.

[2] Eric A. Hanushek, "Conclusions and Controversies about the Effectiveness of School Resources," *Economic Policy Review*, vol.4 (March 1998).

水平是 4 340 美元。① 虽然花费更高，但是美国 8 年级学生在 1996 年的第三届国际数学和科学测试中的得分却只居于中间水平。1998 年发布的一份报告显示，在与其他 21 个国家的学生进行比较时，我们的高中毕业班学生的数学和科学得分居于第十八位，仅领先于立陶宛、塞浦路斯和南非。② 综合来看，分数表明，年级越高，美国学生比他们在国际上的同龄人则落后越多。

有学者质疑上述比较的有效性，并拒绝承认美国的教育做得不好。③ 他们指出，至少有一部分支出的不一致可以通过在美国的总体生活成本较高来解释。其实我们的一些竞争对手——加拿大、丹麦和瑞典——相比于美国，在教育上花费了更高比例的国内生产总值。考虑到若干代美国人忍受了这个国家的贫困人口没能接受学校教育的实践，一些评论家提醒我们，我们现在正教育着比以往任何时候都庞大的学龄人口，并且学生们有在学校接受更长时间教育的倾向。他们解释说，学校前所未有地被人们要求来应付更多的贫困人口，该困扰甚至淹没了贫困、社会衰退及对于美国语言和文化的陌生等问题。然而，他们也指出，美国人始终享受着世界上无与伦比的先进舒适的技术水平，并且美国的经济仍然是最强的，因为全球其他地区在一次又一次的危机中倒退。

为了对我们的现状提供一个均衡的观察视角，劳伦斯·斯特曼（Lawrence Stedman）发表了若干言论，更直接地表达了本书所提的中心问题。④ 斯特曼认为，在过去的 30 年中，美国学生的知识基础实际上已有微小的下降。他指出，这一问题甚是微妙：在知识和技能处于停滞时，对它们的需求却不断升

① Organization for Economic Cooperation and Development, *Education at a Glance*: *OECD Indicators* (*1997*), (Washington, D.C., 1997).

② "Pursuing Excellence: A Study of U.S. Twelfth Grade Mathematics and Science Achievement in International Context," *Third International Mathematics and Science Study*, 1998. 参见 Deborah Viadaro, "U.S. Seniors near Bottom in World Test," *Education Week*, March 4, 1998。

③ 对现状的部分积极评价可参见 David C. Berliner and Benjamin J. Biddle, *The Manufactured Crisis*: *Myths, Fraud and the Attack on America's Public Schools* (Adison-Wesley, 1995); Richard Rothstein, *The Way We Were*: *The Realities of America's Student Achievement* (Washington, D.C.: Century Foundation, 1998); Gerald Bracey, "Are U.S. Students Behind?" *American Prospect*, vol.37 (March-April 1998)。还可以参见 William Raspberry, "The Good News About U.S. Schools," *Washington Post*, March 6, 1998。

④ Lawrence C. Stedman, "International Achievement Differences: An Assessment of a New Perspective," *Educational Researcher*, vol.26 (April 1997).

级，而由种族和阶级所导致的成就差距持续存在。在过去，一个没有高中文凭并且没有一技之长的人可能拥有体面生活，然而在后工业经济时代的 21 世纪，这种可能性变得更低。缺乏适当的教育，使人们在生活的边缘挣扎，并且难以看到改善的机会。经济结构的变化对那些在知识学习上落后的人造成了严重的后果。

克里斯托弗·詹克斯和梅雷迪思·菲利普斯（Meredith Phillips）最近发表的论文将黑人和白人之间的分数差距作为研究主题。在他们对研究成果的全面介绍中，詹克斯和菲利普斯指出，虽然从 20 世纪 70 年代开始，在缩小学业表现的差距方面已经有了一些进步，然而，黑人学生在大部分的标准化测验中的分数普遍比他们的白人同学低 75%，在一些全国性的测验中甚至低了 85%。[1] 随后由苏珊·迈耶（Susan Mayer）和保罗·彼得森所发表的文章也为人们呈现了一系列的研究发现。其研究表明，测验分数表现出的基础技能差距很好地解释了种族群体间的收入差异悬殊。[2] 更多的证据表明，在犯罪、健康和家庭结构等问题上，教育和收入两方面的悬殊差别总是与种族差异紧密关联。这种情况使得詹克斯和菲利普斯提出，"如果种族平等是美国的目标，那么，减少黑人和白人之间的考试成绩差距，可能会比任何其他拥有更广泛政治支持的政策更为有效。"[3]

谁需要选择

《卡潘》杂志（一本在教育工作者间广为流传的期刊），就公众对学校的态度组织了超过 30 年的盖洛普民意测验。该调查从 1994 年开始询问受访者是否愿意支持一项这样的提案：允许父母自主选择将子女送入公立学校、私

---

[1]　Christopher Jencks and Meredith Phillips, "The Black-White Test Score Gap: An Introduction," in Jencks and Phillips, eds., *The Black-White Test Score Gap* (Brookings, 1998), p.1. 同时可参见 Christopher Jencks and Meredith Phillips, "America's Next Achievement Test: Closing the Black-White Test Score Gap," *American Prospect* (September-October 1998)。

[2]　Susan E. Mayer and Paul E. Peterson, eds., *Earning and Learning: Why Schools Matter* (Brookings, 1999). 同时可参见 William R.Johnson and Derek Neal, "Bask Skills and the Black-White Earnings Gap," in Jencks and Phillips, *The Black-White Test Score Gap*; Derek Neal and William R. Johnson, "The Role of Premarket Factors in Black-White Wage Differences," *Journal of Political Economy*, vol.104 (October 1996)。

[3]　Jencks and Phillips, "The Black-White Test Score Gap," p.4.

立学校或者教会学校，而政府为此支付全部或者部分学费。1994 年第一次提
出这个问题时，只有 45% 的受访者赞成这一想法，但此后这种意见上的相对
均衡发生了变化。1996 年的支持率下降到 43%。然后在 1997 年，首次出现
了表示支持的受访者略多的情况（49% 支持，48% 反对），并且支持率从那时
起逐步增长。① 在普通民众总体上表现出的意见分歧之下，更具有戏剧性的
是在特定人群之间的二元分歧。对教育券这一想法表示支持的最主要群体是
黑人（62% 支持，34% 反对）、非白人族裔（61% 支持，36% 反对）、收入为
20 000—30 000 美元的人群（55% 支持，43% 反对）、收入为 10 000—20 000
美元的人群（53% 支持，42% 反对）以及体力劳动者（53% 支持，44% 反
对）。教育券的反对者主要是郊区居民（51% 反对，45% 支持）和收入在
50 000 美元及以上的人群（57% 反对，41% 支持）。②

　　上述研究结果表明，在对待教育券的态度上存在着种族和阶级的分歧。
华盛顿政治与经济研究联合中心（Joint Center for Political and Economic
Studies in Washington）在 1997 年的一项研究也再现了这一结论。该研究的作
者发现，57.3% 的黑人和 65.4% 的西班牙裔支持教育券，而白人的意见则更为
平均（47.2% 支持，47.4% 反对）。数据显示，黑人（10.6%）和白人（4.8%）
对教育券的支持率在短短一年间都有了显著增长。③ 后续的研究也表明，不同
群体对待教育券问题的态度至少是不经意地与他们对于当地公立学校的满意
度有关。大多数白人（60%）对他们当地学校的评价是"优秀"或者"良好"，
而只有 34.3% 的黑人和 39.4% 的西班牙裔给出了这种满意的评价。④

　　投票的结果并不出乎意料。虽然部分郊区学区显现出一些通常被认为属
于城市的负面特征，但是大部分郊区的家长对他们的子女所就读的公立学校
表示了满意，而他们确实应当如此。他们的学校相对安全，资金充足，外观
迷人，并且在教育上卓有成效。由于居住在较小的区域，与管理者和教师的

---

① 据"家长对公立学校的态度的卡潘 / 盖洛普调查（1998 年）"，在 1998 年，支持率上
　升为 51%（反对率为 45%）。

② Lowell C. Rose, Alec M. Gallup, and Stanley M. Elam, *The 29th Annual Phi Delta Kappan
　Gallup Poll of Public Attitudes toward the Public Schools* (September 1997), pp.48-49.

③ David Bositis, *1997 National Opinion Poll—Children's Issues* (Joint Center for Political and
　Economic Studies, 1997), p.7.

④ David Bositis, *1997 National Opinion Poll—Children's Issues* (Joint Center for Political and
　Economic Studies, 1997), p.6.

关系能够更加个性化，郊区居民更容易与他们孩子所在的学校建立联系。学校选择，即使是一种温和形式，也可能对这些社区实际构成新的负担。由于允许那些来自糟糕内城区的学生跨学区就读于郊区学校，学校选择可能迫使许多郊区家长面临各种社会问题和教育问题，因为他们之所以定居于郊区就是为了避免这些问题。总的来说，居住在郊区的中产阶级居民并没有就读于私立学校的强烈动机；即使他们有这样的需要，不住宿的走读学校也通常位于或者靠近于内城区。

郊区的白人居民抗拒学校选择的所有理由，却恰恰是内城区的父母们认为学校选择具有吸引力之处。安全性是许多内城区学校的现实担忧，在这些学校中，学生们会仅仅为了避免来自同学的骚扰威胁而待在家里。[①] 传承自19世纪的大规模并且缺乏人情味儿的工厂式学校系统实在难以得到认同，且破旧不堪需要经常修复的校舍对学生和老师而言都有失尊严。[②] 更重要的是，正如历年来标准化考试成绩所证明的那样，这些机构大部分都不能有效地开展教学。

《教育周刊》(*Education Week*)在1998年发布的一项研究结果显示，从全国范围来看，城市公立学校的学生中，大多数人的学业成就甚至达不到最基本的水平。[③] 在城市学校的4年级和8年级学生中，只有40%的人在全国性的阅读、数学和科学测验中取得了令人满意的成绩。与此同时，接近三分之二的郊区和乡村区域的学生达到或超过了标准水平。这些统计使用了来自"国家教育进步评估(National Assessment of Educational Progress, NEAP)"的全国性数据，结果显示出城市学区中少数族裔儿童的种族和密集程度对学业差距的限定性作用。虽然全美国只有24%的学生就读于内城区学校，但是

[①] 1994年进行的一项对公立学校家长的全国性调查显示，80%的黑人父母认为子女所在的公立学校有严重的毒品和暴力问题，只有58%的白人父母这么认为。——引自 Jean Johnson and John Immerwahr, *First Things First: What Americans Expect from the Public Schools* (Public Agenda, 1994)

1995年发布的全国性调查显示，7.1%的黑人高中生（只有3%的白人学生）承认他们"在学校感觉不安全"。——引自 Education Statistics (National Center for Education Statistics, 1995), p.275

[②] Diane Ravitch and Joseph P. Viteritti, "Introduction," in Ravitch and Viteritti, eds., *New School for a New Century: The Redesign of Urban Education* (Yale University Press, 1997).

[③] "Quality Counts '98: The Urban Challenge," *Education Week*, vol.17 (January 8, 1998), p.12.

这一比例在穷人中达到 35%，在少数族裔中达到 43%。因此，少数族裔的父母试图扩大子女的教育选择不足为奇。

公共议程组织（Public Agenda）和公共教育网（Public Education Network）于 1998 年也完成了一项全国性的调查。① 在此，黑人父母再次表达了对于学校选择的强烈支持。60% 的被访者表示，在不存在费用障碍的情况下，他们希望能够将子女从公立学校转学到私立学校。更值得注意的是调查中所证明的结论，即黑人和白人家长在对公立学校的期望上存在强烈共识。这个结论基于公共议程组织所主持的为期数年的研究。在 1994 年，绝大多数黑人父母（91%）和白人父母（95%）都认为，确保安全、维持秩序和传授知识是良好教育的标志。② 该报告引人注意之处在于，黑人父母（80%）承认，相较于实现诸如种族融合等社会目标而言，他们更希望学校能够更加重视学业水平的提高。在进一步的询问中，这些黑人父母中有77% 的人强调了他们要求提升那些失败的学校的学业水平，以使得学生只有在学会了他们应当学会的知识时才能够升到更高年级。许多人（黑人父母群体）觉得，教师忽视了他们的孩子，或者为他们的孩子设定了较低的期望值，仅仅因为他们是黑人。多数人（60%）认为，黑人学生的低学业成就并不仅与内城区的区位有关，超过一半的人（54%）认为，影响着学生的这一问题与家庭收入无关。

教育研究者丽莎·德皮特（Lisa Delpit）坚持认为，在许多白人教育工作者和对孩子有着不同期望的少数族裔家长之间存在着严重的文化分歧。前者强调"人性化"的开放课堂和更灵活的评价方法；黑人改革者们则更注重基本学术能力的发展，因为这些能力总归有助于孩子进入主流社会。黑人父母希望他们的孩子能够在标准化的学业测验中表现良好，以使这些孩子能够切实地得到一个机会去享受中产阶级生活的全部好处。德皮特解释道：

　　许多自由主义教育家认为，教育的首要目标是使儿童在不受外力的任意强加之下实现自身的自主和充分发展。对于那些已经参与到权力文化之中并且将之内化为其行为准则的人而言，这是一个非常合理的目

① Public Agenda, *Time to Move Ob: African-American and White Parents Set an Agenda for Public Schools* (New York, 1998).

② Johnson and Immerwahr, *First Things First*.

标……但是并不秉持这种（自由主义）文化理念的父母却期望获得其他东西。①

在公共议程组织的调查中，白人父母承认黑人儿童并未获得与白人相同的教育机会，但是白人父母们对于纠正这一境况的意愿却并不那么紧迫。在调查中，54%的父母承认黑人儿童没有在优质学校上学，但是63%的人同时也认为大部分的白人儿童也是同样的情况。54%的黑人父母表示教育的不平等问题是"一个必须尽快解决的危机"，而只有33%的白人父母这么看。共计74%的黑人和57%的白人认为向薄弱的公立学校投入更多的资金和资源是一个很好的或者不错的点子，但是两组被试也同时普遍认为，必须采取措施保障这些额外的资金能够被妥善使用。而在54%的黑人父母支持面向就读于薄弱的公立学校的学生发放可以在私立学校使用的教育券的同时，只有36%的白人持相同观点。支持实施特许学校的黑人和白人比例相同（55%）。

虽然学者们可能不停地讨论美国教育体系的有效性，但是有一个事实是显而易见的：我们在贫困儿童的教育上做得远远不够，他们之中有较大比例的黑人和西班牙裔美国人生活在内城区。穷人比其他任何人都更知道这一点。长久以来，有关教育改革的所谓争论一直是中产阶级的演员—政客、教授、记者及法学家等之间以如何提升社会最不利成员的地位为议题的对话。

渴望实现教育平等的政策制定者们无可避免地必须仔细倾听穷人和弱势者的意见。许多对现状感到沮丧的人，已准备好超越旧的补救措施并且尝试一些不同的做法。就像慢性健康危机的受害者，那些遭受过最严重痛苦的人往往最倾向于尝试新的药物。鉴于最低的损失和最大的收益，他们愿意接受一种不同的治疗试验所带来的风险。然而，许多专业人士都不会这么主动建议，毕竟变化中固有的风险可能是真实且不可小觑的，特别是在配方不恰当时。

合理的怀疑

学校选择计划的实施引起了学术界大量的忧虑与批评，其中大部分是有

① Lisa Delpit, *Somebody Else's Children: Cultural Conflict in the Classroom* (New Press, 1995).

根据的。① 这些被普遍关注的争论主要分为三个大类：教育、宪法和公民。虽然这三者是相互关联的，但接下来我们将依次介绍。

人们所关注的研究表明，公立和私立的选择计划都显示出，采取过择校行动的父母倾向于获得更好的教育，并且比那些不这么做的人更加精明。② 这暗示了贫穷的父母并没有充分了解那些可以为其子女所用的教育选择或者没有认识到某些学校可能具有他人所不具备的优势。家长做出明智决策的能力如此不均衡，可能造成一种排序的状况，即穷人留在薄弱的教育机构，而有更好准备的学生则从中退出并选择进入学术表现优异的学校。在这种（文献中通常形容为"脱脂"或者"乳化"③）境况下，低水平的教育机构会变得越来越差，因为较弱的学生依然聚集于此。由于种族、阶级和学业表现之间的强相关关系，这一排序过程实际上可能有助于种族隔离，并且加剧教育不平等问题。

如若引入教育券，上述情况将变得更加黯淡。一旦确立了经费跟着学生走的原则，可以预见，大量中产阶级家庭会将子女从公立学校转入私立学校或者教会的教育机构。中产阶级的撤离影响的不仅是薄弱学校，而是整个公立学校体系。税款从公立学校向私立教育机构转移可能给学区带来财政上的

---

① 批评择校和教育券的主要学术研究有：Kevin V. Smith and Kenneth J. Meier, *The Case against School Choice: Politics, Markets and Fools* (M. E. Sharpe, 1995); Peter Cookson, *School Choice: Struggle for the Soul of American Education* (Yale University Press, 1994); Jeffrey R. Henig, *Rethinking School Choice: The Limits of the Market Metaphor* (Princeton University Press, 1994); Amy Stuart Wells, *Time to Choose: America at the Crossroads of School Choice Policy* (Hill & Wang, 1993); Edith Russell and Richard Rothstein, eds., *School Choice: Examining the Evidence* (Washington, D.C.: Economic Policy Institute, 1993); Timothy Toung and Evans Clinchy, *Choice in Public Education* (Teachers College Press, 1992).

② Bruce Fuller and Richard E. Elmore, eds., *Who Chooses? Who Loses? Culture, Institutions and the Unequal Effects of School Choice* (Teachers College Press, 1996); Terry M. Moe, ed., *Private Vouchers* (Hoover Institution Press, 1995); Sabrina Lutz, "The Impact of School Choice in the United States and the Netherlands on Ethnic Segregation and Equal Educational Opportunity," *Equity in Education*, vol.29 (1996).

③ 这里的"脱脂"（原文：skimming）的比喻，来自黄油的制作过程，对牛奶充分搅拌以后，把上层的油脂搜集起来就是黄油。"乳化"（原文：Creaming）是提炼奶油的过程，把牛奶加热到一定程度，然后自然冷却，搜集上面结的一层奶皮，最终可以制成奶油或黄油。这两个过程都被看作在搜集牛奶过程中的精华部分，此处以此比喻学校的"掐尖儿"现象。——译者注

压力，而这些学区里有许多已经面临着严重的财政问题了。中产阶级选民奔向非公立教育机构的这种流失，可能促使政治领导者进一步减少对公立学校的资金投入。

持怀疑态度者所设想的最坏结果是导致一种教育上的种族隔离，即中产阶级的孩子就学于优质私立教育机构，而穷困的少数族裔学生则囿于劣等的公立教育系统。怀疑派指出，在其他的消费领域，自由市场并没有很好地服务于穷人，因此无法保证新兴的私立学校将来也能这么做。仅仅是快步走过内城区的居民区，你就会发现，曾经存在的超市、药店或者电影院，要么倒闭了，要么搬迁到了收入前景更好的地段。

虽然在教育券议案上经常存在反对的教育意见，但是在其面前最重大的实质挑战是法律。宪法学者声称，政府资助教区学校或者向其学生提供学费援助违反了宪法第一修正案的"建立国教条款"。[1] 在多个场合，他们的立场得到了美国最高法院的支持。[2] 联邦制度允许 50 个州为教会和国家的分离各自设置法律标准，这使得法律约束变得更加复杂。许多州的州宪法将"布莱恩修正案（Blaine Amendment）"的声明登载入内，因此其政教分离的标准相较于宪法第一修正案的设置要求更高。[3] 这就是为什么在过去的 5 年内，反对教育券计划的法律挑战大多数发生在如威斯康星州、俄亥俄州、佛蒙特州和缅因州等州法院中的原因。

这些宪法关注的核心在于深刻理解教育在保障我们民主制度健康运行中所扮演的角色。[4] 一个多世纪以来，公立学校是传递美国公民文化价值的主要载体，它以自己独特的机制，在由历史的偶然性聚集到一起的多样化的群体和个体中雕琢出一个独立的人。批评者质疑学校选择将如何危及这个凝聚的过程。他们担心选择可能最终分裂学校并且使得学校成为强调差异的地方，

---

[1] 例如，可参见 Leo Pfeffer, *Churchy State and Freedom* (Beacon Press, 1967)，本书在批判教育券时提出的法律论据，至今仍是最有力的。

[2] 例如，可参见 Committee for Public Education and Religious Liberty v. Nyquist, 413 U.S. 756 (1973); Sloan v. Lemon, 413 U.S. 825 (1973)。

[3] 参见 Joseph P. Viteritti, "Blaine's Wake: School Choice, the First Amendment, arid State Constitutional Law," *Harvard Journal of Law & Public Policy*, vol.21 (1998)。

[4] Benjamin R. Barber, "Education for Democracy," *The Good Society*, vol.7 (Spring 1997); Mary Jane Guy, "The American Common School: An Institution at Risk," *Journal of Law & Education*, vol.21 (1992).

从而伴生出根据不同宗教、种族、文化和思想的集群而设立的彼此区隔的学校。无论是特许学校还是教育券，都可能为极端组织、宗教或者其他机构提供一种机制，助其使用财税建立学校以推进偏狭主义并破坏美国的民主原则。如果放任其发展，学校选择最终可能对公民生活、公民意识和我们作为自由人的生存能力产生不利影响。

所以为什么要选择？既然它如此危险！难道是在拿学校选择的理念当儿戏？

学校选择的案例

从迄今为止已经呈现的材料来看，对学校选择优点的讨论明显集中于两个不同的层面。知识分子就分配正义、市场动态、宗教自由和公民社会等议题进行抽象深奥的讨论；而子女囿于薄弱学校的贫困者对此问题则以更为本能的方式进行理解。后者的利益更加直接和个人化，其直觉意见在民意调查中显而易见。相关讨论中可以洞见一个突出的事实，即就算不是绝大多数，但至少对于许多美国人而言选择已经存在。

大多数的美国人有经济能力生活在或者搬迁至具有相匹配水平的学校的社区，[①] 并且相当多的人有能力负担与其自身价值观相契合的私立或者教会学校。穷人却没有能力进入这样的教育机构。由国家教育统计中心于 1997 年公布的一项调查显示，五分之一的美国家长表示，他们在子女入学事宜上行使了选择，并且另有五分之二的人表示，他们决定住哪儿的影响因素之一是相应社区的学校质量。在那些子女进入指定公立学校的家长们中间，年收入在 50 000 美元及以上的人中有 60% 表示学校质量是其选择住所的因素之一，与之有别，收入在 15 000 美元及以下的人中仅有 40% 这样认为。[②]

当要决定子女就读于哪所学校时，穷人群体的选择相对较少。即使没有社会科学的证据，我们也知道这是事实。因为如果穷人有更多选择的话，那么多的父母还将孩子送到这种通常由穷人就读的学校是一件不可想象的事。从教育平等的视角来看，以下是教育选择最有说服力的论据：事实上一些美

---

① 参见 Thomas J, Nechyba, and Robert P. Strauss, "Community Choice and Local Public Services: A Discrete Choice Approach," *Regional Science and Urban Economics*, vol.28 (1995)，本文提出了以经济政治为基础的选择模型；Margot Slade, "First the Schoolhouse, Then the Home," *New York Times*, March 8, 1998, sec. 11，本文更偏向以新闻工作者的视角看待这一问题。

② National Center for Education Statistics, "National Household Education Survey," *The Condition of Education*, 1997 (1997).

国人拥有选择而一些人没有；事实上，选择的可获得与否在很大程度上与经济和社会阶级相关；必须可悲地承认，缺乏选择已经将人口结构中的一整段弃置于那些中产阶级家长绝不允许他们的子女就读的学校；民意调查不断提醒我们，许多不具有选择机会的人确实希望能够为自己的孩子选择学校。

过去，我们通过校车和跨区就读的办法为穷人家的孩子提供通道，使其能够进入更好的学校。然而这种学校选择的方式已经不再是合意的。在后面的章节中，我将解释为什么我认为该政策有失妥当并且不利于弱势群体及其社区。现在，让我们继续讨论选择问题。

现有的数据描绘了现行制度下谁在选择，突出了先前提出的问题，即预期将选择扩散至更广人群的公共政策会具有负面影响。特别是当结合父母满意度的信息来看时，材料显示，对中产阶级撤离公立学校的担忧可能是过虑了。公共教育所做的，要比唱空的论文所暗示的好得多。根据盖洛普民意调查显示，在评价子女学校时，64% 的美国父母的评级是 A 或者 B，23% 的父母的评级是 C。[1] 正如已经指出的，中产阶级和郊区家庭的满意程度更高。我们几乎没有理由去预期，学校选择会使大批处于满意状态的父母离开公立学校，尤其是在许多人已经在当前制度中找到了选择途径的情况下。

将相关迹象——学校表现的测验、父母满意度的反馈以及学校选择的调查数据——视作一个整体来看，可以合理地预测，如果学校选择成为公共政策中的成熟制度，少数族裔、穷人和内城区的家长会更倾向于利用退出公立学校的选择权。因此，对"脱脂"效应的担忧也可能被夸大。然而，这并不是说，在进行政策设计的背景下，将不会出现其他需要解决的问题。让钱跟着学生走的做法确实会伤害公立学校系统的财政收入。然而，以学生在其家庭所在学区的人均教育费用为教育券金额的限度，能够保证财务状况中立持平。财政政策没有理由对为儿童择校进行奖励或惩罚。

预期中让学生逃离表现薄弱的城市学区的状况，在给弱势人群带来积极发展的同时，也可能会产生其他问题。其中之一是容纳力问题，理想的教育机构要满足学生的空间使用要求。容纳力是将择校延伸至非公立学校的一个理由，尽管这么做将不可避免地引起宪法问题。容纳力的提升也可以通过采取强有力的特许学校计划实现，该计划可以作为在公共领域内新增大量新的教育机构的机制。

---

[1] Rose, Gallup, and Elam, *Phi Delta Kappan Gallup Poll*, p.48.

　　通常情况下，对少数族裔学生而言，离开城区公立学校去读私立的或教会的教育机构，他们会在这种接受私立或教会学校教育的新环境中（相比于他们曾经习惯的环境）有着更好的种族融合状况。在某些情况下，弱势学生大规模转学至新成立的特许学校可能导致这类教育机构中贫困生和少数族裔学生的比例过高。一些观察家将后一情况归类为隔离的一种形式。我们可以用专业术语对此进行讨论。尽管存在这一状况，将布朗案之前的可怕境况与特许学校的新近发展划等号是不合理的。一个是基于种族歧视而将儿童排斥于学校之外，另一个则是儿童为实现其教育目标而自愿加入学校。一个旨在限定机会，而另一个则是扩大机会。

　　无论学校选择是否作为改善教育的战略被广泛实施，总是会有一些家长更有见识、更警觉，同时也更积极地为其子女寻找最好的学校。我们现在已经在公共教育中见到了这种情况。有些家长只是更善于获取适当的信息并在教育系统中钻空子，以确保他们的孩子能够进入其可能进入的最好的学校。可以合理地假设，很多符合这种描述的人受过更好的教育并且享有其他一些社会优势。摆在我们面前的问题是，一个全面的学校选择系统是会缓解现存的不平等，还是会加剧它。选择的批评者所设想的最坏情况是一个分层的教育系统，其中白人和中产阶级学生能够进入最令人向往的学校，而少数族裔和贫困儿童则因为进入了其他人不想就读的薄弱学校而掉队。

　　或者应该冷静地注意到，学校选择的反对者所想象的可怕噩梦与现在存在的境况距离并不遥远，二者可能比大多数美国人所愿意承认的要更加相似。在设定相应目标的情况下，选择可以帮助扭转乾坤。当越来越多具有优势的父母为了自己孩子的利益而钻空子时，教育政策难以在短期内改变这种态势。但是它能够改变制度，从而移除或者至少减少弱势父母面前存在的经济障碍。如果学校选择作为一种减少不平等的机制被采纳，那么相应的公共政策设计必须明确地有益于就读于薄弱学校的贫困儿童。长远目标必须是提升弱势人群的受教育机会，使之更加接近中产阶级的受教育机会。

　　保证没有一个孩子留在薄弱学校的最好办法是，采取政策制止薄弱学校的持续存在。当然，没人愿意进薄弱学校。问题是，当我们被建议关闭这些学校时，我们有时候会假装不知道应该对那些就读于这种学校的孩子做些什么；所以通常的反应是留下这些学校并且尝试办得更好。对于那些掉队了的不幸的孩子，相关工作确实做得不够好。

　　对此问题更合理的应对是，让这些孩子进入更多类型的学校：普通公立学校、特许学校、私立学校和教会学校。穷人家长或许不像中产阶级家长那样见多识广，但是他们似乎清楚应该为子女要求什么，并且这些需求与他人的需求并无多大区别：安全的学习环境和较高的学术水平。正如米尔顿·弗里德曼在很久前就告诉我们的，给予更多的父母为其子女择校的权利，能够为普通公立学校提升教育水平提供必要的动力。同时，将公共经费从暮气沉沉的系统中解放出来，还能够促进新的公立和私立学校的成立。

我将在第八章中借鉴前人的观点描述我的方案。由于该方案的目标旨在帮助穷人，它与通常被认为和自由公共议程相关的社会再分配政策具有很大的共同点。就像弗里德曼和其他自由市场的支持者所提出的计划一样，该计划对竞争的力量寄以厚望，期望将能够鼓励真正的竞争；但是不同于后者剔除政府在教育中的角色，该方案旨在改变政府角色。除了经营公立学校外，政府还具有对参与了由税收支持的学校选择或者特许学校计划的学校进行质量监控的重要责任，无论其是公立学校还是私立学校。

政界中左右两派的不同观点所具有的共同点，相比其各自的支持者所愿意相信的要多得多。在接下来的 3 章中，我将挖掘大量的经验和证据来解释为什么、怎么做以及在怎样的条件下学校选择可以被用以推进教育平等。在此过程中，我们会更加明晰，在美国，有关学校选择的争论并不只是一个哲学上的思辨，还是一个高度政治化的论战。该论战涉及那些居于大量危机之中的实权集团（实质上或意识形态上），他们各个都声称自己是儿童利益的最佳代言人。学校无法从他们的激烈斗争中开脱出来。

要对选择议题进行公正的讨论，我们必须进入持续的且有时沉闷乏味的有关公立学校及私立学校绩效的方法论上的和实质情况上的学术讨论。我准备解释为什么我相信，内城区的教会学校能够比同一地区的典型公立学校更好地满足贫困儿童的教育需求。鉴于在本书的写作之前，研究者们在此话题上进行了长期激烈的争论，我并不幻想能够让那些由于某个或某些原因而表示反对的人心悦诚服。然而，我会力劝他们尝试超越经验主义的争辩，并如其批评者们所恳求的那样去承认，选择在根本上是一个关涉重大的政治和法律价值并且无法抗拒的问题。

大多数的经验主义者会同意学校选择，没有实质性的证据表明选择对弱势学生的教育有坏处。鉴于现状中固有的不平等，这些认识不仅限制了进一步实验的风险，还推进着——如果不是顺应着的话——局面的进展。事实上，我准备在考试成绩这一重要议题之外，进一步推进这一问题的讨论。我意图证明，扩大学校选择项目能够使得早先提出的某些重要问题也附带地获益。这将使我们在本书的后半部分（第五至第七章）回到法律和公民社会的必然议题上。这些问题与择校紧密关联，因为我们的宪法是一张描绘了充满活力的民主国家的蓝图。如果在改进弱势儿童教育的过程中，我们在由宪法第一修正案宣告的宝贵自由上有所妥协，或者损害了公民社会，我们所取得的胜利便是空洞的。

我再一次发觉，由选择的反对者所发起的批评，现在基于不同的理由来看都没有说服力。在此情况下，他们提醒我们的那些威胁并不只是夸大了，在某些方面他们甚至存在错误认识并违反了直觉。如果我能够转变批评者的论点，我将解释一个精心设计的学校选择制度，如何在推进教育平等的同时，服务于宗教自由的提升和公民社会的振兴。然而，在此之前，我们需要对构成宪法的基本原则有一个更深刻的认识。

宪法与公民社会

宪法是否如此严格地要求政教分离，以至于禁止资助就读于教会学校的学生？事实上，"分离"这个词并未出现在宪法第一修正案中。当宪法的制定者们提出拒绝国教的理念时，他们并没有更多地表现出，他们认为政府和宗教组织之间有重大的法律冲突。至少当时的政教分离没有达到今天这样严格的程度。相反，在该修正案制定的时代，政府和宗教组织间的积极互动相当普遍。① 在建国之始，政治共同体的概念本来就来自宗教团体的组合。② 教育，之所以能够以有组织的方式实施，得益于神职人员的监督，并通常由地方税

---

① 参见 Ellis Sandoz, *A Government of Laws: Political Theory, Religion, and the Founding* (Louisiana State University Press, 1990); Thomas J. Curry, *The First Freedoms: Church and State in America to the Passage of the First Amendment* (Oxford University Press, 1986); Patricia U. Bonomi, *Under the Cope of Heaven: Religion, Society and Politics in Colonial America* (Oxford University Press, 1986)。

② 参见 John G. West, *The Politics of Revelation and Reason: Religion and Civic Life in the New Nation* (University Press of Kansas, 1996); Barry Allen Shain, *The Myth of American Individualism: The Protestant Origins of American Constitutional Thought* (Princeton University Press, 1994); Barbara Allen, "Alexis de Tocqueville on the Covenantal Tradition of American Federal Democracy," *Publius*, vol.28 (Spring 1998)。

收支持。①

　　虽然争议在美国法律的构建中是司空见惯的，但是即使对于富有创造力的法学思想家而言，将政教分离转变为绝对的分隔也代表着概念上的巨大飞跃。在现代西方民主国家中，这种对宗教自由的解释非同寻常。② 这一法律概念及其所具有的全部权威，源自我们在法律体系中相对新近的司法创新。

　　直至 1947 年，最高法院本身都未曾援引过著名的"杰斐逊比喻"来表示教育领域存在"分离之墙"。③ 较久之后，到了 20 世纪 70 年代，这面"墙"才被提升到了一个非同寻常的高度，任何对宗教学校的附带资助都被禁止，而这么做可能并未具有多大的益处。相关判决所做出的禁令，使得一位杰出的宪法学者评论道，最高法院已然混淆了宗教自由和宗教排斥。④ 看来，在其他学校普遍可参与的情况下，将宗教学校单独排斥在政府资助的项目之外，增加了其他的宪法问题。

　　伦奎斯特法庭 ⑤ 的判决放松了这种对分离的死板理解。运用宪法第一修正案的推论（特别是"自由行使条款"）和第十四修正案提出的"平等保护条款"，伦奎斯特法庭有效地联系了自由行使和平等主义，数次裁定政府项目不得歧视并排除宗教机构的参与资格。⑥ 最近一次在 1998 年，最高法院拒绝审理对威斯康星州法院判决的上诉，该决定支持了以公共资金资助儿童选择教

---

① 参见 Bernard Bailyn, *Education and the Forming of American Society* (Vintage Books, 1960)。

② Charles Glenn, *Choice of Schools in Six Nations: France, Netherlands, Belgium, Britain, Canada, West Germany* (Department of Education, 1989).

③ *Everson v. Board of Education*, 330 U.S. 1 (1947).

④ Michael W. McConnell, "Religious Participation in Public Programs: Religious Freedom at the Crossroads," *University of Chicago Law Review*, vol.59 (1992), pp.127-134.

⑤ 伦奎斯特法庭，指 1986 至 2005 年间，由威廉·H. 伦奎斯特（William H. Rehnquist, 1924-2005）担任首席大法官时期的美国联邦最高法院。——译者注

⑥ 参见 Joseph P. Viteritti, "Choosing Equality: Religious Freedom and Educational Opportunity under Constitutional Federalism," *Yale Law & Policy Review*, vol.15 (1996), pp.137-142, 187-191; Carl H. Esbeck, "A Restatement of the Supreme Court's Law of Religious Freedom: Coherence, Conflict, or Chaos?" *Notre Dame Law Review*, vol.70 (1995); Michael A. Paulsen, "Religion, Equality, and the Constitution: An Equal Protection Approach to Establishment Clause Adjudication," *Notre Dame Law Review*, vol.61 (1986).

会学校的密尔沃基学校选择法令的合宪性。①

　　最高法院确认了一项重要的区分，即：将财政资助给予宗教学校，这样做一般被质疑；而将资助恰当地给予就读于这些学校中的个人，这样做一般是允许的。事实上这并不是一项新近的理念创新。这一区分可以追溯到 1930年的判决，② 并且其运用贯穿于法院的现代历史中。

　　在美国最高法院对资助事宜表现出妥协倾向的同时，州法院"战场"上有关教育券的法律斗争已然激烈。其间，在各州宪法的范围内，反对者们越来越依赖于布莱恩修正案，该法案的条款对分离的限定更加严格。联邦和各州之间在分离的标准上存在冲突，这一冲突引出了一些关乎美国联邦制度的有趣问题并且有可能导致真正的宪法危机。

　　我们的联邦制度允许各州运用各自的标准，在联邦政府授权的范围之外定义权利。但是各州不得运用其自身法规——无论是州宪法条款、法规、司法判决或者行政行为——来缩小已经纳入美国联邦宪法保护的权利。为防止宗教学校的学生从公共财政资助的择校项目中占便宜而严格实施的分离标准，影响了自由的行使和平等的保护，从而引起了人们的密切关注。与对选择的其他限制一样，这种严格分离给穷人造成的负担最重，因为他们没有能力为自身渴望的宗教教育买单。虽然最高法院 1998 年拒绝审理对威斯康星州法院判决的上诉能够给选择的支持者以些许安慰，但是除非法院设定了与各州自身状况相符的明确标准，否则一些人的权利仍然会处于一种不确定的状态。

　　我们能够在超过半数的州宪法中看到布莱恩修正案的规定，这种情况突出表明了曾经影响政教关系长达一个多世纪的逻辑被反转了。虽然许多严格的分离主义者将布莱恩修正案视作保护宗教自由的法律机制，然而对布莱恩案的历史考察表明，该案产生于 19 世纪时用以直接对抗天主教移民的宗教偏执和不容忍的思想。它并非建构于宪法第一修正案的精神，反而对之强加了限制。其倡导者认为这些限制恰是宪法和《人权法案》中遗漏了的。制定布莱恩修正案的规定的丑陋政治，在此制造了一个戏剧化的实例，显示了政府机构为维持其在初等和中等教育经费上的法律垄断所固有的危险。

　　宪法第一修正案的含义，及其中两个有关宗教的条款之间的适当平衡，

----

① 杰克逊诉本森案（Jackson v. Benson），威斯康星州法院 1998 年初审判决，同年联邦最高法院拒绝受理对初审结果的上诉。

② *Cochran v. Board of Education*, 281 U.S. 370 (1930).

应当放至更广泛的宪法文本中才能得到最好的理解。《人权法案》通过为个人自由设置法律界限的方式，防止政府过度扩张对个人的损害。使用该法案来缩小个人选择的范围，这种想法似乎有些弄巧成拙。宪法第一修正案的"设立"条款对政府施予的法律约束，必须经受在自由社会中必不可少的政治价值观的衡量。① 这些彼此存在竞争的价值在第一修正案的"自由行使"条款中体现得最为明显。体现得不那么明显，但是在 21 世纪的文明中同样令人不可抗拒的价值是，为每个人接受良好教育提供平等机会。宪法并未明确阐述这一价值，但是最高法院在布朗案中，为促进对民主制度至关重要的更广泛的政治、经济和社会平等，以宪法第十四修正案为基础做出了这一规定。

虽然严格的分离主义者在解释联邦宪法时倾向于从杰斐逊② 的智慧中汲取启示，然而麦迪逊③ 的思想在此或许能更好地予人以启迪。后者的多元主义政治模式塑造了联邦宪法和依据其成立的联邦政府，且其中有关于政治多元化的高瞻远瞩为我们今天仍然为之奋斗的平等理念奠定了坚实基础。这两位先贤的论著中，对于宗教的态度都不是始终如一的。不过，麦迪逊更为看重宗教对于培育健康的民主制度可能发挥的作用：他的见解后来获得了托克维尔④ 的拥护，并且被当代社会科学研究者所进行的大量研究所证实。⑤

无论是麦迪逊还是托克维尔可能都没有预计到，19 世纪后公共学校将在促进不同人群融合并形成国家认同中扮演如此重要的角色。不过，他们可能会同样为那些宗教与教育分离论者的思维方式感到惊讶，因为这些论者认为只有公立学校才能够培养民主政府所必需的基本价值。但是并没有证据能够支持这一假设。相反，资料表明，美国的教会学校在培养学生承担民主社会

---

① 参见 Leonard Levy, *The Establishment Clause*: *Religion and the First Amendment* (Duke University Press, 1994)。

② 托马斯·杰斐逊（Thomas Jefferson，1743-1826），美利坚合众国第三任总统，美国开国元勋，《独立宣言》的主要起草人之一。——译者注

③ 詹姆斯·麦迪逊（James Madison, 1751-1836），美利坚合众国第四任总统，美国宪法的总设计师之一，"美国宪法之父"。——译者注

④ 阿历克西·德·托克维尔（Alexis-Charles-Henri Clérel de Tocqueville，1805-1859），法国著名历史学家、政治学家。——译者注

⑤ 例如，可参见 Sidney Verba, Kay Lehman Schozman, and Henry Brady, *Voice and Equality*: *Civic Voluntarism in American Politics* (Harvard University Press, 1995), pp.75-79。

的公民责任方面相当有效。① 无论是由父母买单还是由公共财政资助，宗教教育本身并不天生厌恶民主精神。

某些极端的宗教团体可能会将教育券视作通过办学来挖自由社会墙角的契机。这些团体，以及那些激进的政治团体，可能还把教育券当作推进危害美国民主制的公共议程的途径。处理这种威胁的恰当方式是借以恰如其分的公共警惕，并不是拒绝让绝大多数诚信为本的群体或其他珍视美国生活方式的人进行选择。以严格的分离标准来禁止政府资助那些期望子女接受宗教教育的人，可能给虔诚的宗教人士造成沉重负担。而这些人，恰恰是宪法第一修正案意图保护的对象。

再次重申，在对变化所固有的风险进行预评估时，我们必须接受现状所固有的内在限制。与所有有关于学校选择或教育券如何可能削弱美国的民主制社会结构的讨论相伴随的是，公民参与水平有待提升，这一方面在当前的教育制度下曾经欣欣向荣。人们流行以"独自玩保龄球（Bowling Alone）"来比喻美国人对待社会的态度。② 公众对政府机构和政治领袖缺乏信心；选举和社区生活的参与率不断下降；并且，从本书的角度来看最让人不安的是，进行有意义的参与所需的社会资本分布不均。③ 更精确地说，教育的不平等与政治的不平等间存在负面关联。如果我们致力于促进美国民主制度的良好运行，则有必要重构对公民生活的兴趣。对于争取到那些心怀不满者的参与而言，这是不可避免的。但是，我们必须以向所有公民提供良好的教育为起点。宗教学校可以有助于上述所有方面。

在过去的几十年中，政策制定者们为增强贫困人口在政治过程中的声音和影响力，设计了各种方案。他们曾经试图修正以限制贫困人口的政治力量为目的的有缺陷的教育。虽然这是出于好意，但是许多这类计划都脱离了他们试图帮助的对象的实际需求。决策者没有意识到，改进教育是促进人们有

---

① 参见 Jay P. Green, "Civic Values in Public and Private Schools," in Paul E. Peterson and Bryan C. Hassel, eds., *Learning from School Choice* (Brookings, 1998)。

② Robert D. Putnam, "Bowling Alone: America's Declining Social Capital，" *Journal of Democracy*, vol.6 (January 1995).

③ Robert D. Putnam, "Turning In, Turning Out: The Strange Disappearance of Social Capital in America," *PS*: *Political Science and Politics*, vol.28 (December 1995); Joseph S. Nye, Jr., Philip D.Zelikow, and David C. King, eds., *Why People Don't Trust Government* (Harvard University Press, 1997); E.J.Dionne, *Why Americans Hate Politics* (Simon & Schuster, 1996).

意义地参与公共生活必不可少的第一步。他们也没有充分理解，教会如何可以成为改进教育和振兴公共生活的宝贵资源。

政策过程中的一个重大悖论是，有关弱者利益的决策很少由那些被认为从其中受益的人做出。丽莎·德皮特所指出的存在于课堂上的文化不和谐，通常在公共政策领域也有所显现。政教分离是白人与中产阶级的法律和社会观念，它与黑人社区的道德观念存在分歧，并且破坏了黑人社区中最具意义的地方机构。自建国以来，在美国的社区诞生之前，教堂在公民生活中扮演了如此重要的角色。[1] 在奴隶制度中，教堂是唯一能够让黑人感觉其远离周围可怕环境的机构。黑人教堂同时也是 20 世纪 50 年代和 60 年代民权运动的主要组织力量。[2]

最近几年，宗教团体在黑人和西班牙裔的社区中积极提供工作、住房及其所需的社会服务，在这些社区的发展中发挥了重要作用。[3] 教会的功能不仅局限于精神层面，它也是为穷人提供社会变革最重要的力量。在城市教会中，一些富有创新精神的牧师开始创办自己的教会附属学校，以期在薄弱的公立学校之外，为社区民众提供另一种选择。他们明白良好教育的重要性，这是社会所有其他方面进步的基础；并且他们深知其学校的宗教使命，这些学校是对抗他们身处其中的社会堕落的有力手段。除了这些由教会开办的学校，还出现了一些新型的黑人独立学校，其中许多是由基督教的牧师创设的，但现在不再隶属于教会。

由于缺少对那些付不起学费的贫困家长的公共资助，黑人教会和独立学

[1] C. Eric Lincoln and Lawrence H. Mamiya, *The Black Church in the African-American Experience* (Duke University Press, 1990). Lincoln 和 Mamiya 的这本专著为该领域的权威研究成果，同时也可以参考 Judith Crocker Burris and Andrew Billingsley, "The Black Church in the Community: Antebellum Times to Present," *National Journal of Sociology*, vol.8 (Summer-Winter 1994)。

[2] Taylor Branch, *Parting the Waters: America in the King Years* 1954-1963 (Simon & Schuster, 1988); David Garrow, *Bearing the Cross: Martin Luther King, Jr., and the Southern Christian Leadership Conference* (Morrow, 1986); Aldon M.Morris, *The Origins of the Civil Rights Movement: Black Communities Organizing for Change* (Free Press, 1984); Hart M. Nelson and Ann K. Nelson, *The Black Church in the Sixties* (University Press of Kentucky, 1975).

[3] 参见 Robert Woodson, *Triumphs of Joseph: How Today's Community Healers Are Reviving Our Streets and Neighboorhoods* (Free Press, 1998); Robert D. Carle and Louis A. DeCarlo, eds., *Signs of Hope in the City: Ministries of Community Renewal* (Judson Press, 1997); Samuel G. Freedman, *Upon This Rock: The Miracle of a Black Church* (HarperCollins, 1993).

校的发展受到了限制。与此同时，宝贵的税收被投入到由政府开办的学校中，而这些学校让一代又一代的弱势儿童学业失败。在等待本地的公立学校改善的同时，家长们又在种族平衡的旗帜之下，被鼓励于将孩子送去其他社区接受适宜的教育。只要压制教会的权力、剥夺儿童就近获得良好学校教育的公共政策盛行，改善贫困社区的公民生活质量不可能真正有希望。

下文各章节概要

第二章中，我将探讨平等的几个互相矛盾的定义，并讨论它们与教育政策的关系。然后，我将斟酌自 1954 年的布朗案以来，追求教育机会平等的若干路径。人们的探索包括种族融合，增加补偿教育计划和学校财政改革的支出，以及在政治上赋权。相关研究的文献综述表明，它们对贫困的和少数族裔的儿童的学业表现影响很小，并最终在增加教育机会上成为无效的代名词。

第三章将探讨各种不同的学校选择计划及其与教育平等目标的关系。我将审慎地分析这些方法，解释人们已经实践过的各种教育券提案和各类公立学校选择项目间的显著差异，如磁石计划、控制性选择、地区间选择和特许学校。每一种计划都对应了一个不同的平等概念。对这些计划及其实施情况的仔细考察表明，其中许多方案在设计思路上对弱势群体的欲望、需求和利益进行了妥协。

第四章将聚焦于非公立学校——私立学校和宗教学校——在增进处境不利人群的教育机会上所能够发挥的作用。在此，我将会对构建了多样化的择校和教育券计划的复杂政治联盟进行考察。我将回顾有关于非公立学校的社会科学研究，密尔沃基和克利夫兰的教育券实验，以及全国范围的支持私立学校的教育券计划的发展。迄今为止，这些计划仍然显示出模糊但是令人乐观的迹象。不过，鉴于我们长期未能满足贫困社区的教育需求，在现有的资料之下，我们没有理由对进一步的实验感到灰心。

第五章的重点是宪法问题。我将从对联邦宪法的制定原则的考察开始，对杰斐逊和麦迪逊的影响力进行比较，解释为什么后者的观点对于理解宪法第一修正案更有助益。我将详述，在强大的世俗哲学在公立学校的课程中占据主导地位的情况下，法律对教育券的禁止如何为那些具有强烈的宗教认同并希望以不同的方式教育子女的贫困人群带来特别沉重的负担。对宪法第一修正案的法理分析将说明，伦奎斯特法庭在对教区学校的学生提供政府资助问题上呈现的妥协态度，符合美国长久以来的宪政传统。对联邦宪法的这一解读，对于推进教育机会平等而言意义重大。

　　第六章将处理州宪法的问题。近年来，对于学校选择计划的实施而言，州宪法变成了比联邦宪法第一修正案更突出的法律障碍。在此，我将考察州法律的演变及其与公立学校运动的关系。许多州的法律继续禁止为有关选择的辩论设置边界。对若干个州的司法系统当前工作方式的研究揭示，联邦和州在需要由联邦法院来纠正州的分离判决的标准上存在根本分歧。

　　第七章探讨教育和公民参与的关系。首先检视对美国当前的社区和政治生活状况的研究。然后考察内城区教堂作为重要资源，在解决与贫困社区的教育和社会不平等有关的问题上能够发挥的作用。

　　第八章作为结论，将在总结前面章节的基础上，以促进教育机会平等为目标，提出一系列政策建议。这一议题以对突破种族与阶级的人口指标和学业成绩之间经验性联系的需求为前提。

第二章　界定平等

　　人生而平等的信念是自由社会的基石。美利坚合众国建国之时便确立了这一基本假设。杰斐逊主义的平等观赋予我们每个人以这种不可剥夺的神圣权利，该权利起源于《圣经》。新约教导我们，作为上帝的创造物，在上帝的眼中我们人人平等，并且享有体验人类喜乐的相似的人类尊严。[①] 我们每一次背诵《独立宣言》时，都在歌颂这种平等主义的精神。[②] 这是我们的公民文化中必不可少的组成部分。然而，从对我们日常生活实际情况的思考来看，平等并不符合我们的感受。我们对自身和他人的真实认识难以调和。

　　任何一个见过迈克尔·乔丹在空中灌篮，或者在音乐厅听过莫扎特交响曲的人，都不会否认，上帝在赋予每个人本质上平等的尊严的同时，也给予了我们不同的天赋和才能，从而预示了我们整体上的不平等。无论我如何努力练习，绝不会有人给我投资一大笔钱来让我折腾篮球，也绝不会有人蜂拥至卡耐基音乐厅来听我拙劣地演奏钢琴。在认识到每个人内在差异的情况下，我们还应该指望获得同伴的同等对待，或者从生活中获得同样的好处吗？国家在调节人们的自然优势，以确保平等作为我们的民主传统获得应有的珍视上，应当发挥怎样的作用？

　　杰斐逊起草《独立宣言》，不仅为了将人民从一个专制的外国政府手中解放出来，还为了树立一种政治平等的观念，即要求所有人——准确地说是自由人——被法律平等对待。[③] 然而，杰斐逊的平等观是一种有限的平等观，不只是因为他明显地遗漏了妇女和奴隶的公共生活，还因为他并没有将政治平

---

① "Equality, Moral and Social," in Paul Edwards, ed., *The Encyclopedia of Philosophy* (Collier Macmillan, 1972).

② "我们认为这些真理是不言而喻的：人人生而平等，造物者赋予他们若干不可剥夺的权利，其中包括生命权、自由权和追求幸福的权利。"——《独立宣言》（1776年）

③ 近来，关于杰斐逊在《独立宣言》制定过程中的确切角色，存在一些争议。参见 Pauline Maier, *American Scripture*: *Making the Declaration of Independence* (Knopf, 1997)。

等放置于一个更大的社会背景下进行考虑。即使所有人的公民权利都能够平等地获得保障，可是那些生而富裕者在政治舞台的影响力方面不还是具有大量优势吗？① 当然，在一个个人出生时的社会环境存在广泛差异的社会中，法律上的平等并不能等同于政治上的平等，更不用说我们每个人在通过政治活动追求自身利益上具有不同的天资了。

在美国社会的观察者中，托克维尔是首批认识到平等精神如何塑造我们的公民文化，以及其演化如何影响我们的政府从有限政府转变为积极活跃状态的人之一。由于习惯于欧洲大陆的贵族政治方式，这位法国人被激励了美国人的"对平等的热情"所打动。但是他同样对这种驱动力在极端情况下能够如何削弱人的自由保持了警惕。他发出了"平等的颓废状态"的警告，即其所害怕的"促使弱者降低他们的影响力，并使人们沦落到更偏好奴隶制的平等而非具有自由的不平等。"② 托克维尔有关民主国家如何显示"对平等而非自由的炽热而持久的爱"的思想，可能对于美国人看待自我的方式产生了深远影响。③ 他将自由和平等并置的做法造成了这个国家的知识分子间的持久论战。现代自由国家的支持者，运用公共权力来推动社会平等；政治自由的反对派，则决心限制政府职能以保障活力。④

当代社会理论家普遍意识到，就国家在平等方面的适当角色而言，当前存在基于不同平等观念的分歧。所有这些观念都内含于先前的讨论，并将贯穿本书的其余部分。杰斐逊所定义的那种法律上的平等，代表的是平等的最保守的形式。它要求国家以中立的态度对待公民，并且朴素地要求面向每一个人一视同仁地分配荣誉或恩惠。⑤ 在此，重点是保护个人自由，这通常通过

---

① 参见 R. H. Tawney, *Equality* (Allen and Unwin, 1952); J. L. Lukas, "Equality," in Richard Flathman, ed., *Concepts in Political and Social Philosophy* (Macmillan, 1973)。

② Alexis de Tocqueville, *Democracy in America*, vol.1, Phillips Bradley, ed. (Random House, 1945), p.56.

③ Alexis de Tocqueville, *Democracy in America*, vol.1, Phillips Bradley, ed. (Random House, 1945), p.99.

④ 对于平等原则的历史回顾，可参见以下两本专著：Sanford Lakoff, *Equality in Political Philosophy* (Beacon Press, 1964), 本书聚焦于理论；J. R. Pole, *The Pursuit of Equality in American History* (University of California Press, 1978), 本书注重政策和实践。

⑤ 更深入的解释，可参见 Richard Flathman, "Equality and Generalization: A Formal Analysis," in J. Roland Pennock and John W. Chapman, eds., *Nomos IX: Equality* (Atherton, 1967).

法律条款定义权利的方式来实现；但是人们通常很少关注一个人的才华或社会地位如何影响这些权利的行使。机会平等与法律上的平等密切相关。不同之处在于，它还考虑个人能力或者特权如何在实际上影响其竞争优势。在这一意义上，似乎它在哲学上的支持者并不认为政府能够起到调节这种优势的作用。通常而言，伴随着"职位向有才能的人开放"这一概念，这些平等主义者抵制公共力量对公民私人事务的干扰，并将其视作对个人自由的严重侵犯。[1] 秉持这种信仰的经济学家，例如米尔顿·弗里德曼，认为相较于牺牲政治自由，让市场适度竞争是更为理想的景象。[2]

　　亚里士多德曾认为，阶级之间的社会分层是才华和美德的自然秩序所导致的，能够使得根据公共利益来管理社会的可能性最大。[3] 自由民主党的理论家们却并不这么看。对他们而言，政治是一项有争议的事业，个人和团体通过其寻求需求和欲望的满足。社会分层是特权的应变量，赋予了某些人比其他人更多的优势。真正的政治平等不能仅仅通过保证所有公民在法律面前人人平等来实现。为实现民主理念，政府必须积极发挥作用，确保每个人拥有有效地参与公共生活所需的最基本的社会必需品，甚至为此对不同阶级间的财富和权力进行重新分配。无论是实施优惠待遇、国家福利，或者其他积极形式的社会支出，政府行为的目的都是为了争取结果平等，即使这种平等没能最终实现。[4] 托克维尔认为，在这个自由国家，这种平等相较于个人自由价值更占先，并能够最终保障所有人享有真正的政治自由。为所有人提供完善的教育，将在此平衡过程中起到重要作用。

---

[1]　参见 John Schaar, "Equality of Opportunity and Beyond," in Pennock and Chapman, Nomos; Robert Ozick, *Anarchy, State and Utopia* (Basic Books, 1974)。

[2]　Milton Friedman and Rose Friedman, *Free to Choose: A Personal Statement* (Harcourt Brace, 1980); Milton Friedman, *Capitalism and Freedom* (University of Chicago Press, 1962).

[3]　Ernest Barker, ed., *The Politics of Aristotle* (Oxford University Press, 1962), pp.65, 204-205, 258-260. 同时可参见 Aristotle, *The Nichomachean Ethics*, trans. W. D. Ross (Oxford University Press, 1925)。

[4]　当前政治理论中有关自由民主的经典论述可见于 John Rawls, *A Theory of Justice* (Harvard University Press, 1971)。同时还可参见 John Rawls, *Political Liberalism* (Columbia University Press, 1993); Michael Walzer, *Spheres of Justice* (Basic Books, 1983); Bruce Ackerman, *Social Justice in the Liberal State* (Yale University Press, 1980); Amy Gutman, *Liberal* (Cambridge University Press, 1980).

布朗案的承诺

布朗诉学区董事会案 ① 是最高法院在 20 世纪最重要的判决。在它的直接目标方面——在教育中废除种族隔离——可能这一决定最初被认为是范围适度的。至少根据我们迄今为止对平等原则的多层次理解，它希望保证每个孩子无论肤色如何都可同样合法地进入公立学校就读的目标，很难被认为是具有道德野心的。但是，布朗案的意义最终可能不止于成为一个实现法律平等的工具。首先，在南方学校中废除种族隔离，或许需要对这个从奴隶时期就已经建立起隔离共识的社会进行彻底重构。由于宪法法令的原因，布朗案是最高法院借由宪法第十四修正案来为国家制定新的种族规定的工具。② 这导致了美国此前绝无仅有的司法权力的强化，并且再铸了联邦制，使得联邦政府显而易见地成为各州更强大的伙伴。③

布朗案为随后沃伦法庭做出的判决提供了法律先例，后者援引平等保护条款，取缔了在教育之外的各种公共场所的种族歧视，包括公园、高尔夫球场、海滩、机场、图书馆和其他公共建筑。④ 布朗案还与 1964 年的《民权法案》(*the Civil Rights Act*) 一起，为国会通过立法禁止在公共场所、教育领域和就业活动中的种族歧视提供了政治舞台。《民权法案》的第四条授权美国总

---

① Brown v. Board of Education, 347 U.S. 483 (1954). 有大量研究聚焦于布朗案及其影响，其中最全面的研究之一是：Richard Kluger, *Simple Justice: The History of Brown v. Board of Education and Black America's Struggle for Equality* (Knopf, 1975)。

② 参见 William E. Nelson, *The Fourteenth Amendment: From Political Principle to Judicial Doctrine* (Harvard University Press, 1988)，该书记录了法院制定的修正案及随后的重新解释时的原始思想。

③ 这一结果在宪法学研究者中有很大的争议。从正面到负面的各种反应，可参见 Michael K. Curtis, *No State Shall Abridge: The Fourteenth Amendment and the Bill of Rights* (Duke University Press, 1986); Michael J. Perry, *Constitution in the Courts: Law or Politics* (Oxford University Press, 1994); Raoul Berger, *Government by Judiciary: The Transformation of the Fourteenth Amendment* (Harvard University Press, 1977)。

④ New Orleans City Park Improvement Association v. Detiege, 358 U.S. 54 (1958); Gayle v. Browder 3 352 U.S. 903 (1956); Holmes v. Atlanta, 350 U.S. 879 (1955); Mayor of Baltimore v. Dawson, 350 U.S. 877 (1955); Boynton v. Virginia, 364 U.S. 903 (1956); Burton, v. Wilmington Parking Authority, 365 U.S. 715 (1961); Johnson v. Virginia, 373 U.S. 61 (1963); Brown v. Louisiana, 383 U.S. 131 (1966).

检察长（the attorney general）代表遭受歧视者提起诉讼，在法庭上为请不起律师的黑人提供重要支持。第六条禁止联邦政府资助任何参与种族隔离的学区，这在联邦政府加紧增大教育支出的同时，为地方带来了严重威胁。1965年的《选举权法案》（the Voting Rights Act）通过，消除了黑人参与选举的法律障碍，这一障碍曾长期限制了南方黑人获得政治平等的可能性。①

再加上最高法院的一系列重要裁决，国会所推动的立法项目致力于使诉讼能够更有效地为少数族裔所用，以弥补过去的错误。② 布朗案在推进政治和社会平等方面的全面影响是革命性的。这场革命的中心是对教育在自由社会中不可或缺的作用的透彻认识——教育是公民道德、文化适应、经济繁荣并最终实现全面平等的源泉。我们可以看看以下一些在此值得引用的话：

> 今天，教育是各州和地方政府最重要的职能。义务教育法和巨大的教育开支，都表明我们认识到了教育对我们的民主社会的重要性……它是良好的公民身份的基础。今天，教育是唤醒儿童的文化价值观、为其日后获得职业训练，并帮助其适应生活环境的重要工具。当下，如果任何儿童没能得到受教育的机会，那么很难相信他能够获得人生的成功。国家承诺提供的这一机会，是一项必须平等地提供给所有人的权利。③

布朗案的判决宣告，良好的学校教育将成为每个美国人的权利，这一许诺通过教育机会的平等获取来实现种族平等。这一承诺如何转化为具体的可执行的公共政策，其挑战之严峻超出了当时任何人的想象。④ 无论如何，大学

---

① 参见 Chandler Davidson, "The Voting Rights Act: A Brief History," in Bernard Grofman and Chandler Davidson, eds., *Controversies in Minority Voting*: *The Voting Rights Act in Perspective* (Brookings, 1992); Joseph P. Viteritti, "Unapportioned Justice: Local Elections, Social Science and the Evolution of the Voting Rights Act," *Cornell Journal of Law & Public Policy*, vol.4 (1994)。

② 参见 Gerald N. Rosenberg, *The Hollow Hope*: *Can Courts Bring about Change*? (University of Chicago Press, 1991)，该书提供了有说服力的证据，说明在受到由其他政府部门采取的政治行动的支持之前，法院的判决并没有真正实现明显的社会变革。

③ Brown v. Board of Education, at 493.

④ 参见 Rosemary C. Salomone, *Equal Education under Law*: *Legal Rights and Federal Policy in the Post-Brown Era* (St. Martin's, 1986)，该研究概述了政府各部门实现教育机会平等的各种方法。

里的社会科学家因此经常成为决策者们讨论时的重要参与者，以确定黑人教育中的种族隔离所产生的影响，以及这些影响如何能够被彻底改变。

1964 年的《民权法案》要求美国教育局进行一项全面的调查，以衡量全国公立学校的学生中"因为种族、肤色、宗教或者民族血统等原因而缺乏平等的受教育机会"的情况。[①] 为了实现这一任务，教育局长弗朗西斯·凯佩尔（Francis Keppel）邀请詹姆斯·科尔曼（James S. Coleman）教授组织了当时在美国历史上最大规模的社会科学调查。该调查的样本数量为学生 57 万人，教师 6 万人，学校 4 000 所。该调查显示，学业成绩水平与学生的人口统计学特征，以及教职工、教育支出和公共设施等各种教育投入之间存在相关性。发表于 1966 年的《科尔曼报告》颇具争议但同时意义深刻。[②] 作者也因此在他以后的 30 年的人生中成为教育研究中的重要人物。在这一研究中，他发现：

——大多数的黑人和白人儿童就读于种族隔离的学校。

——黑人和白人学校的设施和资源等统计特征相似。

——黑人的学术成就水平显著地低于白人，并且年级越高，差距越大。

——学校投入的统计特征对学生学业成绩的影响最小。

——家庭背景是决定学生成绩的关键自变量。

——在学校中，来自富裕家庭的学生的比例与学校的成绩水平呈现正相关。

从政策的角度看，该报告在若干方面存在深远的影响。至少在教育投入方面，该报告指出，黑人和白人依然沿袭着"普莱西案（Plessy v. Ferguson, 1986）"后建立的传统，就读于隔离但平等的学校系统。[③] 有关种族隔离实际情况的实证研究成果，为废除种族隔离政策的严格执行提供了理论基础；

---

① 　42 U.S.C. 2000c-1, sec. 402.

② 　James S. Coleman and others, *Equality of Educational Opportunity* (Office of Education, National Center for Education Statistics, 1964). 也可参见以下报告中的讨论：Frederick Mosteller and Daniel P. Moynihan, eds., *On Equality of Educational Opportunity* (Vintage Books, 1972)。

③ 　Plessy v. Ferguson, 163 U.S. 537 (1896). 参见 Nelson, *The Fourteenth Amendment*, pp.185-187, 该研究表明，最高法院屈服于种族隔离以在联邦制度之下保护当时所理解的各州的特权，与此同时，法院也希望给黑人和白人提供可以相互比较的不同的学校系统。同时可参见 Charles A. Lofgren, *Plessy Case*: *A Legal-Historical Interpretation* (Oxford University Press, 1987)。

有关家庭背景和学业成绩之间相关性的结论，是实施融合的强大证据基础。报告中最令人沮丧的说法是，在学生学习表现方面，学校并不重要；学业表现受社会阶层和家庭环境的影响更大。科尔曼的调查研究超出了学校投入关涉学生成绩的一般讨论，然而，他同时也有效地重塑了教育平等的话语。在此之后，对教育平等的讨论不再只与机会问题相关，现在人们用结果和后果等话语对之进行表达。

1972 年，克里斯托弗·詹克斯和一群来自哈佛大学的研究者完成了对科尔曼调查数据的再分析。① 他们再次发现，学校条件对学生成绩的影响并不大。显而易见——至少对于一些社会科学研究者而言——教育者，在多数情况下并不知道该如何提升学生成绩，与此同时，日益增加的教育公共投入并不能带来其所追求的结果。詹克斯及其同事进一步指出，要实现黑人的教育和社会进步，其要求不亚于对国家进行一次经济结构调整。② 根据这一逻辑，教育和社会平等的关系之间似乎构成了先有鸡还是先有蛋的困惑。

失败的开始

科尔曼和詹克斯研究提出的"学校并不重要"的观点引起了一些教育研究者的激烈反应。这些教育研究者提出证据证明，如果学校能适当地组织与运营，是能够提升穷人和少数族裔孩子的学业表现的。埃德蒙兹是美国国内最早进行该观点呼吁的教育工作者之一。埃德蒙兹的研究重点是找出在低收入学区中被认为高水平的学校的制度特征。他周游全国，力劝少数族裔地区的学校行政人员照搬他在研究中所发现的高效学校的条件。③ 除了这些数据，埃德蒙兹既不准备接受少数族裔教育这个确定性的看法，也不认为黑人儿童

---

① Christopher Jencks and others, *Inequality* (Basic Books, 1972).

② Jencks 本人认为，改善少数族裔的学业成绩并不会减少经济不平等——其之后所获得的社会位置。参见 Christopher Jencks and Meredith Phillips, "The Black-White Test Score Gap: An Introduction," in Christopher Jencks and Meredith Phillips, eds., *The Black-White Test Score Gap* (Brookings, 1998), p.4。

③ 参见 Ronald R. Edmonds, "Advocating Inequity: A Critique of the Civil Rights Attorney in Class Action Desegregation Suits," *Black Law Journal*, vol.3 (1974); Ronald R. Edmonds, "Effective Schools for the Urban Poor," *Educational Leadership*, vol.37 (October 1979)。要全面了解 Edmonds 的工作，参见 Joseph P. Viteritti, "Agenda Setting: When Politics and Pedagogy Meet," *Social Policy*, vol.15 (Fall 1984)。

必须坐在白人孩子旁边以获取适当的教育。除了科尔曼、詹克斯和埃德蒙兹的行动，全国还开展了一场促进学生之间种族融合的运动，并把大量的钱投入到教育项目之中。[①] 一项探索如何使教育平等从原则转化为政策的研究正在进行中。

种族融合的平等

布朗第二案（the Second Brown Case）[②] 中宣称的"十分审慎的速度"的标准给人造成一种最初印象，即最高法院在废除种族隔离上将行动迟缓与谨慎，正如它以往的一贯作风一样。南方学区将上述标准解读为对模糊与延迟的鼓励。到了 1957 年，小岩城发生急剧对抗的同一年，南方各州颁布了至少136 项法案和宪法修正案，对废除种族隔离进行破坏。到了 1964 年，这一数字增加到了 200 项。[③] 哥伦比亚特区孤军奋战，是南方各州中唯一认真实施计划的地区。[④] 伴随着缓慢的前进步伐，法院开始承担更为积极的角色。

学区董事会阻碍进程的一个办法是关闭公立学校，并为家长提供资金建立"选择"学校。这种做法在佐治亚州、密西西比州、阿拉巴马州、路易斯安那州和弗吉尼亚州特别流行。许多借由对家长的学费补助得到支持的私人机构，要么直接歧视黑人儿童，要么设置行政障碍阻止他们入学。[⑤] 1964 年最高法院宣布"'微小审慎的速度'的时间已经结束"，确定利用这些学校来保持种族隔离的做法触犯了宪法。[⑥] 1968 年，法院否决了"选择自由"的另一项计划，规定拥有合法种族隔离历史的学区具有"采取一切可能必要的措

---

① 参见 Diane Ravitch, *The Troubled Crusade* (Basic Books, 1983) 本研究为对联邦政策的批判性研究。

② Brown v. Board of Education, 349 U.S. 294 (1955).

③ Salomone, *Equal Education Under Law*, pp.45-46.

④ U. S. Commission on Civil Rights, *With Liberty and Justice for All* (1959). 同时可参见 Stephen L. Wasby, Anthony D'Amato, and Mary Mctrailler, *Desegregation From Brown to Alexander* (Southern Illinois University Press, 1977)。

⑤ 参见 Jeffrey R. Henig, *Rethinking School Choice: Limits of the Metaphor* (Princeton University Press, 1994), pp.102-106; Amy Stuart Wells, *Time To Choose: America at the Crossroads of School Choice Policy* (Hill & Wang, 1993), pp.63-72; Benjamin Muse, *Ten Years of Prelude* (Viking, 1964)。

⑥ Griffen v. County School Board of Prince Edward County, 377 U.S. 218, 234 (1968). 同时可参见 Norwood v. Harrison, 413 U.S. 455 (1973)。

施转换为一个整体融合系统的确定的义务。"① 从此，一个重要的战略转换开始了，联邦司法系统从设法结束种族隔离转向促进种族平衡。

伯格法庭在 1971 年宣布了它的第一个废除种族隔离决定。这项全票通过的裁决为司法部门设置了远远超过布朗案的所有创造者能够想象的广泛的补救权力。"斯旺诉夏洛特—梅克伦伯格学区董事会案（Swann v. Charlotte-Mecklenburg Board of Education）"② 的决议建立了一个框架，在这个框架中，以种族平衡比例为出发点，精心设计补救措施，并制定校车接送作为实现目标的手段。在很短的时间内，由民权组织发起的诉讼开始向北方延伸。③ 就此，讨论所用的措辞彻底改变了。除了使那些因为种族原因被故意排除在某些公立学校之外的孩子实现法律上的平等，最高法院现在正开始以结果来界定平等——即以黑人孩子与白人孩子是否确实进入同一所学校来界定平等，无论这种模式是否是公共政策有意为之的结果。

再没有一个公共问题像校车这样，以种族为界严重地分裂了美国人民。校车接送有悖于就近入学这一社区生活的基本制度。在北方，数百年来从未被认为具有布朗案意图纠正的那类种族不平等的罪过，校车成为强加在低收入的和中产阶级的白人身上的负担。④ 甚至支持废除种族隔离的学者也严肃地质疑，以可能损害一些公民的个人权利的方式来推进种族融合事业的政策是否明智。⑤ 北方民众对校车的反应最为激烈且往往带有暴力。其中最大的

---

① Green v. County School Board, 391 U.S. 430, 437-438 (1968). 在 1969 年的"亚历山大诉福尔摩斯县教育局"一案中，法院确认每个学区有义务"立即终止双学校系统，并从现在开始运行一个整体性的学校系统"。

② Swann v. Charlotte-Mecklenburg Board of Education, 402 U.S. 1 (1971). 本案中法院也同样规定，这类案件中，补救措施必须与侵害相匹配，对下级法院的作用范围施加了一些限制。对该案及其影响的同情性分析，可参见 Bernard Schwartz, *Swann's Way: The School Busing Case and the Supreme Court* (Oxford University Press, 1986)。

③ 回顾丹佛案，法院发现，即使不存在法律上的种族隔离史，仍然发现有相当数量的故意采取隔离式政策的学校可能存在妄行故意隔离的地区。避免采取补救措施的举证责任应当由学区官员承担。Keys v. School District No.l, 413 U.S. 189 (1973).

④ 参见 J. Anthony Lukas, *Common Ground: A Turbulent Decade in the Lives of Three Families* (Knopf, 1985), 该研究呈现了波士顿的三个被校车政策影响的家庭的情况。

⑤ 关于校车问题上的两个论据充分但观点迥异的评论，参见 Gary Orfield, *Must We Bus? Segregated Schools and National Policy* (Brookings, 1978)（支持校车）与 Lino Graglia, *Disaster By Decree: The Supreme Court Decisions on Race and the Schools* (Cornell University Press, 1976)（反对校车）。

受害者是那些被要求打破老一辈所构建的种族屏障的儿童。通常情况下，那些被迫乘坐巴士以促进融合的是黑人儿童，而这给他们带来了需要解决的困境。1974 年，黑人儿童坐在南波士顿高中外面的黄色公交车内等待执行加里蒂（Garrity）法官著名的法令时，被石块与怒火袭击，一些经历过这类事件的人们会无法忘记这种丑恶的景象。[1]20 年前，心理学家肯尼思·克拉克（Kenneth Clark）说服高等法院相信种族隔离对少数民族儿童造成严重的心理伤害。现在，借由社会进步之名，又将施于什么伤害？

1975 年社会学家詹姆斯·科尔曼完成了他的第二个主要研究，这次他描绘了他在 1968 年至 1973 年间跟踪调查的学校存在的种族隔离的趋势。[2] 结果表明，废除种族隔离的行为是公立学校中白人新生减少的主要原因，反而加剧了种族间的隔离。科尔曼的发现再次引起了政策界的广泛争议，这次产生了"白人大迁移（white flight）"的论题。通过校车事件显示出自己价值及荣誉的社会科学家们对科尔曼报告的方法论进行了攻击，并且指责科尔曼背叛了废除种族隔离的事业。科尔曼的批评者——大多数在学界——否认了校车与白人大迁移模式间的联系，辩称许多白人无论如何都会搬到郊区。[3] 但是方法论的争议不能掩盖沸腾的愤怒。美国社会学会的会长一度斥责科尔曼发布了一项破坏政策立场可靠性的研究，因为该学会的成员曾如此看重这一政策立场。[4]

尽管有着强烈的反应，科尔曼的报告依然逐渐被其他一些研究相同问题

---

[1] 参见 Robert A. Dentler and Marvin B. Scott, *Schools on Trial: An Inside Account of the Boston Case* (Abt Books, 1981); Emmett H. Buell, *School Desegregation and Defended Neighborhoods: The Boston Controversy* (Lexington Books, 1981); J. Brian Sheehan, *The Boston School Integration Dispute: Social Change and Legal Maneuvers* (Columbia University Press, 1984); Ronald F. Formisano, *Boston against Busing: Race, Class, and Ethnicity in the 1960s and 1970s* (University of North Carolina Press, 1991)。

[2] James S. Coleman, Sara D. Kelly, and John A. Moore, *Trends in School Desegregation 1968-1973* (Urban Institute, 1975).

[3] 参见 Diane Ravitch, "The 'White Flight' Controversy," *Public Interest*, no. 51 (1978), no. 51 (1978)。

[4] Diane Ravitch, "The Coleman Reports and American Education," in Aage B. Sorensen and Seymour Spilerman, *Social Theory and Social Policy: Essays in Honor of James S. Coleman* (Praeger, 1993), p.137.

的著名社会科学家所认可，且其中的一些人最初曾质疑科尔曼的发现。① 此后，白人大迁移的观点被广泛（如果不能说普遍的）接受，并且被认为作为一体化的激进形式实际上已破坏了他们自己的目标。② 在目前最全面的调查中，大卫·阿莫（David Armor）援引已有研究表明，在 1968 年至 1989 年间，大型公立学校的白人学生就学率从 73% 降到了 52%。③ 与强制乘坐校车的不受欢迎相结合，白人大迁移理论使得自愿选择成为一个用以达到种族平衡的更加具有政治吸引力的途径。④ 研究已经开始证明，这种自愿方案和各种磁石学校选项实际上更有效率。⑤

1972 年，最高法院批准校车接送作为种族融合的补救措施后不久，国会通过了《学校紧急援助法案》（Emergency School Aid Act），拨款帮助学校系统推进种族融合。⑥ 国会在拨款问题上的热烈辩论反映出，公民反对校车制度的共

---

① 比较 Christine H. Rossell, "School Desegregation and White Flight," *Political Science Quarterly*, vol.90 (1975) 及 Thomas F. Pettigrew and Robert L. Green, "School Desegregation in Large Cities: A Critique of the Coleman 'White Flight' Thesis," *Harvard Educational Review*, vol.46 (1976) 与 Reynolds Farley and C. Wurdock, *Can Government Policies Integrate Public Schools?* (Population Studies Center University of Michigan, 1977) 及 Christine H. Rossell, "The Unintended Impacts of Public Policy: School Desegregation and Resegregation," *report the National Institute of Education* (Boston University, 1978)。

② 早期研究有 Franklin D. Wilson, "The Impact of School Desegregation Programs on White Public School Enrollment, 1968-1976," *Sociology of Education*, vol.58 (1985), 和 Finis Welch and Audrey Light, *New Evidence on School Desegregation* (U.S. Commission on Civil Rights, 1987)。

③ David J. Armor, *Forced Justice: School Desegregation and the Law* (Oxford University Press, 1995), p.170. 同时可参见 Laura Steel and others, *Magnet Schools and Issues of Desegregation, Quality and Choice* (American Institutes for Research, 1993)。

④ 参见 Henig, *Rethinking School Choice*, pp.106-110; Wells, *Time to Choose*, pp.72-91; Peter W. Cookson, *School Choice: The Struggle for the Soul of American Education* (Yale University Press, 1994), pp.58-64。

⑤ Christine H. Rossell, *The Carrot or the Stick for Desegregation Policy? Magnet Schools vs. Forced Busing* (Temple University Press, 1990); Christine H. Rossell and David J. Armor, "The Effectiveness of School Desegregation Plans, 1968-1991," *American Politics Quarterly*, vol.24 (July 1996).

⑥ 20 U.S.C., sec. 1601-1619 (1972) (repealed 1978). See Susan L. Greenblat and Charles V. Willie, *Community Politics and Educational Change: Ten School Systems under Court Order* (Longman, 1981).

识正在形成。两年后《教育机会平等法案》(*the Equal Educational Opportunities Act*) 签署成为法律，宣布所有学校的孩子们"都享有平等的受教育机会，不分种族、肤色、性别或国籍。"① 这一次，国会和总统希望表明，平等的受教育机会并不必须包括政府特地将不同种族的学生混合在一起而行动。该法案规定，未能达到种族平衡并不违法。在其他更不扰民的政策被证明无效之前，该法案禁止校车作为种族隔离的补救措施，并且该法案明确规定"社区是确定公立学校生源分配的适当基础"。② 1974 年至 1980 年，国会的做法通常是通过添加附加条款来修订拨款法案以避免远距离接送孩子，从而实现学校一体化。

在法律上反对校车融合计划的社会政策木已成舟，并且国会对于过分干涉学区事务的质疑看起来得到了司法部门的较大共鸣。早在 1974 年，最高法院曾拒绝支持底特律郊区的跨区整合计划，因为它不能证实郊区学区与市区内出现的种族隔离有任何关联。③1991 年，法院在俄克拉荷马市的一个案件中裁定：废除种族隔离的司法监督只是一种临时措施，如果一个学区显示出遵守法律的真诚努力，"在可行范围内"消除过去的歧视的残留影响，它可以被终止。④ 一年后，最高法院颁布了一项在审议过程中一致通过的决定，裁定佐治亚州郊区不用对纠正纯粹由人口因素导致的种族不平衡负责。⑤

很明显，最高法院变化的核心在于，似乎准备回归到最初在布朗案中沃伦法庭概述的方法上去，拒绝法律上的种族隔离这种违宪的做法，又不愿把

---

① 20 U.S.C., sec. 1701 (1994).

② 20 U.S.C., sec. 1701 (a) (2) (1994).

③ *Miliken v. Bradley*, 418 U. S. 717 (1974). A year earlier the Court, in a one sentence opinion, struck down an interdistrict busing plan in Richmond, *Virginia. Bradley v. State Board of Education*, 411 U.S. 913 (1973) (per curiam). 对该政策文本的分析，参见 George R. Metcalf, *From Little Rock to Boston: The History of School Desegregation* (Greenwood Press, 1983), pp.162-192。

④ *Board of Education v. Dowell*, 498 U.S. 237, 249-250 (1991). 早在 1976 年，最高法院就允许帕萨迪拉学区董事会采取他们的自愿融合计划，解除了该学区为期四年的法定融合。*Pasadena Board of Education v. Spangler*, 427 U.S. 424 (1976)。

⑤ *Freeman v. Pitts*, 503 U.S. 467 (1992).

种族混合当作一个适当的社会目标。① 然而，伦奎斯特法庭与其前辈之间存在深层次的哲学分歧，这种大力宣传或许是当前公共情绪的先兆。虽然沃伦法庭假定（从较小的程度上说也包括伯格法庭），无论这是否由国家强制实行，种族隔离对少数族裔学生来说都是与生俱来的伤害。但是伦奎斯特法庭主体上不愿接受这一前设，即和白人学生同班能给黑人学生带来内在优势。最高法院陪审法官克拉伦斯·托马斯（Clarence Thomas）就堪萨斯城案例发表独立评论："法院如此倾向于假定黑人在任何事中必然自卑，这实在让我感到吃惊。"② 作为公共政策，对优质教育的关注已经超过了种族融合。机会平等正在被重新定义。③

密苏里决议具有巨大的象征意义，因为事件本身凸显了围绕着激进的学校融合政策的大量思考。④ 在采取了长达 12 年深入的司法介入、校车计划和花费 18 亿美元的举措之后，堪萨斯城的学校仍然存在种族隔离，并且黑人学生的学业水平仍然低下得令人沮丧。⑤ 最高法院更加克制的情绪刺激了诸如印第安纳波利斯、丹佛、明尼阿波利斯、克利夫兰、匹兹堡、西雅图和特拉华州威尔明顿等地的学校官员试图摆脱联邦地区法院的监管。其中一些地区在结束强制校车并代之以自主选择计划或回归就近入学方面走在了前面。

印第安纳波利斯的官员认为，在司法干预 17 年后，校车的负担仍然完全落在 5 500 名被送到遥远郊区学校的黑人学生身上，人均耗费 2 000 美元，而这笔钱本可以投资给他们自己的社区。当地区法院拒绝了他们最初的请求后，他们最终从上诉委员会获得了救济。在干预了十多年后，联邦法院仍旧拒绝

---

① 参见 Brian K. Landesberg, "Equal Educational Opportunity: The Rehnquist Court Revisits Green and Swann," *Emory Law Journal*, vol.42 (1993)。

② *Missouri v. Jenkins*, 515 U.S. 70, 114 (1995) (Justice Thomas concurring).

③ 参见 Chris Hansen, "Are the Courts Giving Up? Current Issues in School Desegregation," *Emory Law Journal*, vol.42 (1993)。

④ 圣路易斯最终颁布了一项将学生运送至邻近郊区的自愿性的校车计划。这一校车经验是较为积极的。参见 Amy Stuart Wells and Robert L. Crain, *Stepping over the Color Line: African-American Students in White Suburban Schools* (Yale University Press, 1997); Christine H. Rossell, "School Desegregation in the St. Louis Public Schools," a report to the Court in the Case of *Liddell v. St. Louis Board of Education*, November 29, 1995.

⑤ 参见 Christine Rossell, "School Desegregation in the Kansas City, Missouri, District, 1954-1996," a report to the Court in the case of Jenkins, *et. al. v. State of Missouri, et. Al.*, January 20, 1999.

解除纽约州为扬克斯学区废除种族隔离产生的财务负债。虽然该学区中每所公立学校都消除了种族隔离，但许多当地的观察家都认为，总体而言，这些努力依旧归于失败。因为白人大迁移，学区的少数族裔就学率已经从 47% 上升到 70%，而黑人和西班牙裔学生的学业成绩依旧低于同龄白人两个等级以上。扬克斯发生的遗憾事件使得当地的"全国有色人种协进会（NAACP）"主席肯尼斯·詹金斯（Kenneth Jenkins）在校车制度启动近十年后，评价其是"失去意义"的制度，因为该学区每年花费 1 300 万美元把黑人和西班牙裔学生从一个主要是少数族裔的学校运送到另一个主要是少数族裔的学校，而不是使用这些资金改善教育计划。[①] 詹金斯先生的言论在该组织内引发了全国范围的争论，并最终导致他被解雇。

　　NAACP 继续采取支持学校内种族融合的激进立场。和白人父母一样，黑人父母更愿意让自己的孩子就近入学。虽然大多数黑人家长将消除种族隔离视为一个有价值的社会目标，但大都不希望仅仅为实现种族平衡而将他们的孩子运出社区。[②]1998 年，在由公共议程基金会发起的全国调查中，80%的黑人父母说，他们宁愿学校注重成绩，而不是种族融合。该研究指出，这是一种"独特的缺乏活力与激情的融合。"[③] 黑人法律学者德里克·贝尔（Derrick Bell）批评了 NAACP 为追求一项不受少数族裔欢迎的种族议程，而忽视优质教育这个更重要的问题。他把矛盾解释为组织中的内部张力，即一方面代表可怜的黑人父母提出诉讼，另一方面对提供资金支持的中产阶级白人和黑人负有责任，并坚定地承诺种族融合以作为种族政治的象征性战场。[④]

开支更高的平等

　　在联邦和州两级不同形式的公共政策之下，通过平等的途径增加资源的

---

① Raymond Hernandez, "Neither Separate Nor Equal: Yonkers Integrates Its Schools, to Little Effect," *New York Times*, December 29, 1995.

② Christine H. Rossell, "The Convergence of Black and White Attitudes on School Desegregation Issues during the Four Decade Evolution of the Plans," *William & Mary Law Review*, vol.36 (1995); Richard A. Pride and J. David Woodward, *The Burden of Busing: The Politics of Desegregation in Nashville, Tennessee* (University of Tennessee Press, 1985), pp.145-164.

③ Public Agenda, *Time to Move On* (Washington, D.C.: August 1998).

④ Derrick A. Bell, Jr., "Serving Two Masters: Integration Ideals and Client Interests in School Litigation," *Yale Law Journal*, vol.85 (1976). 同时可参见 Edmonds, "Advocating Inequity"。

做法扎下了根。前者的特点是，以一个积极的补偿性支出计划增进弱势群体
的受教育机会；后者旨在实现富人和穷人间教育支出的平等。1965 年的《初
等和中等教育法案》（*Elementary and Secondary Education Act*，ESEA）是林
登·约翰逊（Lyndon Johnson）总统"反贫困战争"的基石。[1] 在短短一年里，
该法案使得联邦在教育上的支出由 10 亿美元翻倍到 20 亿美元，并且在 10 年
后增加到了近 30 亿美元。根据该法案的第一和第二部分，依照经济需求而确
定的特定儿童群体成为被资助的主要对象。该法案宣告：

> 考虑到低收入家庭子女的特殊教育需求，以及低收入家庭相对集中
> 对于地方教育机构提供适宜教育计划的能力的影响，国会就此宣布此项
> 联邦政策，向低收入家庭儿童集中区域的地方教育行政机构提供财政支
> 持……[2]

ESEA 确保了就读于私立和教会学校的儿童将不会在考虑确定的资格时
被排除在外。虽然财政资金分配给公立学校，但是非公立学校中经济和教育
上的弱势儿童可以通过各种视听设备项目、电视和广播项目、移动教学活
动，或通过双向录取项目而参与其中。不过，资金的任何部分都不得直接
流入私立或教会学校，或补偿给这些学校的教师。ESEA 是"儿童利益理论
（child benefit theory）"在立法中自觉运用的代表，它在概念上区分了学生获
得的利益和向教育机构提供的利益，并且确立了作为教育券辩论核心的法律
原则。[3]

在政治方面，这使得国会在不失去公立学校支持的同时又获得了教会学
校的支持。在法律上，这种理论上的假定允许国会以一种非歧视的方式回应
所有贫困儿童。当然，在现实中，只有公立学校被允许管理相关项目，而没
有孩子接受直接的经济援助。从其他允许直接资助世俗教育机构的现有计

---

[1] 参见 Stephen K. Bailey and Edith K. Mosher, *ESEA: The Office of Education Administers a Law*
     (Syracuse University Press, 1968), pp.37-71, 该研究从立法历史的角度对该法案进行了分
     析。同时可参见 Julie Ray Jeffrey, *Education for Children of the Poor: A Study of the Origins of
     the Elementary and Secondary Education Act of 1965* (Ohio State University Press, 1978)。

[2] Elementary and Seeondary Education Act of 1965, sec. 201, 79 Stat. 27（1978 年修订）.

[3] Eugene Eisenberg and Roy D. Morey, *An Act of Congress: The Legislative Process and the Making
     of EducationPolicy* (Norton, 1969), pp.75-95.

划来看——其中大多数不包括初等和中等教育，立法的预防措施是卓有成效的。在 ESEA 之前，根据《军人安置法案》《国防教育法》《国家科学基金法案》《全国学校午餐法》和《希尔伯顿意愿重建法》，联邦援助经费曾拨付给宗教机构。①

到了 1985 年，当美国最高法院裁定，公立学校的教师能被派送至教会学校提供补充教学后，对 ESEA 赞助的项目进行管理就变成了沉重的负担。② 因为公立学校需要为此租用额外的空间。在某些情况下，这意味着要在校舍之外再准备几辆房车作为移动教室，这样教师们可以在其中实施课程。1985 年裁定所提出的要求不仅导致了财政支出的浪费，还严重干扰了教会学校的儿童，因为他们不得不为了这些补充的教学服务离开舒适的校舍。与此同时，这些校舍里还存在空余的教室。在纽约市，这一裁定导致了每年超过 1 600 万美元的额外花销，最终受到联邦法院的质疑。③ 这些做法一直持续到了 1997 年最高法院推翻这一决定之前。④

虽然林登·约翰逊的宏伟社会计划在开始时可能是善意的，但是实践证明，巨大的花销对于弥补弱势儿童的学业缺陷而言效果并不理想。多项研究表明，ESEA 法案的第一部分⑤ 是一个极其昂贵的失败举措。就此问题的第一个纵向研究完成于 1984 年，截至当时已投入了 400 亿美元。该研究显示，在该项目中获得服务的白人儿童在学习上稍快于他们的同伴，但是这种进步不是持续的。⑥ 又过了 13 年，再为此花费了 780 亿美元后，ABT 公司（Abt

---

① Bailey and Mosher, ESEA, p.33. 同时可参见 Ravitch, *The Troubled Crusade*, pp.3-42, 该研究对战后联邦政府在教育上的行动进行了综述。

② *Aguiler v. Felton*, 473 U.S. 402 (1985).

③ Joseph Berger, "Limit on Remedial Education Appealed," *New York Times*, August 31, 1996; Mark Walsh, "NYC Seeks to Overturn Limits on Title I at Religious Schools," *Education Week*, February 28, 1996.

④ *Agostini v. Felton*, 521, U.S. 203 (1997).

⑤ ESEA 法案的第一部分为《提高处境不利者的学业成就》(*Title I : Improving the Academic Achievement of the Disadvantaged*)，简称为 "一号项目（Title I）"。根据该项目，联邦向学校提供专项资金，用以提升处境不利的儿童的学业成就。——译者注

⑥ 参见 Launor F. Carter, "The Sustaining Effects Study of Compensatory and Elementary Education," *Educational Researcher* (August-September 1984); David J. Hoff, "Tracking Title I," *Education Week*, October 22, 1997。

Associates）的研究者完成了另一项涉及 4 万名学生的重大研究。他们发现，项目参与者和对照组间的表现并不存在任何差异。[①] 此后的一项相关研究表明，资金尝试性地真正直接投入到学校层面的那些特定案例取得了显著的成效。[②] 但相较于一般情况而言，这些确实是相对罕见的例外。通常情况是，在上至华盛顿下至学校教室之间的各级官僚主义的政府机构间，资金流转颇为混乱。虽然该项目的设计初衷是帮助弱势儿童，但是许多穷人家的孩子并没有从中受益，因为他们并不就读于法案所支持的学校，且资助是分配给了学校而非个人。

1999 年的春天，美国教育部发布了一个有关"一号项目"的乐观报告，报告指出，在全国性测试中，最薄弱学校的 4 年级学生在 1992 年和 1998 年的阅读成绩及 1990 年和 1996 年的数学成绩都取得了显著的进步。[③] 然而，该报告没有注意到，这些学生在 1996 年的阅读成绩和 1990 年差不多。同一个国家教育进步评测（NAEP）也显示，这些学生中将近 70% 的人学业成绩"低于基本水平"，其中 60% 的人数学成绩也是如此。

当另一项 5 年评价开始进行时，联邦政府还在继续以每年至少 140 亿的经费支持《初等和中等教育法案》。同时，在国会准备再给予此项目为期 4 年的授权时，参众两院里有关如何对其进行重构以更好地适应穷人需求的辩论急剧增加。

经费上的慷慨大方是联邦用以干预各州和地方事务的有力杠杆。只要国会能够在其资金上附加条件，联邦政府就有办法将其意志强加于学区，无论华盛顿是否能够拿出任何可夸耀的成绩单。就这一点而言，值得指出的是，即使是在 1980 年，在联邦财政支出的最高峰，华盛顿的投入也只占全部教育经费的 9.8%。到了 20 世纪 90 年代中期，联邦投入所占的份额已下降到了不

[①] Michael Puma and others, *Prospects: Final Report on Student Outcomes* (Abt Associates, April 1997); David J. Hoff, "Chapter I Aid Failed to Close Learning Gap," *Education Week*, April 2, 1997. 同时可参见 Geoffrey D. Borman and Jerome V.D'Agostino, "Title I and Student Achievement: A Meta-Analysis of Federal Evaluation Results," *Education Evaluation and Policy Analysis*, vol.18 (Winter 1996)。

[②] Sam Stringfield and others, *Special Strategies for Educating Disadvantaged Children: Final Report* (Abt Associates, 1997).

[③] Department of Education, Promising Results, *Continuing Challenges: The Final Report of the National Assessment of Title I* (1999).

足 7%。① 因此，如果经费在追求平等的过程中仍然是一个重要因素，那么注意力必须投注于州和地方层面。在 20 世纪 70 年代初，曾有大量研究文献呈现了富裕地区和贫困地区之间资助金额的悬殊差别。② 在特定地区，学校可支出经费的主要决定性因素显然是应税地产的价值，这一价值由各州立法机构所制定的复杂方案来调整。大部分可观察到的差距可以由郊区和内城区间的巨大差异来解释。对这些差距的日益深刻的认识，引发了对于教育资助进行基础性改革的呼吁。

1971 年，加利福尼亚州最高法院判决该州的学校财政方案无效，理由是该方案歧视穷人，从而违反了宪法第十四修正案的平等保护条款。③ 塞拉诺诉普林斯特案（Serrano v. Priest）④ 的判决视机会平等为基本权利，看起来是布朗案之后对于美国宪法的又一合理演绎。国会在 1974 年通过了《教育机会平等法案》，以此回应了这种意见。塞拉诺判决似乎加快了在全国进行改革的希望，但是这种欣喜是短暂的。1973 年，美国最高法院驳回了以国家司法部门已接受的第十四修正案为论据去推翻加州的学校财政方案这一举措。最高法院的理由是，在教育上，"平等保护条款并不要求绝对的平等或在优势上完全平等"。⑤ 在推导出这一结论时，法院指出，"没有证据表明，财政系统对有明确定义的一类'穷人'有所歧视"。⑥

于学校财政的改革者而言，罗德里格斯案（San Antonio Independent School District v. Rodriguez）⑦ 的裁决是混乱和令人沮丧的。一方面，判决为

---

① 参见 Allan Odden and others, "The Story of the Education Dollar: No Fiscal Academy Awards and No Fiscal Smoking Gun," *Phi Delta Kappan*, vol.77 (1995)。

② Arthur Wise, *Rich Schools*, *Poor Schools* (University of Chicago Press, 1968); John E. Goons, William H. Clune and Stephen D. Sugarman, *Private Wealth and Public Education* (Harvard University Press, 1970).

③ *Serrano v. Priest*, 5 Cal.3d 584 (1971).

④ 塞拉诺诉普林斯特案是美国有关财产税和公共教育的一个重要案件。原告塞拉诺控告加州在资助贫富地区的举措上存在问题，最终加利福尼亚最高法院裁定，州公立学校严重依赖财产税融资的财政体系违宪。案件之后，加州通过了两项决议 Serrano I (1971) 和 Serrano II (1976)，对加州教育财政体系进行了改革。——译者注

⑤ *San Antonio Independent School District v. Rodriguez*, 411 U.S, 1, 24 (1973).

⑥ *San Antonio Independent School District v. Rodriguez*, 411 U.S, 1, 25 (1973).

⑦ 圣·安东尼奥独立学区对罗德里格斯案是继塞拉诺案后另一以生均经费均等性为诉求的标志性案件。该案在 1973 年上诉至联邦最高法院时，该法院则以 5:4 的多数意见判决得克萨斯州的教育财政分配方案合宪。——译者注

未来的诉讼要求呈现事实证据敞开了大门。另一方面，法院似乎从布朗案的成就上倒退了。代表了大多数意见的裁决书中，鲍威尔（Powell）法官承认，鉴于对"平等保护条款下的每一个要求都与我们联邦政体之下的国家与各州的权力关系相关联"的慎重，他的同事们越来越不愿意运用司法权去干涉国家事务。[1] 但是如果资源的分配与教育平等不存在紧密关系，那么什么事情与教育平等存在这种关系呢？此后大多数诉讼律师和法学研究者将罗德里格斯案的判决解读为联邦司法系统使自身从有关平等的论证中脱身——这种解释多少让我感到不舒服——从而把问题抛给了各州。

罗德里格斯案的判决发布不到两个星期之后，新泽西州最高法院以违反州宪法"彻底、高效"的条款为由推翻了新泽西州的学校财务计划。根据最初采用该条款的背后原因的历史分析，经过仔细推断，法院判定："我们毫不怀疑，过去一直在为儿童提供平等的受教育机会。"[2] 也许是时机的问题，但新泽西决议在将学校财政诉讼深入推进到州法院上存在直接影响，放弃解决财政公平问题的希望将再次为联邦法律带来问题。在罗德里格斯案决议之前，5 个案件已经基于联邦宪法中平等保护条款对各州学校财务计算公式提出质疑。[3] 迄今为止（撰写本文时），涉及 33 个州的所有后续诉讼，被精心设计成围绕着州宪法的争论。在加州，塞拉诺案件基于州宪法被重审和肯定。

迄今为止[4]，在美国发起的 33 起诉讼中，有 16 起的判决要求辖区改革其融资机制。[5] 诉讼的整体效果是复杂而有限的。例如，加利福尼亚的几项研究

[1] *San Antonio Independent School District v. Rodriguez*, 411 U.S, 1, 44 (1973).

[2] Robinson v. Cahill, 303 A.2d 273, 294 (N.J. 1973).

[3] 包括伊利诺伊（1968 年），西弗吉尼亚（1969 年），明尼苏达（1971 年），马里兰（1972 年），得克萨斯（1973 年）五个州。Robert Inman, "Introduction, Special Issue—Serrano v. Priest: 25th Anniversary," *Journal of Policy Analysis and Management*, vol.16（Winter 1997）.

[4] 本书在美国出版于 1999 年。——译者注

[5] 法院判决要求改革的州包括新泽西（1973 年、1990 年），堪萨斯（1976 年），加利福尼亚（1976 年），威斯康星（1976 年），华盛顿（1978 年），西弗吉尼亚（1979 年），怀俄明（1980 年），阿肯色（1983 年），得克萨斯（1989 年），蒙大拿（1989 年），肯塔基（1989 年），阿拉巴马（1993 年），马萨诸塞（1993 年），田纳西（1993 年），亚利桑那（1994 年），康涅狄格（1997 年）。Inman, "*Serrano v. Priest*: 25th Anniversary," p.2.

表明，当地制定的均衡政策实际上减少了每个学生的支出。[1] 对未来的改革者而言，一项对多个州 16 000 个地区在 1972 至 1992 年间发生的诉讼更为全面的调查，从某种程度上来说更具有鼓舞性。[2] 该研究发现，法院主导下的改革带来了更平等的财政支出，最贫穷地区的支出上升了 11%，而在中等地区为 7%。这些增长主要基于州立法机关增加州级支出的升级策略，而不是源于对资金的实际再分配或对来自地方财产税收入的重大重组。因此，较富裕地区的实际与过去支出财政大致持平。那些法院不强制变革的州几乎没什么变化。由于各类补救措施具有各州不同的特质，在国家层面，各州间显著的支出不平等现象实质上并没有调整。

经历了 20 年的政治和法律的争论之后，密歇根一枝独秀地成为唯一一个统一了财政计划的州，其资金主要来源于销售税收入，而非财产税。虽然新的计划已经提高了小型农村学区的财政支出，但包括底特律在内的贫困城市学区实际上却遭受了净收入的损失。[3] 从总体上看，全国许多地方城市和郊区的学区之间存在支出差距。[4] 农村地区也遭遇同样的情况。[5] 最后的分析表明，州之间、地区之间甚至是同地区的学校之间，基本上都存在着支出不均

[1] Fabio Silva and Jon Sonstelie, "Did Serrano Cause a Decline in School Spending?" *National Tax Journal*, vol.47 (June 1995); Neil D. Theobald and Lawrence O. Picus, "Living with Equal Amounts of Less: Experiences of States with Primary State Funded School Systems," *Journal of Education Finance*, vol.17 (Spring 1991).

[2] Sheila E. Murray, William N. Evans, and Robert M. Schwab, "Education Finance Reform and the Distribution of Education Resources," unpublished paper, Departments of Economics, University of Maryland and University of Kentucky (March 1996); William N. Evans, Sheila E. Murray, and Robert M. Schwab, "Schoolhouses, Court Houses, and Statehouses after Serrano," *Journal of Policy Analysis and Management*, vol.16 (Winter 1997).

[3] Paul Courant and Susanna Loeb, "Centralization of School Finance in Michigan," *Journal of Policy Analysis and Management*, vol.16 (Winter 1997).

[4] William Duncombe and John Yinger, "Why It Is So Hard to Help Central City Schools," *Journal of Policy Analysis and Management*, vol.16 (Winter 1997); Neil D. Theobald and Faith Hanna, "Ample Provision for Whom? The Evolution of State Control over School Finance in Washington," *Journal of Education Finance*, vol.17 (1991).

[5] Stephen J. Goetz and David L. Debertin, "Rural Areas and Educational Reform in Kentucky: An Early Assessment of Revenue Equalization," *Journal of Education Finance*, vol.18 (1992).

的情况。[①] 虽然司法干预可能是有意义的学校财权改革的必要条件，但决不是充分条件。制定财政收支调整政策的真正权力在立法机构。值得注意的是，州立法机构是目前正被法院质疑的资金计划的最初起草者，这些计划实际上往往反映了立法决策的政治架构。因此，司法部门通过的授权委托在提交立法机构后往往陷入政治僵局，对此不应感到意外。[②]

平心而论，对于承担找到解决方案责任的政治机构来说，学校财务如同一个复杂的谜题，当中的平等可以通过多种角度实现。实证研究表明，学校的经费可以以两种方式之一重新分配。第一，立法机关可以增加支出并将资金投向贫穷地区。虽然对较富裕的地区来说，这种方法相对不那么激进，但局限在于，立法机构要通过税收和其他手段提高额外收入。这很难实现。第二，"罗宾汉"的方法，即减少富裕地区的支出而将资金投向贫困社区。这种方法对有权势的城郊地区非常不利，因此很明显，它在政治上不受欢迎。它的反对者的顾虑是合理的，在对平等的讨论中不能轻率地置之不理。为什么那些愿意向自己就读于公立学校的孩子进行教育投资的富裕公民，不应该被允许不受政府的限制？从什么时候起，以平等的名义进行的政治权益再分配开始损害那些被要求做出更大个人牺牲的人的自由和财产权？

这两种方法之间的选择是托克维尔困境的经典例证。实际上，它们各自代表了再分配政策的一种形式。只是后者显然比前者更为痛苦，具有更深远的影响。当我们将社会议程从机会平等转向结果平等，对自由的主张便开始发挥作用。虽然后者在政治上不受欢迎，但是美国人对这种推定表现出极大的宽容。正如托克维尔告诉我们的，在偏离轨道的那一刻，我们本能地成为平等主义者。当它涉及教育时，我们的倾向尤为明显。因为，正如布朗案提醒我们的，我们

[①] Linda Hertert, Carolyn Busch, and Allan Odden, "School Financing Inequities among the States: The Problem from a National Perspective," *Journal of Education Finance*, vol.19 (1994); Kern Alexander and Robert Salmon, *American School Finance* (Allyn & Bacon, 1995).

[②] 参见 Michael Heise, "Equal Educational Opportunity, Hollow Victories, and the Demise of School Finance Equity Theory: An Empirical Perspective and Alternative Explanation," *Georgia Law Review*, vol.32 (1998); John Dayton, "Examining the Efficacy of Judicial Involvement in Public School Funding Reform," *Journal of Educational Finance*, vol.22 (1996); G. Alan Hickrod, "The Effect of Constitutional Litigation, on Educational Finance: A Preliminary Analysis," *Journal of Educational Finance*, vol.18 (1992); Note, "Unfulfilled Promises: School Finance Remedies and State Courts," *Harvard Law Review*, vol.104 (1991)。

确实相信教育是必需品，所有人都必须能够享受。甚至许多非结果导向的平等主义者都认为，一个良好的教育对任何方面的机会都很重要，以至于，如果不是这样的话，所有形式的慷慨都是值得考虑的。但什么是良好的教育？

　　20世纪80年代末，随着蒙大拿州、肯塔基州和得克萨斯州法院做出判决，法律学者开始注意到诉讼的"第三次浪潮"，这些诉讼超越了以往在联邦和州法院提出的更为模糊的平等保护诉求，而更具体地聚焦于"适当"的概念。① 如果确保每个孩子不论贫富都享受同样的经费在政治上不可行，那么保证每个孩子至少有机会获得适当的教育也许是有可能的。② 这个要求对时刻倡导教育是人人享有的基本权利的社会而言是否不过分呢？在定义什么是适当的教育上，法官和学者已经做出了可贵的尝试，但他们只是小有成果。基于此，肯塔基州法院在1987年做出了第一个重大决议，该决议不仅废除了该州的学校财务方案，还发现了整个教育体系的不足，而这种不足是违宪的。③ 在尝试定义究竟什么构成适当的教育时，法院认为学校必须着眼于学生的发展，并在7项基本能力方面取得进步，包括学生学业成绩、高中毕业率、生均教育经费支出和教师工资等不同的领域。最近，在1997年，北卡罗来纳州最高法院对提供同等资助与提供优质基础教育做了区分，指责道：

　　　　教育，如果不抱持着为学生在社会中的参与和竞争做准备的服务目标，那么它是空洞且违反宪法的，毕竟学生们将要在社会中生活和工作。④

---

① The term first appeared in William Thro, "The Third Wave: The Impact of the Montana, Kentucky and Texas Decisions on the Future of Public School Finance Reform," *Journal of Law & Education*, vol.19 (1990). 同时可参见 Michael Heise, "State Constitutions, School Finance Litigation and the 'Third Wave': From Equity to Adequacy," *Temple Law Review*, vol.68 (1995); Julie K. Underwood and William E. Sparkman, "School Finance Litigation: A New Wave of Reform," *Harvard Journal of Law & Public Policy*, vol.14 (1991); Gail F. Levine, "Meeting the Third Wave: Legislative Approaches to Recent Judicial Finance School Rulings," *Harvard Journal on Legislation*, vol.28 (1991)。

② 参见 Peter Enrich, "Leaving Equality Behind: New Directions in School Finance Reform," *Vanderbilt Law Review*, vol.48 (1995); William E. Thro, "Judicial Analysis during the Third Wave of School Finance Litigation," *Boston College Law Review*, vol.35 (1994)。

③ *Rose v. Council for Better Education*, Inc., 790 S.W.2d 186, 215 (Ky 1989)。

④ *Leandro v. State of North Carolina*, 346 N.C. 336, 488 S.E.2d 249 (N.C. 1997). 参见 Robert C. Johnson, "N.C. Court Targets Adequacy in Equity Ruling," *Education Week*, August 6, 1997。

首席法官伯利·米切尔（Burley Mitchell）接着解释了他和他的同事们认为孩子在教育质量上该追求怎样的特定目标。它包括这样一些具体目标：读、写、说英文的能力；基础数学和物理科学的知识，以便在一个复杂和快速变化的社会中发挥作用；地理、历史、经济和政治学的知识，以使面临问题时能做出明智的选择；学术或职业技能，以便顺利接受高等教育或步入社会工作。以上都是合理的目标，并和父母们被问及他们希望给予自己孩子什么样的教育时通常列举的内容相吻合。然而，这种观点的不寻常之处不仅在于司法对教育政策的干预程度，还因为它是围绕结果构建的。法院的授权聚焦于人们希望自己的孩子在教育中收获什么，而不是教育工作者和他们的律师经常强调的投入和资源。但是北卡罗来纳州的主张仍然留下关于如何实现或衡量这些结果的开放问题。

大多数有关平等的诉讼，甚至在"第三次浪潮"的顶峰时，对于充分教育的所有理解都落到对金钱的讨论上。公平难免被认定为需要更多的财政支出。新泽西州就是一个典型的例子。1997 年，该州最高法院 28 年内第四次否决了它的学校财务方案。[①] 伴随这种法律较量过程中的一连串事件，新泽西州经历了城市学区表现不佳这个老大难问题，有几个城市学区因为管理上的无能而被纳入该州的破产管理。该州 28 个有"特殊需求"的学区，82% 的学生是黑人或西班牙裔，只有 41.8% 的学生能够通过基本的学业测试。[②] 在 1997 年的判决中，法院宣布惠特曼（Whitman）州长的课程标准提升计划不恰当，因为该计划没有向落后学区注入更多的资源。具体而言，法院下令，该州对 28 个最贫穷的学区和 120 个最富有的学区提供同等的财政经费。自 1990 年以来，新泽西州为贫困地区提供了 8.5 亿美元的额外拨款，对此类地区的支出达到了最富裕的郊区人均水平的 90%，并高于中等收入的郊区（7 300 美元与 7 144 美元）。作为两个已经被州接管的学区，纽瓦克与泽西市的人均教育经费（8 181 美元）实际上已经超过了最富裕地区的平均水平。[③]

---

① *Abbott v. Burke*, 149 N.J. 145, 693 A.2d 417 (N.J. 1997).

② Abby Goodnough, "Judge Offers Specific Plans for Schools: State Court Could Force New Jersey to Comply," *New York Times*, January 23, 1998, p.B1.

③ Caroline Hendrie, "For the 4th Time, Court Rejects N.J. Formula: Says Poorest Districts Need More Money," *Education Week*, May 21, 1997, p.1.

　　1998 年的春季，新泽西州法院要求州教育部门制定计划从而确保给特殊需求学区的额外拨款被高效并且有质量地使用。该计划要求目标学区的学校建立学校整体改革模式，追加行动包括了幼儿园和学前教育计划，以及学校设施的改善。法院提出的这一行动增加了改革倡导者的希望，他们期望为落后学区提供额外拨款能够为学生提供更大的帮助。①

　　理性的人会认为，对某个特定的社会目标投入越多，则其越可能成功。大量的教育研究表明，教育经费的合理使用会对学生的学业表现产生积极影响。② 然而，一份同样令人信服的经济学文献指出，教育投入并没有真正用在提高学生学业成就上。③ 支出的另一种模式往往出现在因为地方法院下令财政改革而增加了拨款的弱势学区之中。④

　　服务于贫困人口的学区在使用资金上并不比富裕学区更高效。事实上，情况往往相反。大城市学区因为在行政和管理职能上浪费资源而臭名昭著，与此同时，课堂里却缺乏诸如教科书等基本资料，学校建筑也年久失修。把钱砸给纽瓦克或泽西市这样的地方并不能给学生带来好处。给予这些学区更多资金的处理方式，类似于在鲁莽驾驶的案件中，法庭向肇事司机提供赔偿金，供其购买一辆更大的车，而不去处理受害方的损失。这些地方的管理人员腐败无能，以至于州政府接管了学校的运营。然而，这些地区存在的问题远远不止资

---

① 参见 Abbott v. Burke, remedial relief order, May 21, 1998。同时可参见 Caroline Hendrie, N.J. "Schools Put Reform to the Test: Verdict Still Out on 'Whole School' Models," *Education Week*, April 21, 1999。

② Rob Greenwald, Larry V. Hedges, and Richard Laine, "The Effect of School Resources on Student Achievement," *Review of Educational Research*, vol.66 (Fall 1996), pp.361-396; Ronald F. Ferguson and Helen Ladd, "How and Why Money Matters: An Analysis of Alabama Schools," in Helen Ladd, ed., *Holding Schools Accountable* (Brookings, 1996); David Card and Alan Krueger, "Does School Quality Matter? Returns to Education and the Characteristics of Public Schools in the United States," *Journal of Political Economy*, vol.100 (1992).

③ Odden and others, "The Story of the Education Dollar"; Hamilton Lankford and James Wyckoff, "Where Has the Money Gone? An Analysis of School Spending in New York," *Educational Evaluation and Policy Analysis*, vol.17 (1995).

④ Jacob E. Adams, Jr., "Spending School Reform Dollars in Kentucky: Familiar Patterns and New Programs, but Is This Reform?" *Educational Evaluation and Policy Analysis*, vol.16 (1994); William A. Firestone and others, "Where Did the $800 Million Go? The First Year of New Jersey's Quality Education Act," *Education Evaluation and Policy Analysis*, vol.16 (1994).

金这一项。在大城市学区年复一年地宣布糟糕的考试成绩的情况下，学校的财务律师经常会忘记真正的受害者是谁。实际上，这些律师——虽然其中许多人不乏善意——代表的是学校系统而非孩子，除非在有其他选择的情况下，他们仍然能够被尊重，否则他们努力的成果并不能得到充分的认同。

自 1950 年以来，在美国的公共教育中，即使是在根据通胀系数进行了数据修正的情况下，小学和初中层级的生均教育经费开支也已经翻了两番。[①] 许多因素导致了这种激增，如弱势儿童补偿教育计划的制定，服务残疾儿童的开支增加，学校废除种族隔离措施的实施，以及用以回应学校财政诉讼的州级支出的提升等。但成本的急剧增长并没有带来学生成绩的明显改善。当一切都说过和做过后，大量研究结果持续地支持科尔曼在 30 多年前的发现：教育支出和学生成绩之间不存在一致性关系。[②]

虽然经费在使用得当的情况下可能很重要，但是很难找到让人信服的案例来说明，给失败的教育系统投入更多的资金能够对学生的学业表现产生积极影响，特别是在存在着大量贫困儿童但又官僚主义盛行的城市学区中。考虑到立法的动力，让城市学区和郊区学区之间存在巨大悬殊的各州进行资金的再分配并不可行。

作为政治力量的平等

林登·约翰逊的宏伟社会计划触及了城市生活的核心，其另一面更直接与政治（而非资金）相关，虽然这两者存在着错综复杂的关系。1965 年的《选举权法案》最初的制定目标是消除南方选举进程中的法律障碍，与北方基本不相干。在城市中，对黑人参与的制约更为微妙，通常以政治组织的功能（而非法律）来实现。传统的民主党组织以白人的意志控制地方政治的准入壁垒，不太容易接受可能会在竞争中争夺自己战利品的新来者。

在反贫困计划中，最确定的主题是"最大化参与的可能性"。这一概念难免彻底重塑城市政治的轮廓，及其进程中有关学校的讨论。这一理念在 1963

---

① James W. Guthrie, "School Finance: Fifty Years of Expansion," *The Future of Children: Financing Schools*, vol.7 (Winter 1997).

② Eric Hanushek, "Assessing the Effects of School Resources on Student Performance: An Update," *Education Evaluation and Policy Analysis*, vol.19 (Summer 1997); Erie A. Hanushek, Stephen G. Rivkin, and Lori L. Taylor, "Aggregation and the Estimated Effects of School Resources," *Review of Economics and Statistics*, vol.78 (November 1996).

年诞生于纽约的下东区，在被称之为"青年动员（Mobilization for Youth, MFY）"的社会实验中创造出来。在华盛顿的肯尼迪政府的担保、来自福特基金会的财政资助和其他民间组织的支持之下，该实验旨在通过鼓励城市青年更积极地参与到社区生活中来克服他们与环境的疏离。基于社会学家理查德·克罗沃德（Richard Cloward）和劳埃德·奥林（Lloyd Ohlin）所构建的机会理论，MFY 促进青年参与各种社会活动和政治活动，包括选民登记、集体抗租、抵制学校和一系列对于城市机构的激进示威。[1]MFY 是 1964 年通过的《经济机会法案》的先驱，它使得该法案具有政治上的深度，而不仅仅是分配联邦资金来和贫困做斗争。正如丹尼尔·帕特里克·莫伊尼汉（Daniel Patrick Moynihan）所解释的：

> 与其保守和激进的形式相联系的社区行动，是纽约的产物。对贫困开战，是华盛顿的产物。一个深切关注社会，另一个专注于政府；一个情绪化地致力于社会变革的实现，另一个深刻地附着于稳定性和连续性的假象；一个痴迷于种族、民族和宗教的多样性，另一个却仍然狂热地忠于共和政体并且仍然试图在大陆之外塑造一个国家。这是理念和信息之间、才华和耐心之间，以及创新和保守之间的对比。[2]

社区行动计划（Community Action Program, CAP）的缔造者，计划根据 1964 年《经济机会法案》，在城市中通过使穷人和少数族裔认真参与政治过程来创造新的政治文化。他们的策略是，绕过传统的政府机构，在全市范围内挑选合适人选，并且将资金直接投入社区，由社区居民选举产生的新的权力机构来确定如何分配资源。该计划的两位密切观察者评论道，"大社会的标志"是"国民政府和贫民区之间具有直接联系，并且在此联系中，州和地方政府的作用被削弱"。[3]CAP 的总体方针是华盛顿的民主党政治的产物，但是

---

[1]　Richard Cloward and Lloyd Ohlin, *Delinquency and Opportunity*: *A Theory of Delinquent Gangs* (Free Press, 1960).

[2]　Daniel Patrick Moynihan, *Maximum Feasible Misunderstanding*: *Community Action in the War on Poverty* (Free Press, 1969), p.147.

[3]　Francis Fox Piven and Richard A. Cloward, *Regulating the Poor*: *The Functions of Public Welfare* (Vintage Books, 1971), p.261.

却在属于传统民主党基地的北方城市受到了直接攻击，恰如废除种族隔离和投票权在南方的境遇。

在 1965 年的全美市长会议上，地方行政长官们终于集合了他们的力量对这些发展做出了反应。旧金山市长约翰·谢利（John Shelly）和洛杉矶市长萨姆·约蒂（Sam Yorty）提出了一项决议，指责美国机会平等办公室（Office of Equal Opportunity, OEO）的主任萨金特·施赖弗（Sargeant Shriver）促使了城市中的阶级冲突。会议随后成立了一个由芝加哥市长理查德·戴利（Richard Daley）担任主席的委员会，来敦促 OEO 同意只将市政府支持的机构作为社区行动资金的正确渠道。市长们最终将他们的诉求带到了国会，后者在 1967 年以修正法案的形式予以了回应。新版的《经济机会法案》授予了地方政府建立社区行动机构的唯一权力。此前一年颁布的模范城市方案上也设置了类似的条款。① 这些立法尝试纠正民主党政治和由黑人领导的新兴的社会议程之间的分裂，但是却并没有平息城市中日益增长的种族仇恨。

除了由参与政治带来的分配优势之外，这一时期的民主政治理论还看好公民参与的固有优势。② 这是在政治和社会平等的国家对话的背景下进行的合法考虑，特别是对于一个已经处于公共生活边缘的社区而言。参与被视作目的本身，这是很好的。然而，要将这个理念变得浪漫，却几乎到了天真的地步。布朗案曾将教育定义为"良好公民身份的根基"，有意义地参与公共生活的准入条件。CAP 和其他计划试图在教育平等的机会实现之前，就跳到参与式政治阶段，这样做的冲动是值得表扬的，对于前进速度的迫不及待也是可以理解的，然而结果也是可以预见的。

一代又一代的政治学家已经证明了政治效能和诸如教育与阶级之类的社会变量之间存在不可分割的联系。③ 社区行动计划的经验毫无例外。在大多数情况下，那些有投票资格的人中有不到 5% 的人甚至都不去投票。该经验同样显示，黑人政治活动家并没有比白人活动家更不倾向于腐败；这些人群的低参与率可能是因为，新资金涌入地方社区为腐败创造了机会，这种腐败在更早时期是政治大佬们乐意为之的。

---

① 参见 Sar Levitan, *The Great Society's Poor Law* (Johns Hopkins University Press, 1969); John Donovan, *Politics of Poverty* (Pegasus, 1967)。

② 参见 Carole Patemen, *Participation and Democratic Theory* (Cambridge University Press, 1970)。

③ 对于参与式思想背后的理念的主要批判，可参见 Joseph P. Viteritti, *Bureaucracy and Social Justice* (Kennikat Press, 1979)。

　　教育成为新的政治战场是不可避免的。在 20 世纪 60 年代中期，黑人社区中有更多的激进组织领导人因遭遇了种族融合的失败，从而决定将他们的能量投入到获取对所在社区的学校的政治控制中去。对于一个已经在全国各城市中蓄势待发的新兴的黑人权力运动的计划而言，这种战术变化很合适。[1]它现在事关种族骄傲。最高法院大法官克拉伦斯·托马斯认为，30 年后，没有理由再说黑人学校必然是差学校。如果人们能够获得对自己的教育命运的控制权，那么社会就有希望。但是城市学校系统仍然由庞大的政府官僚机构运作，后者在历史上一直对他们应该服务的客户不负责任。结构性的分权成为地方实施社区控制的焦点。[2]

　　城市学校的治理对参与式民主的支持者而言是一个特别的挑战。虽然代议制政府之下已经建立了市政机构，但是城市学校系统的设计中有意地消除了政治进程对教育的影响。[3] 在组织上，它们都是封闭的系统。事实上，设立学区董事会旨在对抗地方政治。后者中存在的渐进主义的改革设计者理所当然地被认为是腐败和不称职的。虽然学区董事会有时允许形式上的民主，但是它最初萌生时，是出于保护上层阶级对于公共利益的愿景，而不是作为一个为招生提供渠道的代理机构。

　　这一系统在 20 世纪持久地运行着，构建出了一个由专业精英阶层或教育工作者控制之下的分层管理结构，然而这些管理者与其学生的家庭距离却很遥远且难以真正靠近。[4]20 世纪 60 年代中期，对黑人社区的领导者而言，这些

---

[1]　对于这一现象的经典表述，可参见 Stokeley Carmichael and Charles V. Hamilton, *Black Power: The Politics of Liberation in America* (Vintage Books, 1967)。

[2]　参见 Alan A. Altshuler, *Community Control: The Black Demand for Participation in Large American Cities* (Pegasus, 1970); Milton Kotler, *Neighborhood Government: The Local Foundations of Political Life* (Bobbs-Merrill, 1969)。

[3]　概括性的情况，可参见 Joseph P. Viteritti, "The City and the Constitution: A Historical and Adaptation," *Journal of Urban Affairs*, vol.12 (1990)，该研究对市政机构的创立及其背后的设计理念进行了历史回顾；还可参见 Joseph P. Viteritti, "The Urban School District: Towards an Open Systems Approach to Leadership and Governance," *Urban Education*, vol.21 (1986)。

[4]　David Tyack and Elizabeth Hansot, *Managers of Virtue: Public School Leadership, 1820-1980* (Basic Books, 1982), pp.129-166. 同时可参见 David Tyack, *The One Best System* (Harvard University Press, 1974); Raymond Callahan, *Education and the Cult of Efficiency* (University of Chicago Press, 1962)。

统治者们及其指挥下的庞大官僚系统明显与客户们的教育需求脱节了。以城市工业化的途径加工了数百万计欧洲移民的传统工厂模式的学校，在绝大多数新近从南方农村和拉丁美洲来的移民适应后工业经济时代的美国城市的生活面前显得无能为力。

渐进改革的治理模式和黑人对于权力不断增长的需求之间的冲突，在纽约（相较于其他任何地方）尤为突出。这里是美国最庞大也最不可救药的教育官僚体系的所在地，也是参与理念的诞生之处。[①] 在华盛顿推出大社会概念的时候，纽约在整合公立学校的尝试中已经经历了 10 年的失败。多项研究表明，黑人就读于孤立的薄弱学校。[②] 人口结构的变化不仅使一体化难以实现，还强化了这样一个事实：当一个主要是黑人和西班牙裔聚集的学校系统由白人控制的官僚机构来运营时，会更注重保护自身而非学生福利。

纽约在应当由谁主办教育的问题上的努力可谓水到渠成。当许多其他城市的领导还陷于过去的种族政治事务之中时，与此不同，在纽约，年轻的共和党市长约翰·林赛（John Lindsay），作为一个局外人，却已将其精力大量投入于社区控制这一新的政治活动中。[③] 纽约市这一"伟大的学校之战"的结果是，白人的，特别是犹太人的教师工会与黑人激进分子之间对立起来了，这成为当代最严重的种族分裂事件之一。[④] 这场斗争的结果是，美国最激进的学校分权计划产生了。除底特律下放了政治权力之外，[⑤] 大多数城市学区则以行政权力下放来回应 20 世纪 60 年代的社会革命，即将决策权下放给更低管理层级的学校内部官僚。1969 年，纽约更进一步地将政治权力下放，赋予市

---

① 参见 Diane Ravitch and Joseph P. Viteritti, "New York: The Obsolete Factory," in Diane Ravitch and Joseph P. Viteritti, eds., *New Schools for a New Century: The Redesign of Urban Education* (Yale University Press, 1997), 该研究对纽约市当代的学校系统进行了描摹。

② 参见 Diane Ravitch, *The Great School Wars: New York City, 1805-1973* (Basic Books, 1974), pp.251-286; David Rogers, *110 Livingston Street: Politics and Bureaucracy in the New York City School System* (Random House, 1968); Clarence Taylor, *Knocking at Our Own Door: Milton Galamison and the Struggle to Integrate New York City Schools* (Columbia University Press, 1997)。

③ 参见 Viteritti, *Bureaucracy and Social Justice*, pp.59-88; Robert F. Pecorrella, *Community Politics in a Postreform City: Politics in New York City* (M. E. Sharpe, 1994)。

④ Ravitch, *The Great School Wars*, pp.287-404.

⑤ 参见 Jeffrey Mirel, *The Rise and Fall of an Urban School System: Detroit, 1907-1981* (University of Michigan Press, 1993), pp.338-344, 359-368。

民和家长选举社区委员会的权力，该委员会有权决策新绘制的学区内有关学校的事宜。然而，即使在纽约，社区的权利仍然受限于官僚系统，这一计划最终以失败而告终。

纽约那些中央集权的教育官僚的权力是否通过放权大打折扣？然而这并没有发生，因为权力直接让渡给了学生家长。一个居于学校和中央集权的学区董事会之间的新的中间层决策者分享了权威。是的，中间层会被推举出来，但是通过谁呢？社区获得了参与当地学校决策的机会，对于任何试图通过这一系统满足其子女需求的人而言，它很快成为了一个政治泥潭。在私立或教会学校，家长参与是一项发生在父母和每天教育其子女的教师或管理者之间的事务。政治家并不参与其中。贫困家长不习惯于政治，也不具备成为成功的政治参与者的社会条件。在学校放权后，这些家长的参与仍然具有较高的机会成本。再一次，跳跃式的放权改革，恰好跳过了实现良好教育的机会，并使得目标比以往任何时候更加不切实际。

在纽约，地方利益群体操纵了学区董事会的选举，许多学区成为了腐败和政治利益交换的避风港。[1] 这些竞选的参与人数从一开始就低得惊人，在1996 年只占到具有投票资格总人数的 5.2%。在同一年，州立法部门修订了分权法案，在社区管理者的选举中赋予了校长否决权。这明显地标志着权力的再次集中，并不再试图为富有意义的家长参与创造机会。与此同时，选举产生的学区董事会被保留下来主持开支急剧增加而学生成绩持续螺旋式下降的地方教育系统。[2]

1988 年，芝加哥的改革推动了社区力量更进一步提升，他们说服伊利诺伊州的立法机关制定新的《教育治理法案》，为该市的每所学校建立学校董事会。[3] 芝加哥在社区活动方面有着悠久的历史，甚至可以追溯到早期由著名

---

[1]　参见 Ravitch and Viteritti, "The Obsolete Factory," in Ravitch and Viteritti, *New Schools for a New Century*, pp.27-32。

[2]　参见 "State of the City Schools, '98: A Performance Report on the New York City Public Schools" (Public Education Association, 1998)。

[3]　有关改革运动的三份截然不同的报告，参见 G. Alfred Hess, *Restructuring Urban Schools: A Chicago Perspective* (Teachers College Press, 1995); Jeffrey Mirel, "School Reform, Chicago Style: Educational Innovation in a Changing Urban Context, 1976-1991," *Urban Education*, vol.28 (July 1993); Michael B. Katz, "Chicago School Reform as History," *Teachers College Record*, vol.94 (Fall 1992)。

的芝加哥之子索尔·阿林斯基（Saul Alinsky）① 宣扬的激进政治层面。② 20
世纪 80 年代末期，大多数观察者都认同由前教育部长威廉·班尼特（William
Bennett）做出的高调公开声明，即认为该市有着"全美国最差的学校系
统"。③ 学生于阅读和数学考试方面的合格率在 30% 左右徘徊。高中的整体辍
学率为 43%，而黑人和西班牙裔学生辍学率则超过 50%。人们发展出了一个
政治共识，大量指责这个在中央集权的学校官僚和学校层面的专业人士控制
下的教育系统中的学业表现太差。

与通过构建中间层次的官僚系统来达到放权目标的纽约不同，在芝加哥，
立法者和社会活动家之间的协议谈判导致了决策权彻底被转移到学校层面。
在那里，权力被交到学校的董事会手中，董事会由一名家长任主席，由六名
民选的家长、两名民选的社区成员、两名教师、一名校长和一名学生组成。
这些董事会在人事、评价和校长激励方面拥有实权，并负责批准预算，参与
学校发展计划的制定和监督。芝加哥的改革引起了全国的关注，因其将结构
性分权、校本管理和家长控制的目标进行了整合，比城市教育历史上的任何
其他创新都更加深入。然而，这一雄心勃勃的实验，其结果却被证明是参差
不齐和令人失望的——至少其最初的形式是这样。

芝加哥大学曾组织芝加哥学校研究共同体，来评估"民主的本土主义
（democratic localism）"是否能够作为振兴公立学校的可行工具。④ 该研究发
现，只有三分之一的薄弱小学发展出了较强的参与文化，让家长、社区领导、
教师和校长联手构建系统的学校改进路径。其他学校则具有变革不聚焦、政
治上对立，或者共同努力维持现状等特征。虽然《学校治理法案》要求通过
一系列重要的行动来补助地方的授权，但是评估发现，官僚主义的执行者们

---

① Saul Alinsky（1909-1972），犹太裔美国人，美国社区组织先驱，一般被认为是现代社
区组织的构建者。——译者注

② 参见 Saul Alinsky, *Rules for Radicals* (Vintage Books, 1971)，本研究是 Alinsky 在组织方面研
究的代表作。要获得更多历史角度的认识，可参见 Julia Wrigley, *Class, Politics and Public
Schools: Chicago, 1900-1950* (Rutgers University Press, 1982); Michael Herrick, *The Chicago
Schools: A Social and Political History* (Sage Publications, 1981)。

③ Quoted in Anthony S. Bryk, David Kerbow, and Sharon Rollow, "Chicago School Reform," in
Ravitch and Viteritti, *Schools for a New Century*, p.164.

④ Quoted in Bryk, Kerbow, and Rollow, "Chicago School Reform," in Ravitch and Viteritti, *New
Schools for a New Century*, pp.174-200.

怠于合作并故意使绊子。基于校本管理的研究表明，这种来自官僚主义的阻力普遍存在，特别是在高层管理者的权威严重受损的情况下。①

最令人失望的是，学生成绩没有明显改善，这可以归因于最初开展的结构变革。1995 年，伊利诺伊州的立法机关在 Daley 市长的敦促下，通过了第二部《学校改革法案》，该法案颁布于最初的分权立法的七年之后，却仍然将芝加哥的学校形容为"处于危机中的学校系统"。② 该法案在学校系统中授予了市长宽泛的管理权力，允许其任命新组建的学区董事会的全部成员。这一新的学区董事会旨在强化对学校董事会的财政和教育问责。1996 年，新任命的首席执行官（也是由市长选定的）宣布，芝加哥市的 557 所学校中，有 109 所学业表现太糟糕的学校进入以观后效的查看期，另外 25 所留待观察的学校接受形式更温和的整顿和监督。

在不到 3 年的时间里，学校系统开始出现转机。社会的责难结束了，整治方案落实了，不称职的校长革职了。每个年级在标准化测验中的阅读和数学成绩都有所提升，辍学率和逃学率有所下降，并且学校的入学人数也随之上升了。芝加哥同时也开始试行私有化和学校选择。可选择的教育项目，以及某些特殊教育和职业教育项目，被外包给私人机构。截至 1999 年，全市还拥有了 14 所特许学校。③

虽然乍一看，芝加哥所发生的事可能让改革者们感到沮丧，但是这个城市第二阶段的改革可能为大城市的治理指出了一条新的道路。将权力的下放和对核心权威的问责相结合，芝加哥新计划的设计者可能已经找到了一个新方法来发掘校本决策者这一角色的意义，并且在同一时间执行较高的学业标准和财政管控。如果在特许学校和私立学校这两种形式中选择的范围得以扩

① Priscilla Wohlstetter, Susan Albers Mohrman, and Peter J. Robertson, "Successful School-Based Management: A Lesson for Restructuring Urban Schools," in Ravitch and Viteritti, *New Schools for a New Century*, pp.201-225; Betty Malen, Rodney T. Ogawa, and Jennifer Kranz, "What Do We Know about School-Based Management," in William H. Clime and John F. Witte, eds., *Choice Control in American Education*, vol.2, *The Practice of Choice, Decentralization and School Restructuring* (Falmer Press, 1990), pp.289-242.

② Bryk, Kerbow, and Rollow, "Chicago School Reform," in Ravitch and Viteritti, *Schools for a New Century*, p.187.

③ 参见 Paul G. Valias, "Saving Public Schools," presentation at the Manhattan Institute, New York, December 9, 1998; Pam Bellard, "In Chicago, the Story behind the Test Scores," *New York Times*, January 21, 1999。

大，家长的权利将进一步增强，他们在对学校服务的质量不满意时可以用脚投票，从而实行一种新形式的自下而上的问责。

依然隔离且不平等

1954 年，当最高法院在布朗案中宣布其里程碑式的决定时，有 17 个州和哥伦比亚特区的法律要求学校实行种族隔离。其他 4 个州允许地方法律选择种族隔离。总而言之，800 万白人学生和 250 万黑人学生在各自的系统接受教育。布朗案的一个巨大成就是，有效地消除了南方在法律上的种族隔离。1995 年，全国 78% 的城镇学区已经在法院强制下或自愿地采取了种族平衡计划。[①] 然而，直至今天，在美国，大多数公立学校的生源还是种族隔离的。

大卫·阿莫在其有关学校种族隔离的权威研究中发现，虽然 1968 到 1989 年间黑人和白人的失衡比例大大改善，但是少数族裔和白人学生在学校中的彼此接触程度只有微小的提升。[②] 这意味着，虽然个别学校的种族分布现在更接近所在地区的人口构成情况了，但是少数族裔学生和白人学生同校学习的机会实际上改善得极少。使用"相异指数"来比较学校和社区的种族情况，阿莫发现，黑人的指数从 1968 年的 67% 开始发展，到 1972 年为 51%，到 1980 年为 43% 并在此之后保持不变。西班牙裔的指数从 1968 年的 53% 开始发展，到 1972 年为 42%，1980 年为 40%，并就此保持不变。用衡量白人在一般的少数族裔学校中所占比例的"曝光率"，揭示了更发人深省的故事。对于黑人，该比例不断波动，1968 年为 43%，1972 年为 54%，1989 年则仅为 47%。对于西班牙裔，这一比例在 1978 年为 70%，到 1989 年变为 51%。

加里·奥菲尔德（Gary Orfield）和他的同事们使用不同的数据来源，呈现了一个更为负面的美国公立学校种族平衡状况图景。[③] 他们发现，在以少数族裔生源为主的学校中，黑人学生的比例从 1968 至 1969 年度的 76.6% 下降到 1980 至 1981 年度的 62.9%（最低点），再到 1994 至 1995 年度回升至 67.1%。尤其令

[①] National School Boards Association, *Still Separate, Still Unequal? Desegregation in the 1990's* (1995), pp.19, 26-27.

[②] Armor, *Forced Justice*, pp.171-173.

[③] Gary Orfield and others, "Deepening Segregation in the American Public Schools," Harvard Project on School Desegregation, April 5, 1997, p.11.

他们感到困扰的是，他们发现，在少数族裔为主的学校中，西班牙裔学生的孤立状态日益严重：从 1968 至 1969 年度的 54.8%，增加到 1980 至 1981 年度的 68.1%，再到 1994 至 1995 年度的 74.0%。奥菲尔德认为，无论是在教育还是司法的实践中都可以发现恢复种族隔离的情况，该情况消解乃至反转了布朗案之后的政策，并且督促联邦法院再次将目光聚焦于种族平衡。[1] 无论如何，学校在很大程度上能够侧面反映居住模式。因此，比起牺牲就近的学校的利益而言，不依不饶地抨击事实上的种族隔离无疑是更进步的。

迄今为止，没有确切的证据表明，与另一个种族的孩子成为同学能够提高少数族裔儿童的学习成绩，[2] 或者对后者的自尊产生积极影响。事实上，一些研究表明，黑人学生就读于以黑人为主的学校，会享有比他们在种族融合学校的同伴更高的自尊。[3] 并且，如前所述，大部分黑人家长更希望孩子就读于家附近的学校，而不是将他们送到其他地方去实现种族平衡。

就目前的情况来看，相比于生活在农村或小城镇的黑人，生活在大城市的黑人更不倾向就读于种族融合的学校。[4] 这一情况带来的后果是，小城镇的城区学校中有 50% 的入学者是白人，而大城市的典型城区学校中只有 17% 是白人。虽然没有令人信服的证据表明，种族融合能够提升学生成绩，但是目前的证据显示，黑人的确就读于更差的学校。从可用资源的数量和学生表现两方面来看

---

[1]　Gary Orfield and Susan E. Eaton, *Dismantling Desegregation: The Quiet Reversal of Brown v. Board of Education* (New Press, 1997).

[2]　参见 Armor, *Forced Justice*, pp.77-98; Meredith Phillips, "Does School Desegregation Explain Why African-Americans and Latinos Score Lower than Whites on Academic Achievement Tests?" paper prepared for the Annual Meeting of American Sociological Association, 1997; Thomas Cook and others, School Desegregation and Black Achievement (Department of Education, 1984); Robert Crain and Rita Mahard, "Desegregation and Black Achievement a Review of the Research," *Law & Contemporary Problems*, vol.42 (1978), pp.17-58; Nancy St. John, *School Desegregation: Outcomes for Children* (John Wiley, 1978)。

[3]　Armor, *Forced Justice*, pp.99-101; William B. Stephan, "The Effects of School Desegregation: An Evaluation 30 Years after Brown," in M. Saks, Leonard Saxe, and L. Saxe, eds., *Advances in Applied Social Psychology* (Erlbaum, 1986); Judith R. Porter and Robert E. Washington, "Black Identity and Self-Esteem," *Annual Review of Sociology*, vol.5 (1979), pp.53-74; St. John, *School Desegregation*; Morris Rosenberg and Roberta G. Simmons, *Black and White Self-Esteem: The Urban School Child* (American Sociological Association, 1971).

[4]　Orfield and others, "Deepening Segregation," p.20.

都是如此。

美国审计总署在 1998 年为国会进行的一项研究证实，虽然在促进富人和穷人间的开支平等方面取得了进展，但是差距仍然存在。[①] 在 1991 至 1992 年间，由联邦政府分配的补偿费用和由州政府加大投入的费用共同带来的综合影响，已经在 37 个州中的 16 个州里消除了之前存在的明显的不平等。然而这些成就并没有帮助到国内大部分贫困学生，因为他们中间仍然有三分之二的人生活在富裕地区和贫困地区间存在着 5% 的资金差异的 21 个州中。鉴于学生的成绩存在着显而易见的差距，这些资金带来的差异反而并不像人们原本认为的那样巨大。他们确信，正如之前的许多研究认为的那样，在教育质量上起决定作用的不是金钱，而是别的什么东西。种族间存在的学习差距仍然是美国教育中的巨大悲剧。

无论是否认同种族融合、校车接送、财政支出，或者税收收入的重新分配，大多数家长都会同意一点，在确定给予任何一个群体教育机会时，关键问题是其子女是否得到了充分的学习机会。就这一点而言，当涉及特定的人群，我们的公立学校系统就显得非常失败了。虽然有一定的迹象——根据 NAEP 和 SAT 的考试成绩——说明，白人和少数族裔之间的鸿沟在 20 世纪 80 年代开始缩小，但是可以清楚地看到，黑人和西班牙裔的学业差距反而在 80 年代末又固化了。[②] 虽然对教育工作者而言，以阶级的功能来解释学业成绩的可悲差距是司空见惯的，但是越来越多的证据表明，种族和学业成就存在独立相关关系。斯蒂芬·瑟斯特罗姆（Stephan Thernstrom）和阿比盖尔·瑟斯特罗姆（Abigail Thernstrom）是美国种族困境最乐观的观察家之一，他们在这一主题上的里程碑式的研究成果引起了激烈的争论。当对教育进行评价时，他们的乐观被残酷的现实浇灭：

[①] General Accounting Office, *School Finance: State and Federal Efforts to Target Poor Students* (1998). 同时可参见 William M. Evans, Sheila Murray, and Robert Schwab, "School Houses, Court Houses, and State Houses after Serrano," *Journal of Policy Analysis and Management*, vol.16 (January 1997)。

[②] Diane Ravitch, *National Standards in American Education* (Brookings, 1995), pp.59-97; Stephan Thernstrom and Abigail Thernstrom, *America in Black and White: One Nation, Indivisible* (Simon & Schuster, 1997), pp.352-357; Christopher Jencks and Meredith Phillips, eds., *The Black-White Test Score Gap* (Brookings, 1998).

今天，一般的黑人学生在 12 年级阅读测验中的成绩还不如白人学生在 8 年级的平均成绩，而科学成绩则落后于一般白人学生 5.4 年。家庭年收入超过 7 万美元的黑人学生，SAT 的平均成绩低于家庭年收入不足 1 万美元的白人学生。父母有大学学历的黑人学生，平均成绩低于父母未能完成高中学业的白人学生。[1]

西班牙裔学生——占学龄人数的 13.5%，且西班牙裔即将成为美国最大的少数族群——考试成绩甚至更令人沮丧。美国教育部 1998 年发布的一份报告显示，在高中阶段，西班牙裔学生的辍学率是非西班牙裔白人的 3.5 倍，是黑人的 2 倍。这一结果与收入水平并不一致。[2] 在此，我并不是说，在确定贫困人口的特殊教育需求时，贫困的缺点微不足道。然而，数据告诉我们，教育失败的问题表现为两种紧密交织的形式——一种关乎阶级，另一种关乎种族。美国公立学校的失败，可以由这两大人口变量和学业成绩之间的牢固连接来精确解释。鉴于事实上有着很高比例的黑人和西班牙裔家庭生活在城市环境中，美国教育的这一基本困境在城市中表现得最显著。

如果我们相信科尔曼和其他 20 世纪 60 年代中期的研究者所宣称的"学校无关论"，那么讨论可以就此结束。实际上，我们可能只是甘心于经济或种族决定论的影响，并且接受教育机构在特定社会环境中会不可避免的失败这一现象。虽然科尔曼的第一项研究规模庞大，却仅局限于公立学校之中。他在其后的工作中将教育研究的范围推动到更广阔的比较视角。该研究显示，在解释学业失败问题时，通常为贫困人口提供服务的学校扮演了重要角色。公立学校，特别是城市公立学校，不仅不重视解决种族和贫困的负面影响，它们的结构和文化反倒还加剧了这些影响。

---

[1] Thernstrom and Thernstrom, *America in Black and White*, p.19; Meredith Phillips and others, "Family Background, Parenting Practices, and the Black-White Test Score Gap," in Jencks and Phillips, *The Black-White Test Score Gap*.

[2] Department of Education, *No More Excuses: The Final Report of the Hispanic Dropout Project* (1998).

第三章　选择的特点

在布朗案判决下达的整整一年之后，经济学家米尔顿·弗里德曼首次完整提出了他那激起争端的教育券提案。弗里德曼的计划将最大限度地减少政府在教育中的作用，并且用由税收支持的私立机构来取代公立学校。[1] 作为亚当·斯密（Adam Smith）的信徒，弗里德曼坚定地相信，市场能够以不受公共权力干涉的自愿联合为基础，有力地满足人们的需求。这位因在货币理论上的成就而赢得经济学领域的专业声誉的诺贝尔经济学奖得主确信，不受妨碍的竞争能够激励私营企业家更加努力，从而以更合理的成本提供更高效的商品和服务。

这位著名的经济学家困扰于政府运行的官僚系统对教育的统治，他认为这种教育是平庸的，同时，在资源配置上将私立学校置于不利的处境。只要政府运营的教育机构独享公共资金，那么只有很少的家庭真的有能力考虑选择私立教育，而公立学校也会缺乏进步的动力。弗里德曼构想了一个更加多样化的教育市场。部分学校可以由私立机构运营并以营利为目的，另外一些学校则由非营利组织运营并承担更多特定的教育使命。他提出，像童子军或者基督教青年会等组织就有可能开办他们自己的学校。政府应当为教育服务提供者设定最低的运作标准，而并非直接负责运营任何学校，举个例子，就像在食品工业中做的那样。最后，一所学校是否能够生存下去将取决于它吸引客户的能力，他们将用政府发放的教育券来交换由学校提供的教育服务。

弗里德曼超越了他所在的时代几十年，他不仅期待有关教育券的辩论，

---

[1] Milton Friedman, "The Role of Government in Education," in Robert A. Solo, ed., *Economics and the Public Interest* (Rutgers University Press, 1955), 修订版为 Milton Friedman, *Capitalism and Freedom* (University of Chicago Press, 1962), chapter 6. 对教育中的市场模式进行批判的研究，可参见 Jeffrey R. Henig, *Rethinking School Choice: Limits of the Market Metaphor* (Princeton University Press, 1994)。

而且还提出让私利机构提供教育服务，并且积极推广特许学校——所有这些都在 20 世纪末改变了美国教育的面貌。① 虽然弗里德曼期待他的观点能够引发讨论，但是当他面对教育的专业性和自由市场的概念时，却从没有意识到二者相遇所引发的文化冲突。大多数教育人士对学校营利这个概念感到愤怒。他们为他有关于竞争和竞争为落后的学校带来严重后果的论述感到不安。但是弗里德曼颇具挑衅意味的建议比达尔文式的生存和灭绝更加深刻。经济领域的政治问题充溢着古典自由主义哲学，时不时要引用杰斐逊、托克维尔和约翰·斯图尔特·密尔（John Stuart Miu）的言论。

弗里德曼明白有关平等的若干相互竞争的定义间的区别。② 他仔细地划分了他所认同的机会平等和不赞同的结果平等。像托克维尔那样，他警告说，如果政府采取激进作为的方式保障所有人获得同等生活质量，那么它的干预将不可避免地损害个人自由。但是，如果深入地阅读弗里德曼的作品，会发现问题变得更加复杂。在有关平等的辩论中，教育的独立地位日益彰显。

弗里德曼在批评平均主义对社会造成的后果时，又陷入深深的忧虑中。他忧虑政府垄断教育，事实上是拒绝让那些没钱负担私立教育的人群进行选择；忧虑现行制度下，最悲惨的受害者是那些无法进入更昂贵的郊区学校的内城区少数族裔；忧虑将宗教学校从公共财政支持中排除出去将损害宗教信仰自由，尤其是对那些渴望根据其信仰戒律来接受教育的穷人而言。③ 这位主张国家在教育中的最小责任的作者，毫不含糊地认为，政府有义务以公共经费为基础，为所有人提供学校教育。弗里德曼明白，正如布朗案判决所指出的那样，如果不促进教育结果的平等，那么无论多广阔的社会环境都不会有机会平等。教育是将两者联系在一起的不可替代的纽带，于民主社会的自由和平等来说都是最基本的要素。

几十年后，有关教育券的争论成为教育界的主流论题。在各种政策所选择的、有着微妙差别的教育券方案的吸引之下，拥护者群体随着时间的推移不断扩大，广泛而多样。1968 年，哈佛大学教育研究院的院长西奥多·赛泽，

---

① 参见 Diane Ravitch and Joseph P. Viteritti, eds., *New Schools for a New Century: The Redesign of Urban Education* (Yale University Press, 1997)。

② Milton Friedman and Rose Friedman, *Free to Choose: A Personal Statement* (Harcourt Brace, 1980), chaps.1, 2.

③ Milton Friedman and Rose Friedman, *Free to Choose: A Personal Statement* (Harcourt Brace, 1980), chaps.6.

作为自由理想的长期支持者，提出了一个专门针对经济困难家庭的教育券计划。赛泽将他的计划纳入了一个宣扬"贫困儿童的权利账单（Poor Children's Bill of Rights）"的更大提案。[①] 他还警告，向所有儿童提供教育券将导致偏向中产阶级的不公平和对公立学校的严重破坏。

1970年，社会学家克里斯托弗·詹克斯受联邦经济机会办公室（Office of Economic Opportunity, OEO）委托，提出了一个更详细的教育券方案，这个办公室即是在20世纪60年代中期制定出反贫困计划的行政机关。[②] 詹克斯曾经对第一份科尔曼报告做出了回应，他认为，公立学校无法满足美国最贫困儿童的需求。[③] 他将教育券看作解决贫困人口教育问题的再分配性的政策机制。与弗里德曼不同，詹克斯赞同采取高度管制的教育券计划。他在方案中要求，参与该方案的学校在空间允许的情况下要接受所有的申请者，或者以抽签为基础来决定申请者是否能够入学，并且学校要接受以教育券全额支付学费。该方案还为低收入家庭的儿童提供了额外的补偿资金。詹克斯通过《新共和国》（New Republic）传播他的理念，他在这一左翼杂志担任特约编辑。[④]

为了建立对詹克斯方案的公共支持，联邦经济机会办公室提供资金在国内6个城市试验运行这一方案。虽然这些城市在一开始都接受了该邀请，但是只有一个城市——加利福尼亚州的阿伦石市完成了这一研究。[⑤] 即使在那里，试验也被限制在公立学校内，并且没有获得定论。[⑥] 其他地区则为了回应当地教育团体的强烈反对而退出了试验。在此期间，一个由全美教师联合会、全国教育协会和美国学校管理者协会联合组成的全国性联盟开始游说国会来

[①] Theodore Sizer and Philip Whitten, "A Proposal for a Poor Children's Bill of Rights," *Psychology Today* (August 1968); Theodore Sizer, "The Case for a Free Market," *Saturday Review*, January 11, 1969.

[②] Christopher Jencks, *Education Vouchers: A Report on Financing Education by Payments to Parents* (Cambridge, Mass.: Center for the Study of Public Policy, 1970).

[③] Christopher Jencks, "Is Public School Obsolete?" *Public Interest* (Winter 1966).

[④] Christopher Jencks, "Giving Parents Money to Pay for Schooling: Education Vouchers," *New Republic*, July 4, 1970.

[⑤] 其他城市包括加里、堪萨斯城、密尔沃基、明尼阿波利斯和罗切斯特。John L. Puckett, "Educational Vouchers: Rhetoric or Reality?" *Forum*, vol.47 (Summer 1983).

[⑥] R. G. Bridge and J. Blackman, *Family Choice in Schooling: A Study of Alternatives in American Education* (Rand Corporation, 1978); Frank Cappel, *A Study of Alternatives in American Education. Volume 6: Student Outcomes in Alum Rock, 1974-1976* (Rand Corporation, 1978).

挫败这一计划。他们认为，随着对教育券的认同，"联邦经济机会办公室的初衷——援助穷人——已经被重新定向为将社会服务私有化的拙劣企图。"①

1971年，由法学研究者约翰·孔斯和史蒂芬·休格曼制定的另一个详细的教育券计划面世了。② 这两位就职于加州大学伯克利分校的教授在有关平等的辩论中可不是初来乍到。一年以前，他们针对教育资助发表了颇具批判性的研究，该研究引发了加州乃至全国的学校财政改革，③ 即引发了全国对富裕学区和贫困学区之间存在巨大资金差异这一事实的关注。现在，他们在这一问题点上又向前走了一步。他们不仅仅提倡面向贫困学区重新分配财政经费，还在推进直接向家长提供资助这一更为激进的理念。这将使得弱势群体能够自行决定哪些学校最有可能满足他们子女的教育需求。这一方案深刻地将平等和选择合二为一，虽然当时没有引起研究者及决策者的充分重视，但是现在却日益为法学研究者所关注。④

虽然孔斯和休格曼并不赞同弗里德曼对市场的信心，但是他们的计划却体现了强烈的自由主义倾向。除了促进教育平等，孔斯和休格曼还视选择为一种媒介，家庭可以通过择校来表达自己的教育价值观。他们设想在政治和经济两方面赋予家长权利，并试图使穷人家长像中产阶级所享受的那样，拥有一系列的选择，如此，不仅仅是为了促进竞争，更是为了实现独立和自由。与詹克斯和赛泽一样，孔斯和休格曼拥有共同的平等理念，希望每个孩子都能获得良好的教育。同时孔斯和休格曼的计划也是对教育自由的恳求，他们

---

① Testimony before the House Committee on Education and Labor, April 2, 1971, 92d Cong., 1st sess. (Government Printing Office, 1971).

② John E. Coons and Stephen D. Sugarman, "Family Choice in Education: A Model State System for Vouchers," *California Law Review*, vol.59 (1971). 该论文的观点后来更充分地表述在以下专著中：John E. Coons and Stephen D. Sugarman, *Education by Choice: The Case for Family Control* (University of California Press, 1978)。同时也可以参见 John E. Coons and Stephen D. Sugarman, "The Scholarship Initiative: A Mode! State Law for Elementary and Secondary School Choice," *Journal of Law & Education*, vol.21 (1992); Stephen D. Sugarman, "Using Private Schools to Promote Public Values," *University of Chicago Legal Forum* (1991)。

③ John E. Coons, William H. Clune, and Stephen D. Sugarman, *Private Wealth and Public Education* (Harvard University Press, 1970).

④ 参见 Dominick Cirelli, "Utilizing School Voucher Programs to Remedy School Financing Problems," *Akron Law Review*, vol.30 (1997); Greg D. Andes, "Private School Voucher Remedies in Education Cases," *University of Chicago Law Review*, vol.62 (1995)。

担心公共官僚机构通过使用其毋庸置疑的控制力来决定哪些价值能够反映在教育过程中。

多种形式的学校选择吸引了具有多样化特征的小选区。倡导自由市场的经济学家青睐择校，是为了在垄断性的教育系统中推动竞争。自由主义者偏好择校，是因为它为困在失败的公立学校中的贫困儿童提供了一条生路。认为公立学校课程侵蚀了自身价值的文化和宗教的少数派，将择校视为通过教育来赢得对自身子女更高程度控制的途径。但是择校并未赢得更广泛的公众。1978年的密歇根，以及1981年的华盛顿特区，对教育券的倡议在无记名投票中轻而易举地落败了。

随着国家的政治"钟摆"摆动至右翼占先的位置，教育券与保守政治以及基督教联盟间的联系逐渐确定。从教会处获得强有力支持的罗纳德·里根（Ronald Reagan）总统，曾在3个不同的时间段向国会递交过教育券议案——分别是1983年、1985年和1986年。然而由于夹杂在激动人心且浮夸矫饰的私有化过程之中，这些计划实在是显得相当谨慎小心了。最后的版本给予了地方行政区自主权来决定是否参与其中，以及是否允许以教育券形式支付私立教育机构学费。此外，在里根的计划中，教育券的获取资格受到了限定，只有那些能够证明自己有必要获得补救，且他们所在的公立学校无法充分解决相应问题的孩子才能获得教育券。[1]

1986年，全国州长会议发表声明，支持将公立学校中的择校看作"在市场中释放竞争的价值"。[2]1988年，里根总统在这一问题上开始战略性地撤退，在谈话中淡化教育券和税收抵免，并强调将更加依赖在公立学校中的择校，以将此作为一种促进竞争的机制。[3]

公立学校的择校

择校的反对者通常将择校的起源与南方曾经用来破坏废除种族隔离的自由选择学校相联系。但是事实上，在此之后的，用择校来废除种族隔离的实践经验，在不断论争的择校辩论中是一个更合适的起点。这一实践开始于1976年，

---

[1] Henig, *Rethinking School Choice*, pp.71-73.

[2] Nancy Paulu, *Improving Schools and Empowering Parents: Choice in American Education* (Department of Education, 1989), p.14.

[3] Nancy Paulu, *Improving Schools and Empowering Parents: Choice in American Education* (Department of Education, 1989), pp.78-80.

以密尔沃基和水牛城的联邦地区法院批准根据磁石学校原则设计全面的自愿择校计划为肇始。在 1976 年到 1981 年间，联邦政府每年为磁石项目提供 3 000 万美元；之后在 1985 年至 1991 年间，又额外花费了 7.39 亿美元。1991 年，在 230 个学区中有超过 120 万适龄儿童就读于 2 433 所磁石学校中。等待名单上还另有 12 万人。一半以上的磁石学区和 80% 的磁石项目位于内城区，每一所这类学校的入学人数都超过 10 000 人。[1]

　　磁石概念背后的理论是，制定丰富的学术课程将激发种族混合的学生群体就读于他们所在社区以外的学校，从而实现一体化。对磁石项目优势的评估研究表明，这些项目在改善种族平衡、种族间接触和学生成绩等方面取得了一定的成功。[2] 然而，批评者们发现，因这些举措而获益的绝大多数学生要么是白人，要么来自相对具有优势的少数族裔。[3] 事实上，一些人认为，磁石学校的存在对附近的学校具有负面影响，因为前者将最优秀的生源都吸引走了。[4] 这种分层效果听起来貌似有理，因为这些项目不论班级地面向所有来者开放。但是，没有任何证据说明，在磁石项目下可能发生的学生分层比父母为子女择校这一正常情况下更严重。[5]

---

[1]　Rolf K. Blank, Roger E. Levine, and Lauri Steel, "After 15 Years: Magnet Schools in Urban Education," in Bruce Fuller and Richard F. Elmore, eds., *Who Chooses? Who Loses? Culture, Institutions and the Unequal Effects of School Choice* (Teachers College Press, 1996); Adam Gamoran, "Student Achievement in Public Magnet, Public Comprehensive, and Private City High Schools," *Educational Policy Analyses*, vol.18 (Spring 1996).

[2]　Blank, Levine, and Steel, "Magnet Schools," in Fuller and Elmore, *Who Chooses? Who Loses?*; Rolf Blank, "Educational Effects of Magnet High Schools," in William H. Clune and John F. Witte, eds., *Choice and Control in America Education*, vol.2, *The Practice of Choice, Decentralization and School Restructuring* (Falmer Press, 1990); Christine H. Rossell, *The Carrot or the Stick for School Desegregation Policy? Magnet Schools vs. Forced Busing* (Temple University Press, 1990).

[3]　Jeffrey R. Henig, "The Local Dynamics of Choice: Ethnic Preferences and Institutional Responses," in Fuller and Elmore, *Who Chooses? Who Loses?*; Donald R. Moore, "Voice and Choice in Chicago," in Clune and Witte, *Choice and Control in American Education*, vol.2.

[4]　Moore, "Voice and Choice in Chicago," in Clune and Witte, *Choice and Control in American Education*, vol.2.

[5]　Mary H. Metz, "Potentialities and Problems of Choice in Desegregation Plans," in Clune and Witte, *Choice and Control in American Education*, vol.2, pp.111-118.

　　有时候，为了实现种族平衡，少数族裔的学生会被他们自己所在社区的示范性磁石项目拒绝，以便使白人学生能够加入这些项目。在路易斯维尔，黑人家长最近向联邦法院上诉挑战当地磁石学校的招生政策，因该校为了给郊区的白人学生提供名额拒绝招收超过 800 名黑人申请者。[①]1996 年，在马里兰州的乔治王子郡，为了促进融合，该学区为白人保留了名额，一些黑人家长的孩子因此被拒绝。后迫于黑人家长的压力，学区董事会不得不投票排除了对磁石项目的社会控制。

有限制的选择

　　虽然自愿选择的方案被证明要比强制分配和校车计划更加成功[②]，一些反对种族隔离的人士还是担心，留给父母的自由裁量水平会使得融合的进展没有它应当具有的那样迅速。有限制的选择作为一个备份策略得到了发展，这是一条介于完全自由选择和强迫入学之间的折中道路。该方案中，如果没有达到种族平衡的一定标准，那么就不顾学生意愿地单方面安排其就读于哪个学校。1981 年，马萨诸塞州的剑桥市采取了"在废除种族隔离的学校中最大化竞争和选择"的入学政策，成为第一个尝试这条道路的学区。[③]为向学生提供最大范围的选择，该区取消了所有指派学区，从而家庭可以在全市范围内自由选择。但是在学校被认为失去种族平衡的情况下，仍然可能进行强制分配。

　　剑桥计划成为马萨诸塞州其他 16 个区的样板，其中包括波士顿。类似的计划很快在怀特普莱恩斯、纽约、蒙特克莱尔、新泽西，以及后来的西雅图和圣何塞等地方开发出来。有限制的选择很大程度上是一种城市现象，因为城市对种族平衡和高质量学校教育的关注趋于一致。作为一项规则，在有限制的选择里没有专门的磁石学校，或者，像其支持者所说的那样，每一所学校都是磁石学校；但是多数地方的行政部门通过专项来建立激励机制，即使它们没有明确地冠以磁石之名。

---

① Kerry H. White, "Suit Challenges Integration Plan in Louisville," *Education Week*, May 6, 1998.

② Christine H. Rossell and David Armor, "The Effectiveness of Desegregation Plans," *American Politics Quarterly*, vol.24 (July 1996).

③ 援引自 Peter W. Cookson, *School Choice: The Struggle for the Soul of American Education* (Yale University Press, 1994), p.59。同时可参见 Christine H. Rossell and Charles Glenn, "The Cambridge Controlled Choice Plans," *Urban Review*, vol.20 (1988).

最初对于有限选择的评价普遍是积极的，种族融合、学业成就和家长满意度都表现出较高水平。[1] 进一步的调查研究增加了一些担忧。其中之一是交通成本猛增，因为学生必须跨越一定距离赶到所在学区的较远之处上学。另一项问题是，为了吸引来自不同族裔学生而特设的教师、设施和额外资源带来了十分高昂的开支。例如，1991 年，加利福尼亚州的里士满学区便因为校车和多个专项的总花销破产了，而这些都是因为择校而产生的。[2]

对有限选择项目进行调查发现的另一个主要问题是，反种族隔离专家克里斯汀·罗塞尔所说的"选择不足而控制有余"[3]。她解释道，大部分家长对这一方式的主要意见在于，孩子就读于哪所学校的最终决定是由行政管理人员（而非家长自己）做出的。其结果是，采取这些计划的学区，白人入学率相较于采取自愿择校计划的学区下降了三分之一。事实上，进一步的分析表明，大多数家长（包括黑人和白人）都不支持会限制他们选择的分配政策。在另一项研究中，大多数家长（包括少数族裔）承认，他们更愿意让孩子就近入学。更准确地说，大多数家长希望避免太远的上学路程，除非磁石或者专门项目的形式能够给学业带来特别的益处，但即便如此，他们也希望这是他们自己的选择。[4] 一些城市学区——例如，奥斯汀、克利夫兰、丹佛、俄克拉荷马城和萨凡纳——事实上已经恢复了对应就近入学的地理区划。[5]

还有一个重要的注意事项是，有限选择项目的首要设计初衷是实现种族平衡，其次才是促进融合。我们没有理由相信，或者没有证据表明，学生从

---

[1] Michael J. Alves and Charles V. Willie, "Controlled Choice Assignments: A New and More Effective Approach to School Desegregation," *Urban Review*, vol.19 (1987); Michael J. Alves and Charles V. Willie, "Choice, Decentralization and Desegregation: The Boston 'Controlled Choice' Plan," in Clune and White, *Choice and Control in American Education*, vol.2; Charles C. Glenn, "Controlled Choice in Massachusetts Public Schools," *Public Interest*, no. 103 (Spring 1991).

[2] Amy Stewart Wells, *Time to Choose: America at the Crossroads of School Choice Policy* (Hill &Wang, 1993), p.91.

[3] Christine H. Rossell, "Controlled Choice Desegregation Plans: Not Enough Choice, Too Much Control," *Urban Affairs Review*, vol.31 (September 1995).

[4] Christine H. Rossell, "The Convergence of Black and White Attitudes on School Desegregation Issues during the Four Decade Evolution of the Plans," *William & Mary Law Review*, vol.36 (1995).

[5] Caroline Hendrie, "Pressure for Community Schools Grows as Court Oversight Wanes," *Education Week*, June 17, 1998.

一所学校流动到另一所学校本身会给他们的学习带来积极影响。一般来说，在没有磁石项目的时候尤其如此。除非择校伴随着整体创新，否则不太可能提升学生成绩。罗塞尔发现，有限制的选择减少了竞争带来的影响，最后，由于存在为破除种族隔离而实施的强制性入学分配，质量不佳的学校保存了下来。①

以择校为工具废除种族隔离的经历，能够给我们带来一些经验教训。看起来，如果大部分家长自己有途径，那么他们会更喜欢在附近社区所提供的多种教育机会中进行选择。此外，大多数家长（无论黑人还是白人）在评价择校时是以获得更好的教育为标准（而非种族平衡）。就市场而言，如果选择被当作工具来改善向公众提供的教育产品，那么它必须包含相应的机制，用更能够满足学生需求的新学校来替代教学成绩低下的那些学校。保护落后的学校只会适得其反。最后，没有证据表明，在消除具有信息优势的家长为其子女择校的优势时，有限制的选择会比磁石学校或传统的指定入学更有效。

作为改革的选择：哈林区的奇迹

20 世纪 70 年代早期，对高质量学校教育的公共呼声淹没了不同种族对学校种族融合的需求。现在，选择被描述为对学校开展改革的激励。再没有一种新方案像纽约市东哈林区的第四街区所实施的公共选择计划那样为全国瞩目。② 也再没有任何计划受到支持者和反对者如此仔细的审视，因为这一实践所落实的选择概念，即便是更具革新精神的专业教育者也对此犹豫不决。东哈林试验明确致力于通过扩展高质量教育的途径来增进弱势群体的教育机会，其项目培育者最后与右倾的曼哈顿政策研究学院达成合作。在此，除了大多数弱势学生是黑人或者西班牙裔之外，并没有聚焦于种族融合，也没有任何显而易见的种族议程。

在择校运动中，第四街区是一个非常特别的案例，该方案由与共和党紧密联系的组织在城市自由主义的摇篮之中制定，代表了这片土地上最贫困的那类城市社区的利益。这个故事相当戏剧化。1973 年，东哈林区的学生中只有 16% 的人能够达到相应年级的阅读水平。到了 1987 年，这一比例跃至

---

① Rossell, "Controlled-Choice Desegregation Plans."

② 该试验中两位主要参与者的个人报告，参见 Seymour Fliegel and James MacGuire, *Miracle in East Harlem: The Fight for Choice in Public Education* (Times Books, 1993); Deborah Meier, *The Power of Their Ideas* (Beacon Press, 1995)。

63%。① 在某种意义上说，这个试验源于当时环境下优秀的教育天赋被允许所致的无心插柳。在某种程度上，有这么多天才教育者——安东尼·阿尔瓦拉多（Anthony Alvarado）、西摩·弗利格尔（Seymour Fliegel）和黛博拉·迈耶（Deborah Meier）——在同一时间出现在同一地区是种偶然。对于学校改革，他们每个人都有自己确切的哲学信仰，为了在贫困社区创建一所高效学校的共同决心而聚集在一起。

　　一切都始于可选择的学校理念：定制的学校不会像传统的公立学校那样为人们所怀疑。② 在地区层面并没有一个确定的选择计划，这与允许专业人员创新的整体理念不同，其围绕着特定的课程主题创造小规模学校：表演艺术、环境、人文、数学与科学以及健康与卫生。像其他地方以前的试验一样，传统学区被取消，但是在城市环境中，前所未有的、多样化、高质量的可选菜单使得真正的选择增加了，并且选择是在高度自治下培育出来的，即允许每一所学校不受中央官僚机构的阻碍来决定自身的特色。③ 很快，第四街区像磁铁一样吸引了来自全市各个角落的学生，更不用说教师和其他爱好改革的专业人士了。第四街区还吸引了那些不信任哈林区在不断发展的怀疑论者和犬儒主义者。由于可选择的教育主题变成对选择的争论，并且与保守政治相联系，第四街区变得更加具有争议性。讨论也越来越具有党派倾向。与该区的选择支持者的主张相反，一些研究者指出，没有明显的证据表明选择和学习成绩之间存在因果联系。④ 另一些人则给出了他们自己的解释：例如，取得的成绩与优质教师、更高的教育投入以及更小规模的学校显著相关。⑤ 有评论者

---

① Raymond Domonico, "Model for Choice: A Report on Manhattan's District 4," Education Policy Paper 1, Center for Educational Innovation, Manhattan Institute for Policy Research, 1989.

② Deborah Meier, "Central Park East: An Alternative Story," *Phi Delta Kappan* (June 1987), pp.753-757.

③ Mary Anne Raywid, "Family Choice Arrangements in Public Schools: A Review of the Literature," *Review of Educational Research*, vol.55 (Winter 1985).

④ Cookson, *School Choice*, pp.77-79; Richard Elmore, "Public School Choice. as a Policy Issue," in William T. Gormley, ed., *Privatization and its Alternatives* (University of Wisconsin Press, 1991).

⑤ Diane Harrington and Peter Cookson, "School Reform in East Harlem: Alternative Schools vs. Schools of Choice," in G. Alfred Hess, ed., *Empowering Teachers and Parents* (Bergin and Garvey, 1992).

断言，在从其他学区招收特长学生时存在"隐蔽的选择过程"。[1]

1998 年，来自纽约州立大学的一群政治科学家完成了一项广泛的评估。[2]他们发现，自 1974 年以来，即使是在控制了社会经济变量的情况下，相较于该市的其他 31 个学区，该区学生的阅读和数学成绩仍有明显提高。他们认为选择是关键原因，并发现，择校的家长的教育背景并不比不择校的家长好，吸引少数族裔家长进行择校的关键特征是学校和课程的质量。他们同样发现，该区可选择的学校的存在并没有给临近的学校带来妨害，相反，可能还对它们的改进有所贡献。这一研究团队还发现，在包括第四街区在内的一项独立研究中，贫困家长都是聪明的"顾客"。当他们有机会选择时，他们倾向于选择反映了他们个人价值观的学校。[3] 尽管他们的研究总体上给予了积极评价，然而第四街区的经验也显示出了公立学校选择作为改革机制的限度。虽然学生的成绩在 20 世纪 80 年代中期提高了，但是在 20 世纪 90 年代，成绩的上升趋于平稳甚至发生了逆转。1997 年，该区只有 42.5% 的公立学校学生具有高于或者相当于同年级平均程度的阅读水平。相较于 1973 年的水平（16%），这是一个巨大的进步，但是对于 20 多年的改革而言，很难说这是一个令人满意的水平。

扩展的边界：跨区择校

或许学区的边界太过局限。特别是在城市中，由于公立学校的整体质量仍然有待提高，很难将择校转变为获取优质教育的机会。如果市场将成为促进所有学生取得卓越成就并淘汰劣质学校的要素，那么向家庭提供选择的范围必须扩大，至少必须有足够的优质学校来适应需求。

1985 年，明尼苏达州通过了全国第一部全州范围的择校计划，即允许学生跨越学区边界，就读于任何有名额的学校。共和党派的州长鲁迪·珀皮奇（Rudy Perpich）是公共教育的虔诚支持者，其支持了该州引起激烈斗争的教育券提案。根据该计划，人均教育资助跟着学生走，分配到他就读的学区。

---

[1] David Kirp, "What School Choice Really Means," *Atlantic Monthly* (November 1992), p.127.

[2] Paul Teske and others, "Evaluating the Effects of Public School Choice in District 4," *Unpublished Report*, January 16, 1998.

[3] Mark Schneicieit and others, "Shopping for Schools: In the Land of the Blind, the One Eyed Parent May Be Enough," *American Journal of Political Science*, vol.42 (1998).

明尼苏达拥有进步主义政治的光荣传统，长期处在学校改革的前沿。[①] 早在1958 年，其立法机关就通过了针对子女就读于私立和教会学校的家长的学费抵税政策。1985 年，该州试点计划允许处于危机中的学生离开他们所在的街区，在其他公立和私立学校补课。同年，立法者实施了允许优质高中 11 和 12年级的学生在公立和私立大学选课的高等教育选择计划。教会学校被排除在这种补救性计划之外，宗教课程没有资格加入这个高等教育计划中。这两个计划都受到来自州教师工会的强烈反对，原因在于工会成员供职的公立学区出现了不可避免的学生和资金流失。

明尼苏达的计划受到了褒贬不一的评价。[②] 大部分评价表明，补救和高等教育两个计划对学生成绩都具有积极作用。贫困的、少数族裔的和内城区的学生，在面向危机人群的补救计划中都表现良好；中产阶级学生在面向绩优生的大学计划中占较高比例。对于睿智的观察者而言，这样的人口统计排序是可预见的。人们不禁要问，在其他希望改善弱势学生受教育机会的选择项目的设计中，为什么没有运用这样显而易见的知识？

在补救计划和高等教育计划成为其他州的榜样的同时，这种跨区选择方案也在教育领域吸引了最多关注。1991 年，8 500 名学生加入了公开招生计划，并且有一些证据表明，生源流失的学区开始以新的课程和项目对此进行回应，以阻止流失。[③] 1987 年以来，17 个州制定了类似计划，其他 11 个州在地区层面实施公开招生。[④] 1992 年，卡耐基基金会发布了一项引人注目的报告，对在全国范围内日益增长的择校现象进行了整体描述。[⑤] 这一广泛传播

[①] 基本情况参见 Wells, *Time to Choose*, pp.96-128; Tim Mazzoni and Barry Sullivan, "Legislating Educational Choice in Minnesotan Politics and Prospects," in William L. Boyd and Herbert Walberg, eds., *Choice in Education: Potential and Problems* (McCutchan, 1990)。

[②] Joe Nathan and Wayne Jennings, *Access to Opportunity: Experiences of Minnesota Students in Four Statewide School Choice Programs* (Center for School Change, Hubert H. Humphrey Institute of Public Affairs, University of Minnesota, 1990); Judith Pearson, *The Myths of Educational Choice* (Praeger, 1993); Policy Studies Associates, *Minnesota's Educational Options for At-Risk Youth: Urban Alternative Schools and Area Learning Centers* (1992).

[③] Janie Funkhouser and Kelly W. Colopy, *Minnesota's Open Enrollment Option: Impacts on School Districts* (Department of Education, 1994).

[④] Nina H. Shokraii and Sarah E. Youssef, *School Choice Programs: What's Happening in the States*, 1998 Edition (Heritage Foundation, 1998).

[⑤] Carnegie Foundation for the Advancement of Teaching, *School Choice: A Special Report* (1992).

的文件严肃地权衡了跨区择校增长规模的负面影响，认为已有的实践经验并没有什么积极价值。

除了通常说的抢生源，卡耐基报告还指出了跨区选择计划如何将经费从经济弱势的学区转移到更富有的理想学区，并严厉地惩罚那些没有择校的学生。该计划没有注意到，虽然政府的教育经费跟随学生投入了其他地方，然而他们家庭所在的学区并不打算对那些在其他地区就读的本区居民提供任何支持。从这个意义上说，跨区择校为不择校的学生提供了更多的人均教育经费。这种资金安排有助于解释为什么许多学区不愿意接受来自其他辖区的学生。在某一点上而言，引入新的学生大约需要多花一半的经费来支持他们的教育，这带来了财政负担。

卡耐基报告援引全国性的数据来说明，在存在择校的州里，绝大多数家长并不希望送孩子去所在学区以外的学校。这是择校辩论中的常见说法，但与这一问题的价值关系甚小。在公开招生的情况下，满意于子女就读的学校的人们并没有义务迁移。择校的要点是为那些并不满意其学校的家长们提供可选项。该报告的进一步分析直接说明了为什么父母毫不犹豫地选择了他们所在的学区。如卡耐基基金会主席欧内斯特·博耶（Ernest Boyer）在一篇文章中所解释的：大多数家长喜欢让孩子就近入学。[1] 这一点，迄今为止是一个常见信息，我们在对旨在促进种族融合的校车计划的回应中听到过，也在有关限制性的择校的研究中读到过。在全州范围的选择政策中，令人烦恼的问题之一是，它假定学生希望为上学而长途跋涉。大部分的证据告诉我们，当学生愿意为了体面的教育而长途跋涉时，通常是出于绝望。他们并非真的想要奔波，但是这并不意味着他们和他们的父母不想要选择。他们想要的可能是在本地进行选择。

特许学校

1991 年，明尼苏达州再次响应教育改革的号召，通过了全国第一部《特许学校法案》。一年以后，加利福尼亚州通过了一部类似法案。科罗拉多州、佐治亚州、马萨诸塞州、密歇根州、新墨西哥州和威斯康星州在 1993 年纷纷效仿。到 1998 年底，有 34 个州和哥伦比亚特区签署法案接受了不同形式

---

[1] Ernest L. Boyer, "School Choice in Perspective," in Carnegie Foundation for the Advancement of Teaching, *School Choice*, p.1.

的特许学校。作为一种对自 19 世纪以来工厂式学校的具体替代方案，特许学校成为了 20 世纪 90 年代教育领域最具革命性的理念。[①] 这一理念是复杂的，对不同的人而言意义不同：新的治理，创新，竞争，选择或机会。特许学校概念的基本前提是，给予办学的专业人士更大的独立性，同时进行更高水平的问责。由于特许学校是公立学校，它们的出现将在那些反对私有化理念的改革倡导者中拓展更多的支持者。不同于本章所讨论的其他形式的选择，特许学校旨在调适市场的供给侧。

特许学校可以通过两种途径产生。其中一种是，在现有学校的教育专业人士和家长被允许投票决定退出由政府机关运营的传统学校模式时；另一种是，当教育工作者、非营利组织、营利性企业，或者家长向州一级或地方一级的特许授权机构申请建立新学校时。该机构可能是州教育部，也可能是州政府为审核特许申请而设立的专门委员会，州立大学，或者地方学区董事会。特许授权将学校从原有的法律关系中释放出来，并为其建立了一个新的管理委员会。由较强势的法律所管辖的区域——如亚利桑那州、密歇根州、马萨诸塞州和哥伦比亚特区——在预算和人事方面给予了办学者广泛的自主权，并且将其从除了事关公民权利、健康和安全之外的所有规定中释放出来。这使得办学者能够自主制定政策来规定学校教学日的时长，管理人员的比例，投入于专业发展、着装规范、教材和全部课程主题的经费——在公立学校系统中，所有这些通常都由与学校没有什么直接关系的中央集权的行政管理者定期决定。许多法律还制定了富有意义的家长参与学校决策的机制。特许学校一旦建立，它将有权以学生发展为目的使用那些在传统方式中分配到学区的资金。

作为对自主权的回报，特许状约定了学术、组织、财务的标准，学校将据此接受问责。如果没有达到这些标准，特许状可能被撤销。1995 年，洛杉矶的一所名为"教育训练（Eductrain）"的学校，出于财务管理不善的原因被撤销了特许状。1996 年，凤凰城的一所名为"公民 2000（Citizen 2000 School）"的学校在遭遇财务管理不善和招生下降的问题后关闭。[②]1997 年，

---

① 参见 Joe Nathan, *Charter Schools: Creating Hope and Opportunity for American Education* (Jossey-Bass, 1996); "Breaking Away: The Charter School Revolution," *Education Week, Special Report*, November 29, 1995。

② Peter Schmidt, "Citing Debts, L.A. Board Revokes School's Charter," *Education Week*, December 14, 1994; Peter Applebome, "Start of Charter School Shows Flaws in Concept," *New York Times*, March 6, 1996.

在华盛顿特区，陷入困境的马库斯·加维学校（Mancus Garvey School）被允许在董事会同意更改学校章程后保留特许状，但最终还是被关闭了。[①] 在地方监督员失望于学校面向特殊教育学生所提供的服务后，芝加哥的预备学校也被关闭了。特许学校的批评者指出，这种关闭揭示了特许概念的缺陷；支持者则称赞，这些实例是高效的标志。一些传统的公立学校也准备实施这种高水平的问责制。在加维学校被迫关闭的同时，华盛顿特区数十所有问题的公立学校获得了继续开门办学的许可，尽管它们多年来教学成绩下降且管理不善。

根据华盛顿的一个支持特许学校和择校的倡议团体"教育改革中心（Center for Education Reform）"所发布的报告，1998 年之前开办的 1 128 所特许学校中，有 30 所（约占 2.7%）已经关闭。其中，20 所学校被公权力机关撤销了特许状，大多数是因为管理不善或者财务问题；6 所学校的特许状没有获得当局的续签，因为招生人数不足或者学业成绩不理想；3 所自愿关闭，因为它们缺乏足够的社区支持；还有 1 所与其他机构合并。[②]

选择的一个问题

特许学校概念的缔造者从先前在学校治理问题上的战争中学到了不少经验，事实上，他们希望制定一个计划来克服过去的失误。在某种程度上，州立法机构中的特许学校立法博弈是教育创新者为学校层面的专业人士争取更多自主权的尝试失败后的结果。这些教育工作者希望少被不自量力的官僚机构拖累，后者在管理的细枝末节上给予办学者沉重的负担并且取代了学校明智的决策。先前在"校本管理"主题之下的实验已经证明，即使那些中央管理者口头上允诺给予地方自治权，他们仍然不愿意放弃其权威。[③] 这种权力下

---

① Michael Janofsky, "Suspension of School Principal Saves Charter School," *New York Times*, November 7, 1997.

② Center for Education Reform, *Charter Schools*: *A Progress Report*: *Part II*, *The Closures* (Washington, D.C.: February 1999).

③ 有关校本管理的问题，参见 Priscilla Wohlstetter and others, "Successful School-Based Management: A Lesson for Restructuring Urban Schools," in Ravitch and Viteritti, *New Schools for a New Century*; Susan Mohrman and others, eds., *School-Based Management*: *Organizing for High Performance* (Jossey-Bass, 1994); Betty Malen, Rodney T. Ogawa, and Jennifer Kranz, "What Do We Know about School-Based Management? A Call for Research," in Clune and Witte, *Choice and Control in American Education*, vol.2。

放与官僚行为的本能相悖，它绝不可能客客气气地发生，只有通过立法许可，甚至是在若干政治操纵和妥协后。

特许学校有可能填补有意义的家长参与这一空白，这在传统的结构化的学校系统中难以实现，特别是在大城市中。但是这是一种新的家长参与的途径，至少对公立学校而言是这样的。不同于纽约所采取的本质上是政治和对抗的分权模式，特许学校模式有更多的合议和合作。改革者不再以 20 世纪 60 年代和 20 世纪 70 年代的对立角度进行思考。不同于芝加哥所实施的参与模式，特许学校的决策中在给予家长重要话语权的同时，由专业人士负责运作。这几乎就像特许学校的设计者们预见到了芝加哥第一个重组计划所出现的问题一样；与后者不同，他们将地方自治和芝加哥在修订其治理计划时实施的中央问责结合起来。只要涉及家长权利，特许学校理念最重要的前提是，鼓励选择——向家长提供一个从任何他们感到不满意的学校中退出的选项。这种允许家长将公共教育经费带到另一个教育机构的做法，是为了保证问责的水平。在学校质量持续下降的纽约或者芝加哥，此前并不存在这种问责。

学校层面的校本治理被认为是推进选择真正实现的关键，这将允许每所学校自行定义自己的特色。这种校本化有望产生一系列不同的可供家长和孩子们挑选的产品。通常办学中采取同一性物质化的方式实施教育，就如同给每个人提供同一尺寸的蛋糕那样，特许学校则拒绝这样。特许学校的学生和教师并不是由谁指派而来，他们都是通过协议自愿加入的。特许的立法创设了一条路径，发展出许多包含了具有丰富多样课程的新机构。到 1999 年初，在 35 个辖区有将近 1 200 所特许学校为近 25 万名学生服务。[1] 考虑一下这一发展前景。[2]

在科罗拉多州的莱克伍德，社区参与特许学校方面，有一个基础教育中的大学预备项目推进了开放教育、实践学习和基本的学业。科罗拉多州恩格尔伍德地区的"文艺复兴学校（Renaissance School）"强调个性化的多语种学习。波士顿的"山顶之城特许学校（the City on a Hill Charter School）"侧

---

[1]　Shokraii and Youssef, *School Choice Programs*, p.5.

[2]　参见 Chester E. Finn, Louann A. Bierlein, and Bruno V. Manno, "Charter Schools in Action: A First Look," Hudson Institute, January 1996; "Charter Schools: What Are They Up To?" Education Commission of the States and the Center for School Change, University of Minnesota, 1994。

重培养自由艺术和公共服务。马萨诸塞州富兰克林的"本杰明·富兰克林学校（Benjamin Franklin School）"在教育中使用由 E. D. 赫希（E. D. Hirsch）开发的核心知识序列。底特律的"阿伊莎疏勒 / 韦伯杜波依斯预备学校（Aisa Shule/WEB Dubois Preparatory Academy）"是一所为非洲裔美国人所关注的自主学习基本技能的学校。"都市聋人（Metro Deaf）"，圣保罗的一所听障学校，采用美国手语授课。在明尼苏达州的勒苏尔，"新乡村学校（New Country School）"为 7 到 12 年级的学生提供一种个性化的能力导向学习法。威斯康星州的"比佛丹特许学校（Beaver Dam Charter School）"采用因材施教和工作体验来吸引高危的初高中生。

　　特许学校提供了一种途径，通过通常可能不直接参与教学活动的组织，引导机构和社区将资源投入于教育之中。在底特律，美国禁毒署帮助建设了伍德沃德学校（Woodward School），这是一所面向高危学生的寄宿学校。在亚利桑那州的梅萨，男孩女孩俱乐部运营了专注于艺术教育的"男孩女孩学院（Boys and Girls Academy）"。福特汽车公司在底特律开办了"亨利·福特艺术和科学学院（Henry Ford Academy of Arts and Sciences）"。在特拉华州的威尔明顿，一家医学中心和当地的 4 家公司合作举办了科学高中。在休斯敦，"医学中心特许学校"（Medical Center Charter School）为 130 名从幼儿园到 5 年级的学生提供教学服务，当地居民和得克萨斯医学中心员工的弟子们都可以就读于此。波士顿大学运营了一所寄宿制高中，以满足需要被寄养照顾的学生。这些伙伴关系可以并且在事实上与普通公立学校并行不悖，但是因为拥有特许状，它们都不属于标准化设计的一部分。

　　《特许学校法案》也为私营企业家参与教育服务提供了途径。这种现象最典型的例子是爱迪生项目（Edison Project），一个由克里斯·惠特尔（Chris Whittle）大张旗鼓地提出并执行的尝试。① 至 1998 年，爱迪生学校公司在 12 个州和 25 个城市运营了 51 所学校，为 24 000 名学生提供服务。它自己的报告显示，参加爱迪生学校的学生中，76% 的人是少数族裔，62% 的人的经济情况有资格加入"联邦午餐计划"。其中大多数学校有资格获得"一号项目"项目援助。②

① 有关爱迪生公司的发展，可参见 John E. Chubb, "Lessons in School Reform from the Edison Project," in Ravitch and Viteritti, *New Schools for a New Century*.

② "Edison Project Schools," 爱迪生项目 (http://www.edisonproject.com/intro.html [April 5, 1999])。

　　爱迪生公司在教育界的出现可以说是引发了诸多争议，特别是在它的一个主要竞争对手在新兴的、以营利为目的的教育行业中遭遇了严重失败的情况下。大约在爱迪生公司出现的同一时间，教育选择公司（Educational Altematires Incorporated, EAI）签署了备受瞩目的合同，开始接管康涅狄格州摇摇欲坠的哈特福德公立学校系统，并运营巴尔的摩的 6 所内城区学校。这两个项目此后都被证明有失妥当，在 1995 年这两个城市的官员们取消合同时，人们对它们的急切期待已经全然瓦解了。①

　　迄今为止，爱迪生公司的经验明显不同。爱迪生项目在办学规划、课程发展、员工发展和评价等方面采取了更审慎的做法。34 所计划学校，或者以合同的形式，或者通过获取特许状的形式，与地方学区合作运营。经过两年的运营，一项以标准化测验成绩、缺勤率、家长和学生满意度测评为基础的评价显示出相当积极的结果，尽管该调查结果在由美国教师联合会所发布的一份报告中受到质疑。② 自 1995 年以来，该公司已拿出 7 000 万美元的私人资金投入到公共教育中。高管应当向私人股东负责，这一事实增加了问责的规模，以避免当前存在于普通公立学校中的风险。在这个意义上，爱迪生学校的命运是好是坏，乃市场竞争利益的缩影。然而，爱迪生学校也跟所有特许学校一样，属于公立机构。它们的经费来源于公共财政，以先到先得为基础向所有人开放，并且最终对能够撤销特许状的公权力负责。因此，注意区分以下两个概念间的显著区别非常重要：即通常仅由市场调控的完全私有化

---

①　Mark Walsh, "Baltimore Vote Ends City Contract with EAI," *Education Week*, December 6, 1995; George Judson, "Baltimore Ends City Experiment," *New York Times*, November 23, 1995; George Judson, "Education Company Banned from Hartford Public Schools," *New York Times*, February 1, 1996.

②　"Annual Report on School Performance," the Edison Project, December 1997. 该评价在由美国教师联合会（AFT）所完成的一项独立评估中受到质疑，这份独立评估为 the American Federation of Teachers (AFT), "Student Achievement in Edison Schools: Mixed Results in an Ongoing Enterprise" (May 1998)。爱迪生公司逐条反驳了美国教师联合会的这一报告。参见 Mark Walsh, "AFT Report Disputes Claims by Edison Project," *Education Week*, April 13，1998。同时也可参见 John Chubb, "The Performance of Privately Managed Schools: An Early Look at the Edison Project," in Paul E. Peterson and Bryan C. Hassel, eds., *Learning from School Choice* (Brookings, 1998); "Second Annual Report on School Performance," the Edison Project, February 1999。

系统，和由公共权力机关与公共服务的私人供给者间的合同约定。①

1998 年 5 月，爱迪生公司收到了以费舍尔家族名义赠送的 2 500 万美元，赠送方是旧金山 GAP 服装公司的老板。这笔经费被使用在一些加州学区，这些学区希望雇佣爱迪生公司在扩大的《特许学校法案》之下来运营学校。爱迪生公司随之宣布，这笔资金可以用来开设 15 所新学校。②营利性的公司成为私人捐赠的受益人并不是第一次。在丹佛，几家基金会和公司早先就曾筹集了 400 万美元来修复了一座旧校舍，以容纳一所在 1998 年秋季开学的新的爱迪生学校。

对于这家总部位于纽约的公司而言，并非所有学校的开办都如此顺利。爱迪生公司受到了强大的教师工会的强烈反对。在 1998 年春天，全美教育协会成功地击败了由俄亥俄州代顿市的学校管理者所提出的建议，该建议希望将 5 所表现不佳的学校交给爱迪生公司托管。工会代表对此表示关注，认为该公司可能要求教师在工作日延长工作时间并延长学年，以促进学校出现转机。当地的分工会主席宣告："我们不想把我们的教室变成企业的教室。"③

政治 VS 改革

正如教育管理中的大部分改革一样，特许学校的立法是经过州议会大厦里的斗争实现的。不愿意失去权力、学生和经费的地方学区董事会没有很好地接受这一新概念。教师工会担忧特许学校立法可能会从对资格证书的要求和其他规定方面入手解聘教学工作人员，并且对于教师和学校在制定契约时绕开工会和地方学区尤其感到不安。许多由州和地方层面制定的重视教师权利救济的特许学校法规，最初是在学区董事会和教师工会的授意之下起草的。有时候，这些机构间的政治斗争远比其他方面的更为激烈。

1994 年，密歇根州的教师工会和其他教育团体在《特许学校法案》颁布后，认为特许学校是政府松散管制的私立学校，没资格获得公共资助，并因此提出诉讼来防止其正式实施。虽然他们在审理和上诉阶段成功地陈请了事

---

① 参见 Paul Hill, Lawrence C. Pierce, and James W. Guthrie, *Reinventing Public Education: Contracting Can Transform America's Schools* (University of Chicago Press, 1997)。

② Somini Sengupta, "Edison Project Gets Aid to Open New Schools," *New York Times*, May 27, 1998.

③ Bess Keller, "Dayton Union Nixes Plan for Edison to Run Charters," *Education Week*, April 13, 1998.

由，但是 1997 年，密歇根州最高法院最后还是以 5:1 的多数票认同了特许学校是公立机构，并斥责了这些教育团体。① 在马萨诸塞州冷清的港口小镇马布尔，有关特许的论战更加丑恶难看。在那里，组织开办了一所新特许学校的家长们抱怨说，他们和他们的孩子受到了公立学校员工的威胁和骚扰。② 在马萨诸塞的一项针对特许学校的更详细的研究中，洛夫莱斯（Loveless）和贾辛（Jasin）发现，学区工作人员对特许学校组织者、家长和学生的敌对行为反复发生，并且拒绝提供学生记录和其他信息。③

　　围绕着马萨诸塞州剑桥市的本杰明·班纳克学校（Benjamin Banneken School），当地择校行动的最初之地，发生了一场有趣的争论。班纳克学校的创始人包括哈佛法学院教授查尔斯·奥格雷瑞（Charles Ogletree）和他的妻子帕梅拉（Pamela）。这所教学范围从幼儿园到 5 年级的学校，旨在向那些在传统结构的学校中学习困难的弱势儿童提供个性化的教学。虽然该校招生以摇号的方式进行，但是大部分申请入学的学生正好是黑人。当一些批评者担心这所新学校可能加剧种族隔离时，奥格雷瑞女士（这是一位黑人）回应道，她更关心如何向那些在剑桥市的公立学校中没能得到良好服务的孩子提供新的教育机会。学区管理人员抱怨道，学生转学到班纳克学校第一年就花费了他们 140 万美元的州级财政资助，并且之后每年还要花费高达 200 万美元。④ 北卡罗来纳州也发生了类似的争议。在那里，法律要求特许学校中学生群体的种族构成必须"合理地反映"他们所在学区的人口统计特征。⑤ 该州的 22 所学校明显不符合这一规定，这主要是因为逃离其他公立学校的黑人孩子超出了额度。应教师工会、民权团体和一些黑人立法者的诉求，该州教育部门

① Robert Johnson, "1993 Mich. Charter School Statute Is Legal, High Court Declares," *Education Week*, August 6, 1997.

② Jordana Hart, "Marblehead School Backers Say They Are Harassed," *Boston Globe*, August 23, 1995.

③ Tom Loveless and Claudia Jasin, "Starting from Scratch: Political Organizational Challenges Facing Charter Schools," *Education Administration Quarterly*, vol.34 (1988).

④ Joseph Pereira, "Storm over Cambridge Charter School: Parents Assail the Toll on Public System," *Wall Street Journal*, April 26, 1996.

⑤ 参见 David J. Dent, "Diversity Rules Threaten North Carolina Charter Schools that Aid Blacks," *New York Times*, December 23, 1998; Lynne Schnaiberg, "Predominantly Black Charters Focus of Debate in N.C.," *Education Week*, August 5, 1998。

要求关闭这些学校。对于一个种族歧视长期存在的州而言，这是一个讽刺性的转变。在布朗案已过去 45 年后的现在，种族标准将再次被用来拒绝黑人学生进入他们希望选择的学校。

尽管在教育界引起了骚动，青睐特许学校的潮流始终不可抵挡。对于和教师工会及其他教育组织结盟的民主党政客而言，这股潮流代表对于学校选择的一个更为方便的妥协：不用资助私立学校，没有政教纠葛，能够强化问责的机制。比尔·克林顿（Bill Clinton）总统，公立学校选择的早期支持者，意识到了这个理念的吸引力，并且承诺到 2000 年全美将建立 3 000 所特许学校。1995 年，教育部长理查德·赖利（Richard Riley）宣布，联邦将向 8 个州拨款 500 万美元以帮助他们建立特许学校。另外还额外划拨了 210 万美元用以组织一项对特许学校的四年评估，该评估由加州伯克利的研究机构"RPP 国际（RPP International）"根据和教育部签订的合同来实施。[①] 这将提供有关特许学校学生成绩的第一次全面的全国性调查。[②]

在赖利做出宣告的 6 个月以后，全美教育协会，特许学校理念曾经的对手，宣布将在 5 年的时间里在 5 个州投入 150 万美元来协助其地方分支机构建立特许学校。[③] 此后不久，全美教师联合会发布了一份有关特许学校的报告，谨慎地支持这一理念，但同时警告说，需要更加重视保护员工权利和较高的学术标准。[④] 看起来，有关特许学校的争论现在将要结束了。然而在现实中，辩论被转换了，人们较少地纠结于是否该制定这种法律，而更多地聚焦在这些法律将带来什么上。特许学校的支持者喜欢区分真正的特许学校条款和假装认真改革但实际上缺乏强有力的法律要件的虚假法案。[⑤] 然后问题的

[①] Mark Pitsch, "Riley Announces First Charter-School Grants, New Study," *Education Week*, October 4，1998.

[②] 参见 Stella Cheung, Mary Ellen Murphy, and Joe Nathan, "Making a Difference? Charter Schools, Evaluation and Student Performance," Center for School Change, Hubert H. Humphrey Institute for Public Affairs, University of Minnesota, March 1998。这项研究在 8 个州调查了 32 所特许学校，初步证明了其中 21 所学校的学生成绩有所提高。

[③] 这五个地方包括：凤凰城、圣迭戈、亚特兰大、科罗拉多斯普林斯和夏威夷的拉尼凯。Ann Bradley, "NEA Seeks to Help Start Five Charter Schools," *Education Week*, April 24, 1996.

[④] "Charter School Laws: Do They Measure Up?" *American Federation of Teachers*, 1996.

[⑤] 参见 Chester Finn and Diane Ravitch, "Charter Schools—Beware Imitations," *Wall Street Journal*, September 7, 1995。

另外一面出现了。AFT 的报告提到了罗德岛似乎有一部"好的"《特许学校法案》。在全国这类法案中，这是限制最严格的法案之一。它将特许学校限定在现有的公立学校之中，并且只有在三分之二的教师和半数以上的家长首肯的情况下才允许转变，在此之后学区仍然雇佣所有教师。虽然该法案在 1995 年就颁布了，但是直到 1998 年，全区也只存在两所特许学校而已。

特许学校也一样，魔鬼存在于细节中。如果特许学校希望蓬勃发展，并且与传统公立学校竞争，它们必须得到足够的资源和财政支持；如果特许学校准备将自己与其他教育机构区别开来，它们就需要足够的自主权来发展自己的特色；如果特许学校想要重新定义家长所拥有的教育选择，并且把市场竞争带给现有的学校，它们的数量应当更充足。只要当地的学区董事会被允许在确定特许学校的数量上发挥关键作用，并且学校能够享受管理上的自主权，那么发展出一个强大的可选择系统的前景是恰当的。最后，所有的《特许学校法案》都是在州立法舞台上协商的产物。在此，诸如教师工会和其他教育团体等潜在的对手具有相当的影响力。

迄今为止的证据

RPP 国际基于它们为美国教育部实施的调查研究，发布了两份全国性的调查报告。最近的数据来自 29 个州，该数据不仅源于哥伦比亚特区在 1997 年 9 月进行的法定考试，还源于对 428 所学校的电话调查（应答率为 89%）以及对 91 个在 1996 至 1997 学年存在特许学校的地区的实地考察。研究者发现，"根本就不存在典型的特许学校"，并将它们描述为"非常多样化"。[1] 这些学校采用了各种不同的教学方法，其中有些比其他学校更传统。

不过，特许学校的一个突出特点是规模小。[2] 它们的平均招生人数在 150 人左右，而同学区的常规公立学校的平均招生人数有 500 人。60% 以上的特许学校招生人数少于 150 人，而其他公立学校中这样的学校只有 16%。大约 62% 的特许学校是新建校，其余的特许学校由原有的公立（25%）或者私立学校（13%）转制而来。

---

[1] RPP International and the University of Minnesota, *A Study of Charter Schools: First Year Report* (Department of Education, 1997); RPP International, *A National Study of Charter Schools* (Department of Education, 1998).

[2] RPP International, *A National Study of Charter Schools*.

当被问及为什么开办特许学校时，大多数新建学校的办学者表示，他们这么做是为了实现一种可选择的教育理念或者为了服务于在现有的学校中需求未能得到充分满足的特定的学生群体。大部分由公立学校转制而来的办学者表示，他们希望获得更多的管理自主权；而由私立学校转制而来者则是为了获得公共资助以及吸引更广泛的学生的机会。这些学校中，超过70%的学校有等待入学的学生。

针对特许学校可能从公立学区"掐尖"的担忧，RPP团队检查了学生就学情况的统计数据。他们发现，总体而言没有证据表明，特许学校所服务的白人或经济弱势学生和同州的其他学校不成比例。在地区层面上，他们估计60%的特许学校和其他公立学校的种族构成没有区别（在20%的范围内）。但是，大约有三分之一的学校中少数族裔学生的比例更高，其中的三分之二有明显更高比例的贫困学生。只有5%的学校的白人学生比例明显高于所在地区的其他学校。

许多参与调查的特许学校家长对子女曾经就读的公立学校表示严重不满，原因在于较低的学业标准、非人性的文化、学生安全和在家长严肃参与时反应迟钝。当特许学校的办学者被问及，他们认为特许学校的什么特点吸引了家长时，他们所反馈的因素具有相似性：教育环境（93%），安全环境（90%），价值体系（88%），课程质量（84%），高学业标准（83%），小班教学（73%），为每个学生设定清晰的目标（73%），建筑环境（71%），适应性环境（69%），重视家长的作用（68%），以及着装和行为标准（50%）。

1997年6月，哈德逊研究所在皮尤慈善信托基金（Pew Charitable Trusts）的支持下完成了第二次全国性研究。在为期两年的努力中，该调查实地考察了13个州的45所学校。研究结果与RPP报告的发现惊人地相似。该研究还对直接参与特许学校的学生、家长和教师进行了详细的描述，并记录了他们对迄今为止的经历的评价。该研究发现，特许学校是"在别处体验过糟糕的教育经历的孩子们的避风港"，包括贫困儿童、高危儿童、少数族裔儿童和具有学习障碍或问题行为的儿童。[①] 他们解释道，由于特许学校面向所有人开放并且通常采用摇号的方式产生入学者名单，该招生方式中并不存在固有偏见。

当被问及为什么将子女送入特许学校时，大多数家长做出了具体的教

---

①   Gregg Vanourek and others, *Charter Schools as Seen by Those Who Know Them Best* (Hudson Institute, 1997).

育方面的解释：更小的学校规模（53%），更高的标准（45.9%），教育理念（44%）和更优质的师资（41.9%）。这些家长中，超过三分之二的人表示，特许学校在这些方面比子女之前就读的学校更好。当教师们被问及为什么被吸引到特许学校时，反馈的大部分因素与学校的性质和氛围相关：教育理念（76.8%），新的学校（64.8%），志同道合的同事（62.9%），优秀的管理者（54.6%）和班级规模（54.2%）。超过90%的教师对他们工作的新学校表示满意，四分之三的人对自己在学校决策中的影响表示满意。

纵观择校辩论的历史，怀疑论者担心贫困的父母是否有足够的能力来为他们的孩子选择合适的学校，这往往隐含着这样一种观点，即最好是由别人为他们做这方面的决定。例如，1992年出版的卡耐基报告质疑弱势群体的父母是否有能力收集相关信息来确定符合其子女需求的学校。[1] 其他人则质疑这些父母是否有动力这么做以使自己的孩子进入更好的学校。对特许学校的研究表明，贫困父母的心里对于子女的教育有着精准的教育目标，当有机会选择学校时，他们完全有能力采取行动。

研究纽约的公立学校选择的人员观察了那些子女就读于特许学校的贫困父母具有怎样的行为模式。施耐德（Schneider）和他的同事们发现，虽然平均而言，低收入家长所掌握的有关学校客观条件的准确信息较少，但是他们足够清楚要让孩子就读于与他们自己的教育理念相契合的学校。[2]

虽然父母们已经证明了他们有能力利用特许学校提供的机会，但是各州首府的立法者们却没有表现出相当的能力来做出充分发挥特许概念的改革潜力的艰难决定。现存的许多法规是相当薄弱的，即使在比例上不是大多数。许多具有《特许学校法案》的州，开办特许学校必须得到地方学区的批准，后者对特许学校具有数量上的限制，并且给予的资助不足。当被问及开办和运营特许学校过程中存在的主要困难时，办学者们对RPP调查人员的回应里确认了以下关键因素：缺乏启动资金（57.6%），运营资金不足（41.1%），设备不足（38.6%），缺乏规划时间（38.4%），州或者地方的学区董事会反对（23.1%），学区的阻力或规制（18.3%），州教育部门的阻力或规制（14.8%），以及工会阻挠（11.3%）。这些忧虑在哈德逊的调查中被证实存在。

---

[1] Carnegie Foundation for the Advancement of Teaching, *School Choice*.

[2] Schneider and others, "Shopping for School in the Land of the Blind." 同时可参见 Mark Schneider and others, "School Choice and Culture Wars in the Classroom: What Different Parents Seek from Education," *Social Science Quarterly*, vol.79 (September 1998)。

　　这些抱怨听起来似乎和我们往常从教育工作者那听到的一样，但事实上特许学校的运营有其独特的劣势。首先，除非它们是由原有的学校转制而来——只有不到 40% 的特许学校属于这种情况——否则开办特许学校要从校舍的建设开始。而且由于通常没有对办学的资助金，这些学校都是在自愿的基础上设计规划的。一旦特许学校开始运营，它们通常也无法百分之百地得到分配给其他公立学校的资源。

　　在典型的《特许学校法案》中，特许学校只能得到地方性生均教育经费中的一部分，并且很少能够得到足够支付成本的资源。地方学区得到的地方性资助中，通常有一部分是分配给居住在区域内但是择校离开学区的学生的，并且有时地方学区能得到由州财政对这些学生的补偿资助。[①] 这不仅给择校生家庭所在的学区带来了意外之财，还为新建的学校设置了不公平的竞争局面。这种做法惩罚胜利者而奖励失败者。不幸的是，正如我们之前看到的，这种安排在公立学校选择项目中并不少见。这是在改革实施之前，各州立法机构中讨价还价的产物。

　　虽然将特许的概念作为学校改革的动力可能大有前途，但是在大多数州，它的设计和实施方式仍然是有缺陷的。1998 年，加州大学伯克利分校发布了一份有关特许学校对学区的影响的研究。该研究在 8 个州和哥伦比亚特区对 25 个学区的公立学校管理者与教师进行了 200 份访谈。[②] 研究采取随机抽样，样本包括开办了特许学校的城市、郊区和农村地区，但是被访者都不就职于特许学校。总体而言，该研究发现，特许学校对其他学校或者其所在学区的影响一般很小，特别是在庞大的城市学区中。

　　在 25 个学区中，有 14 个学区表示在财政上并没有"感觉遭受损失"，只有 5 个学区的工作人员声称他们确实经受了明显的损失。一些特许学校的开办并未对人数或经费造成严重影响，许多位于城市的学区还同时经历了招生

① Bryan C. Hassel, "Charter Schools: Politics and Practice in Four States," in Peterson and Hassel, Learning from School Choice, p.259.

② Eric Rofes, "How Are School Districts Responding to Charter Laws and Charter Schools," policy analysis for California Education, April 1998. 三个州（加利福尼亚州、佐治亚州和威斯康星州）的限制性法律只允许地方学区成为特许学校的赞助者，剩下的各州（亚利桑那州、科罗拉多州、马萨诸塞州、密歇根州、明尼苏达州和哥伦比亚特区）的法律中没有设限，允许在一所特许学校上存在多个赞助者。每个学区的特许学校都至少开办了两年以上。

人数的显著增加。除此之外，立法者还小心翼翼地保障学区成员在整个教育实验的过程中不受损害。恰如一位学区管理人员坦诚相告的那样：

> 我觉得，也许典型的情况是，立法者以华美的花言巧语形容了一条路径，但在现实中却走了一条截然相反的路。因为，事实上，我们没有少拿一分钱。立法机关总有办法来补充我们的州级资助。[1]

大多数学区的受访者表示，他们的工作一如往常，在教育方案上没有显著的变化，也没有明显地致力于生源竞争。事实上，很少有管理者或负责人承认将新的特许学校作为可以用来学习成功经验的教育实验场。大多数人对于他们和特许学校之间有什么关系并不感兴趣。许多人将特许学校看作摆脱那些令人不满的、有着长期违纪记录和学业问题的学生的路径。马萨诸塞州的一位管理者称："特许学校弄走了最麻烦的学生，给了我们相对可以喘息的空间来改变我们的学校。"亚利桑那州的一位学区董事会成员感叹道："学区很高兴看到这些家伙离开这里去水牛城，离得远远的。"[2]

在积极的一面，伯克利的研究证明了先前报告的调查发现，即特许学校并没有"掐尖"。相反，伯克利的研究发现，恰如之前的报告所指出的，特许学校为传统公立学校和不适应这些学校的学生提供了一条减负的途径。从这个意义上说，择校似乎扩大了那些未获得适当教育服务的学生及其家长的选择范围。在消极的一面，伯克利的研究表明，迄今为止，在促进更大范围的学校改革上，特许学校的效果有限。现有的特许学校的数量对于建立真正的竞争而言实在太有限，特别是在大型的城市学区中。

如上所述，这些限制通常是《特许学校法案》本身的功能之一。法律以这样的规定来保护传统公立学校避免遭受市场竞争可能带来的任何经济上的损失。因此，传统公立学校的管理者并没有像《特许学校法案》所表述的那样，感受到压力从而开展实验或创新。

但是也存在例外。作为有着全国最自由的《特许学校法案》的地区之一，亚利桑那州没有限制特许学校的数量。其结果是，截至 1998 年，该州的特许

---

[1] Eric Rofes, "How Are School Districts Responding to Charter Laws and Charter Schools," policy analysis for California Education, April 1998, p.5.

[2] Eric Rofes, "How Are School Districts Responding to Charter Laws and Charter Schools," policy analysis for California Education, April 1998, pp.6-7.

学校数量多达 271 所，占全国的 25%。1992 年，加利福尼亚州制定相应法规时，将特许学校的数量限制在 100 所。1998 年，该州立法部门制定修正案提升了特许学校的数量上限，允许每年新增 100 所特许学校。到当年年底，加州共有 156 所特许学校。这两个州都有初步的证据表明，特许学校对于其他公立学校具有积极的竞争效应，能够鼓励它们实施创新计划，并采取其他类型的改革。[①] 截至 1998 年，密歇根州共有 139 所特许学校，同样显示了一些希望。然而，相比于 35 个对新办特许学校数量设定了严格限制的地区，这些州仍然属于特例。

政府行为的限度

在前面的章节中，我们考察了政府如何通过制定各种替代措施来回应对机会平等的要求——种族融合，开支增加，以及对政治权力的重新分配。这些都不太可能弥合继续困扰着弱势群体的学习差距。这样的进步尚未发生。

在本章中，我们考察了政府用以实施公立学校选择的若干方式。经验有好有坏，但是内容丰富。整体而言，我们发现，当家长认为存在独特的教育利益时，他们有意愿也有能力让孩子转学。但是磁石学校和跨区择校项目也让我们注意到，在一定的条件下，相比于穷人学生，中产阶级出身的学生可能更能从这类实践中获益。扩大中产阶级的教育机会在本质上并没有错误。但是，这对于解决我们当前的教育不平等问题没有帮助，并且可能在实际上加剧了这一问题。在很大程度上，这些项目经常复制在公立学校的一般招生模式下发生的自我选择。

在有限选择中出现的证据多少更能说明问题。它强化了家长希望选择的观念，但是它更深入地表明了他们希望能够在自己生活的社区行使选择。这似乎相当明智。大多数家长在理解自己的本能意愿时不会有太大困难。更重要的是，政策开始于这样一种推定，即某些儿童为了获得良好的教育必须离开他们生活的社区，这看上去削弱了原本应当推进的平等原则。综合分析，磁石学校和有限选择的研究结果突出了一个事实：要使选择对于父母而言是

---

① 参见 Robert Maranto and others, "Do Charter Schools Improve District Schools? Three Approaches to the Question," in Robert Maranto and others, eds., *The Frontiers of Public Education: Lessons from Arizona Charter Schools* (Westview Press, forthcoming); "Los Angeles Unified School District Charter School Evaluation," West End Regional Laboratory, 1998。

有意义的，必须给予他们能够使其子女以一般方式入学的真实的可选择的项目清单。

特许学校，至少在理论上，拥有推动真实的选择所要求的诸多制度特征。它们是自主并且多样的。许多特许学校位于社区之中。虽然它们面向所有儿童开放，但是它们的功能在于向处境不利人群提供重要的选择机会。我们当前有关特许学校的有限经验表明，贫困的家长渴望获得选择，并且在有机会选择时，他们有能力以此获利。

《特许学校法案》的设计，限制了它们促进这种机会的能力。在立法过程中，特许法案成为政治上讨价还价的主题，学生的利益受到严重损害。许多特许法案将地方学区的需求置于儿童需求之前。为了限制竞争，严格限制了获准经营的特许学校的数量。结果是，大多数特许学校都有一个长长的待入学儿童的名单，这些孩子则被困在他们不想继续就读的学校中。特许学校的存在使一些政客和官僚受到了威胁，例如州和地方的学区董事会，他们对之施加了许多规制，许多特许学校因此步履维艰。

特许学校获得的资助通常不足。在财务方面，相比于传统公立学校，特许学校居于相当不利的处境——对于就学于此的学生承担全部责任，但是通常只得到一部分不足以覆盖这些花销的资助经费。与此同时，学区还保留了一部分分配给那些为追求更优质的教育而转学去别处的学生的经费。这是若干类型的学校选择中长期存在的问题。设法在政治过程中推动改革，成本通常包括使学区获益并且拒绝给儿童足够支持的"机会税"。最后，在许多州，《特许学校法案》的总体设计服务于削弱竞争并减少变革的诱因。

第四章　公立学校　私立学校

　　此时已是 1981 年。距离社会学家詹姆斯·科尔曼在其极具启发性的报告中对整个国家所提出的警告——校车加剧了种族隔离，已经过去了 6 年；距离他的研究结论——学校对学生的学业成就只有微乎其微的影响——激起了数以千计的讨论，也已经过去将近 20 年了。这位芝加哥大学教授的第三项主要贡献是确定了另一个教育专业的对话领域。这次，他完成了一项综合性的全国范围内的有关公立、私立和教会学校的对比研究。[①] 该调查受国家教育数据中心委托，数据来自一个全国性的纵向的调查项目——高中及大学（High School and Beyond，HS&B）。调查涉及全国范围内的 1 016 所学校中的来自各个不同群体的 6 万名学生。主要的结论如下：

　　——私立学校提供了更好的认知结果，即便是来自相同的家庭背景的学生。

　　——私立学校提供了更为安全的且有纪律约束的、有结构的学习环境。

　　——非天主教私立学校的师生比例更低，天主教学校相对较高。

　　——私立学校的黑人学生人数较少，因而种族隔离现象也较少。

　　——私立学校提供较少的课程选择，学术（academic）方面的课程更多，职业课程和科目（subject）的课程较少。

　　——私立学校的学生较之公立学校的学生更加自信，更能掌控自己的命运。

　　科尔曼和他的同事们认为教会学校比公立学校更接近于"普遍意义上的理想的学校"，能更有效地减少不同种族背景和不同家庭经济背景间学生的学业差距。对于其发现的政策含义，科尔曼进一步解释道，鉴于黑人和西班牙裔学生较少能够负担得起私立和教会学校，进而更多地进入失败的公立学

[①]　James S. Coleman, Thomas Hoffer, and Sally Kilgore, *High School Achievement* (Basic Books, 1982).

校系统，因此相较于白人学生，他们更能够从学费教育券和学费抵税（tax credit）政策中获益。科尔曼迫使研究界正视这个令人不安的问题，并再次撼动了教育研究的根基。可以预见，对于"科尔曼 III"的反应会是迅速、猛烈而又充满了愤怒的。[1]

《纽约时报》一篇言辞激烈的社论认为，"当社会学家根据不可靠的推测并利用自己的知名身份来获取支持时，他其实是在制造麻烦"。[2] 接着第二篇社论指责科尔曼教授是偏爱学费抵税教育券政策的里根政府所雇佣的枪手。[3] 当时的天主教学校面临着生源缩减和巨大的财政压力，因为很多白人学生开始从内城区的教区搬到市郊，这在当时的教育界是众所周知的。在其顶峰的 1966 年，天主教会学校吸纳了 87% 的非公立学校学生，而 1982 年，份额已降到 64%。[4] 教会领导者当时正在寻找新的财政来源以维持其庞大的学校系统，也向白宫表明了他们的担心。然而断言科尔曼的研究发现受到了这些担心的影响是没有根据的。如果只用一个词来描述作为研究者的科尔曼教授的职业生涯，那就是独立。

一些社会学家则对科尔曼教授的研究方法论表示质疑。他们认为，他所选取的样本大小无法有效地支持其结论，也未有效地控制选取私立学校和教会学校学生时的偏见。他们认为，私立学校学生有着更高的学业成就与人口统计学因素有关。[5] 它并不具有普遍意义。同样是科尔曼，几年前，他在全国

---

① 有关情形参见 Diane Ravitch, "The Meaning of the New Coleman Report," *Phi Delta Kappan* (June 1981); Diane Ravitch, "The Coleman Report and American Education," in Aage B. Sorensen and Seymour Spilerman, eds., *Social Theory and Social Policy* (Praeger, 1993), pp.137-141.

② 引用自 Ravitch, "The Coleman Reports," in Sorensen and Spilerman, *Social Theory*, p.139.

③ Ravitch, "The Coleman Reports," in Sorensen and Spilerman, *Social Theory*, p.140.

④ T. C. Hunt and N. M. Kunkel, "Catholic Schools: the Nation's Largest Alternative School System," *New Catholic World*, vol.6 (1988).

⑤ Jay Noell, "Public and Catholic Schools: A Reanalysis of Public and Private Schools," *Sociology of Education*, vol.55 (1982); Arthur Goldberger and Glen G. Cain, "The Causal Analysis of Cognitive Outcome in the Coleman, Hoffer, and Kilgore Report," *Sociology of Education*, vol.55 (1982); Karl L. Alexander and Aaron M. Pellas, "Private Schools and Public Policy: New Evidence on Cognitive Achievement in Public and Private Schools," *Sociology of Education*, vol.56 (1983); Richard Murnane, Stuart Newstead, and Randall. Olsen, "Comparing Public and Private Schools: The Puzzling Role of Selectivity Bias," *Journal of Business and Economic Statistics*, vol.3 (1985); 以及整本的 *Harvard Educational Review*, vol.51 (1981).

范围内的学校调查之后得出的结论是：教育产出方面学校教育并不重要。现
在他研究了私立学校和教会学校在文化和课程上的显著不同，似乎改变了自
己的观点。但实际上，他的新结论来自完全不同的数据，使他得以对比更广
范围内的学校。1987 年科尔曼完成了对"高中及大学项目"的第二次数据分
析，对家庭背景的因素进行了更为严格的控制。结果依然支持其第一次的研
究结论。[1] 新研究也使他能够将提高成绩的因素考虑在内。结果显示，天主教
学校在提高弱势群体学生的学业成绩上尤为有效。[2]

　　虽然公立和私立学校间的辩论悬而未决，但科尔曼受到了其同行的认可，
1988 年他获得了美国社会学协会教育分会的奖项。接受这一奖项的同时，他
指出，现在刺耳的质疑之声同样也发生在 1976 年，当时该协会主席决定对他
的有关白人大迁徙的研究进行审查。他警告同事切勿容忍学术教条，因其使
得学术自由和在大学校园自由交换意见受到威胁。科尔曼再次使得这个尴尬
话题的讨论变得更容易了。这次他的研究激发了大量的关于天主教学校的研
究，涉及了大量有关学校平等的问题。[3]

天主教学校的相关性

　　在学校选择的背景下谈天主教学校是非常有必要的。首先是其数量庞大。
天主教学校是全美国公立学校系统之外的最大的替代性选择。大约 51% 的非
公立学校学生就读于天主教学校。[4]1950 年至 1990 年间，这些学校学生的入
学率降了近一半，90 年代初形势开始逆转。[5] 对那些孩子在公立学校无法得

[1] James S. Coleman and Thomas Hoffer, *Public, Catholic and Private Schools: the Importance of Community* (Basic Books, 1987).

[2] 参见 Christopher Jencks, "How Much Do High School Students Learn?" *Sociology of Education*, vol.58 (1985)。

[3] 有关该问题的精彩综述，参见 Darlene Eleanor York, "The Academic Achievement of African Americans in Catholic Schools: A Review of the Literature," 见 Jacqueline Jordan Irvine and Michele Foster, eds., *Growing Up African American in Catholic Schools* (Teachers College Press, 1996)。

[4] National Center for Education Statistics, *Digest of Education Statistics.* (1997). 美国大约 10% 的学生进入私立学校，其中 85% 为教会学校。

[5] Valerie E. Lee, "Catholic Lessons for Public Schools," in Diane Ravitch and Joseph P. Viteritti, eds., *New Schools for a New Century: The Redesign of Urban Education* (Yale University Press, 1997), p.148.

到想要的教育的家长们而言，这些学校的存在显著地扩大了可供选择的范围。特别需要指出的是，天主教学校为最需要的地方——内城区，提供了学校选择的机会。

天主教学校长久以来存在于城市中。最初的天主教学校敞开大门接纳了那些在 19 世纪早期涌入到美国东北部大城市的欧洲移民，现在的天主教学校依然主要集中在城市。[①] 爱尔兰、意大利、波兰和德国的第二代乃至第三代开始移居到市郊，这些学校转而开始教育新的移民，很多学生并非欧洲后裔，也并非天主教徒。现在大约 25% 的教会学校学生为非白人学生，其中 17% 为非天主教徒。[②] 不难理解，那些住在内城区但难以进入高质量学校的非白人学生会青睐天主教教育机构。如果我们相信科尔曼的结论，那么天主教学校填补了教育上的空白：安全的学校氛围，降低了与种族和阶级顽固地关联着的教育赤字。

学术争论还在继续。在分析了不同的数据之后，其他学者认为，公立学校和私立学校的学生之间并没有明显的学业成就差距。[③] 但是这里需要回答的问题远比公立学校和私立学校的比较更为微妙。从教育平等出发，需要解决的问题是，怎样的学校更能满足那些备受其经济和社会背景影响的学生们的学习需要。从这个角度而言，天主教学校胜出了，近 20 年的数据都支持着科尔曼的结论。安德鲁·格里利（Andrew Greeley），芝加哥大学的社会学教授及牧师，是第一位检验科尔曼教授的研究结论的社会内涵的研究者。格里利也确认在天主教学校读书的非白人学生比公立学校的非白人学生学业成就更为出色，他的研究进一步指出，处于经济和教育不利地位的学生在天主教学校获得了最大的进步。[④] 使用了同样的数据库，格里利也遭遇了同样的方法

① Derek Neal, "The Effects of Catholic Schooling on Educational Achievement," *Journal of Labor Economics*, vol.15 (1997), pp.100-102.

② Jeanne Ponessa, "Catholic School Enrollment Continues to Increase," *Education Week*, April 17, 1996.

③ 参见 Adam Gamoran, "Student Achievement in Public Magnet, Comprehensive, and Private City High Schools," *Education Evaluation and Policy Analysis*, vol.18 (Spring 1996); William Sander, "Catholic Grade School and Academic Achievement," *Journal of Human Resources*, vol.31 (1996)。

④ Andrew M. Greeley, *Catholic High Schools and Minority Students* (Transaction Books, 1982). 同时参见 James Cibulka, Timothy O'Brien, and Donald Zewe, *Inner-City Catholic Elementary Schools: A Study* (Marquette University Press, 1982)。

论质疑。他的天主教牧师身份使得很多学者对他的研究发现并不重视。然而，其他学者的后续研究也证实了这种降低了人口统计学因素和学业成就之间的经验性联系的"天主教学校效应"。[1] 即便对于测试成绩依然有不同意见，但是在学术界似乎已经有这样的共识：天主教学校中的处于劣势地位的非白人学生毕业，或进入新大学获得学位的比例更高。[2] 即使最持怀疑态度的怀疑论者也认可这一点。[3] 鉴于学位对于年轻人规划人生的决定性影响，再怎么强调这一点的重要性也不为过。

自科尔曼报告 III 之后，关于天主教教育最为综合性的研究就要数布里克（Bryk）、李（Lee）和霍兰德（Holland）于 1993 年出版的著作了。[4] 正如某书评中写道，这本书是"社会科学中的杰作"，涉及 84 所天主教学校的 5 000 名学生，894 所公立高中的 50 000 名学生，以及大量的对天主教教育机构的实地调查。[5] 研究为科尔曼的"天主教学校效应"增加了新的证据，而且两位资深研究者其实都并不鼓吹学校选择，也都反对关于教会学校成功的市场原因的解释。布莱克和他的同事发现，天主教学校教育为那些在公立学校没有得到良好教育的弱势群体学生提供了有效的教育。他们同意天主教学校更接近于"理想的学校"概念。然而，这本书的真正贡献在于，它以某种深刻的方式推动了该讨论的深入，因为它利用大量详尽的细节解释了天主教学校为什么会成功。的确，天主教学校学生总体上素质更高些，但是他们所进入的学校系统并不是像其他私立学校那样的精英学校。事实上，天主教学校并不

---

[1] William N. Evans, Amanda A. Honeycutt, and Robert M. Schwab, "Who Benefits from a Catholic School Education," Department of Economics, University of Maryland, November 1998. 未发表。

[2] 参见 Neal, Effects of Catholic Schooling; William N. Evans and Robert M. Schwab, "Finishing High School and Starting College: Do Catholic Schools Make a Difference?" *Quarterly Journal of Economics* (November 1995); William Sander and Anthony C. Krautman, "Catholic Schools, Dropout Rates, and Educational Attainment," *Economic Inquiry*, vol.33 (1995); Timothy Z. Keith and Ellis B. Page, "Do Catholic School Really Improve Minority Achievement?" *American Educational Research Journal*, vol.22 (1985)。

[3] 例如，参见 Henry M. Levin, "Educational Vouchers: Effectiveness, Choice, and Costs," *Journal of Policy Analysis and Management*, vol.17 (1998)。

[4] Anthony S. Bryk, Valerie E. Lee, and Peter B. Holland, *Catholic Schools and the Common Good* (Harvard University Press, 1993).

[5] Peter Rossi, "Book Review," *American Journal of Education*, vol.102 (May 1994), p.351.

像公众所认为的那样挑剔，该类学校不会轻易地开除那些不符合其行为标准和学术标准的学生。

看起来更为重要的是，与公立学校相比，天主教学校突出的地方是作为教育机构的无形特征：社区精神，关心，认为每个孩子都有能力在理解的最高层次上学习。天主教学校推进着最高法院在布朗案中所提出的民主教育的理想。它们的价值体系建立在为了每个孩子的平等的基础之上，并变成了在教育上可操作的政策：平等对待每个孩子，期望每个孩子都能获得高学术成就。这意味着在严谨的学术体系面前不翻旧账，没有种族隔离，没有例外。

虽然人口统计学因素对处于优势和劣势地位的学生的学业成就差距的确有一定的解释力，但在天主教学校该差距显著缩短，实现了最大可能的教育平等。如作者所描述的，平等是制度品性的核心，会延续到其学校之后的经历："天主教学校的根基是为了建立公平的关心的社会而尊重每个个体的尊严及其共享的责任。"[1] 这种伦理价值有着深远的社会和政治内涵，将在随后的章节中予以讨论。这与世界范围的反对学校选择的假设背道而驰，即贫困的父母没有能力为孩子做出聪明的决定，他们缺乏动机，需要公共权威机构来根据他们的利益代替他们做出决定。

或许个体的案例是呈现不同视角的最佳途径。想想那些毕业于天主教学校的杰出的黑人教授们。通过对十几篇研究的综述，珍妮丝·E.杰克森（Janice E. Jackson）界定了5个使得天主教学校脱颖而出的因素：对所有学生的高期望；严谨的课程，对每个学生的高学术成就抱有信心；社区支持；培养鲜明的个性；像重视思想一样重视精神，或者像有些人所说的，培养道德品质。她继续补充道，"这些经验也可以用于教育公立学校中的非裔学生，而不仅仅是在教会学校"。[2] 天主教学校的相关研究引导我们反思下面这个终极问题：从时下的学校变革和学校选择的讨论中，我们可以学到些什么。

如布莱克和他的同事们所讨论的，天主教学校具有自主运作的权力，这足以让大多数改革热衷者羡慕不已。由于隶属于组织松散的教会机构或特定

[1] Bryk, Lee, and Holland, *Catholic Schools*, p.312. 同时参见 Paul T. Hill, Gail E. Foster, and Tamar Gendler, *High Schools with Character* (Rand Corporation, 1990)。

[2] Janice E. Jackson, "Foreword," in Irvine and Foster, *African American in Catholic Schools*, p.x

的宗教秩序，校长和老师们不会被行政化的官僚机构所限制，而这正是公立学校中阻碍着专业发展的普遍问题。其管理结构不仅能够在学校最大范围地发挥功能，而且资源也能够最大限度地使用在课堂上。总之，天主教学校的运作费用仅占公立学校的 60%。① 当我们把大量的资金投入到失败的城区公立学校系统时，上述事实的确值得我们深思。

很多年来，天主教学校的资金由众多修女、牧师志愿者及其他兄弟教会机构所支持。这在近几年有所变化，因为越来越少的年轻人愿意进入宗教生活。隶属于教会的天主教学校教师的比例从 1967 年的 58% 锐减到 1990 年的 15%。② 由于资源有限，很多市中心的机构开始依靠捐助，以及那些愿意拿低工资且愿意投身教育事业的专业人士的奉献。因此，天主教学校是种学校选择——不仅仅为家长和儿童提供了选择，也为那些愿意把时间和精力投入到将其建成成功的教育机构的人们提供了选择。他们在经济上的损失，在人力资本上得到了补偿。这些志愿者组织从以亲密关系和信任为特点的社会关系网络中获益。用现在的话来说，天主教学校有着丰富的"社会资本（social capital）"——另外，这个术语是詹姆斯·科尔曼为了描述他在这些机构中所观察到的现象时创造的。③

选择的政治

将学校选择置于国家政治的聚光灯下讨论的是丘伯和莫的《政治、市场与美国学校》。④ 当时，它是可以验证"高中及大学项目"数据的另一个大型调查，补充了很多关于学校组织和管理方面的信息。但是现在看来，其私立和天主教学校比公立学校更具有教育有效性的结论并非值得特别关注。这本书的独特之处在于研究者根据其研究所分析出的政策影响，以及其对阻碍实现学校选择的政治和制度的直率分析。

丘伯和默提出了米尔顿·弗里德曼的市场模式的变形。他们使用了奖学金这一术语，而不是"券"。他们并没有鼓吹建立一个完全私立化的教育系

① National Center for Education Statistics, *The Condition of Education*, 1997 (1998).
② Bryk, Lee, and Holland, *Catholic Schools*, p.33.
③ 关于此概念的完整理解，参见 James S. Coleman, "Social Capital in the Creation of Human Capital," *American Journal of Sociology*, vol.94 (1988)。
④ John E. Chubb and Terry M. Moe, *Politics, Markets, and America's Schools* (Brookings, 1990).

统，而是建议允许私立学校与公立学校竞争生源和资助。在明尼苏达州通过特许学校法律的前一年，他们就已经建议实行这样一种管理模式：允许公立学校从当地学区那里获得更大的自主权。他们建议所有的私立和教会学校都应该被允许参与奖学金项目，但是为了避免与联邦和州的宪法禁令相冲突，他们同意每个州应该自己确定教会学校的准入资格。虽然他们不限于只为贫困学生提供奖学金，但是他们建议，提供的奖学金应根据学生的经济背景和教育需要而不同。

　　丘伯和莫对决定教育政策的制度框架的分析是政策科学中的标准分析。基于决策的利益集团模式（interest group model），解释了表面上的民主过程是如何由某些利益集团和机构所控制的，它们其实并不代表绝大多数人的最大利益。① 在分析州和地方层面的政策时，作者对选民和顾客做了概念性的区别，教育专业人员和学生与选民和顾客的二分法极为相似，我在7年前的纽约市学校系统中也观察到了这一点。② 他们对政治的一针见血的分析刺激了教育机构的神经。如他们所描述的：

　　　　当进行教育决策时，尤其是在州和地区层面，即实际起作用的权威所处的层面，最有影响力的政治群体是那些在时下的制度体系中拥有既定利益的群体：教师工会以及无数的校长协会、校董协会、督学协会和其他专业协会——更不用说那些教育学院、出版商、考试服务机构以及能够从各种制度现状中获益的群体了。③

　　当他们对政策过程的生动刻画集中到州和地区层面时，丘伯和莫的书对于将学校选择的概念转化为国家政策的问题极有帮助。正如他们自己所预见的，国家还没有做好准备接受他们的超前建议。与科尔曼所遭遇的一样，多数学术界人士并不接受丘伯和莫的奖学金制度，尤其是那些被他们所批判的

---

① 例如，参见 Arthur F. Bentley, *The Process of Government* (University of Chicago Press, 1908); David Truman, *The Governmental Process* (Knopf, 1960); Robert Dahl, *Who Governs?* (Yale University Press, 1966)。

② Joseph P. Viteritti, *Across the River: Politics and Education in the City* (Holmes & Meier, 1983). 同时参见 Joseph P. Viteritti, "Public Organization Environments: Constituents, Clients and Urban Governance," *Administration and Society*, vol.21 (February 1990)。

③ Chubb and Moe, *Politics, Markets, and America's Schools*, p.11.

研究者们。^① 尽管如此，很少有学术著作能够制造这样强劲的讨论政策问题的势头。就教育而言，这本书被看作是近 10 年来最重要的一本书。

教育改革在 1998 年的总统竞选中成为一个重要问题。在乔治·布什（George Bush）总统的早期政治生涯中，他对选择问题持谨慎态度，只关注那些公共实验的好的一面，如已经在剑桥、东哈林区和明尼苏达进行的实验。1992 年，比尔·克林顿在新罕布什尔州宣布将竞选总统的一个月之前，布什也在该州发布了其"《退伍军人权利法》之儿童部分"。他采纳了丘伯和莫的术语，建议将联邦资助用于为州和地方层面提供 2 000 个面向低和中等收入家庭的儿童的奖学金。该 1 000 美元的奖学金可以用于任何被认可的学校，不论是公立、私立还是教会学校。约一半的奖学金可以用于支付额外的学术方面的费用和课外项目（after-school programs）。数额并不高的奖学金和中等收入的申请资格许可，使得布什项目更多地面向中等收入家庭，而不是贫困家庭。好像是在暗示他转变得太快了，在布什竞选失败的第二年，加利福尼亚州的选民就在州投票中戏剧性地拒绝了他的特许学校的提案。加州教师协会在反对提案的"你死我活"的竞选活动中投入了 1.26 千万美元，全民投票结果呈现出 7∶3 的悬殊比例。^② 特许学校的立法提案同样在俄勒冈州（1990）和科罗拉多州（1992）被否决。但是问题并没有就此结束。

1996 年共和党总统候选人鲍勃·多尔（Bob Dole）宣布了他自己的特许学校计划。他提议，每年拨款 25 亿美元以用于让低收入家庭子女进入私立和教会学校学习——小学提供最多 1 000 美金，中学最多 1 500 美金的资助。^③ 该提案旨在向民主党的阵营——低收入家庭渗透，但是没能引起那些无法支付奖学金和学校之间的差价的家庭的共鸣。共和党再次失策了，无法提出满

---

① 例如，参见 Amy Stuart Wells, "Choice in Education: Examining the Evidence on Equity," *Teachers College Record*, vol.93 (1991); James S. Liebman, "Voice, Not Choice," *Yale Law Journal*, vol.101 (1991); Anthony Bryk and Valerie E. Lee, "Is Politics the Problem and Markets the Answer?" *Economics of Education Review*, vol.11 (1992); John F. Witte, "Private School versus Public School Achievement: Are There Findings That Should Affect the Educational Choice Debate?" *Economics of Education Review*, vol.11 (1992)。

② Myron Lieberman, *The Teacher Unions: How the NEA and the AFT Sabotage Reform, and Hold Students, Parents, Teachers and Taxpayers Hostage to Bureaucracy* (Free Press, 1997), p.92. Voucher initiatives have been defeated in Michigan (1978) and Washington (1981).

③ 参见 David S. Broder, "Awaiting a School Choice Showdown," *Washington Post*, July 24, 1996。

足贫困家庭需要的提案，而他们才是学校选择的天然支持者。

选择的政策悖论直到比尔·克林顿——持温和的自由主义态度的民主党总统——执政时才进入公众视野，他与拒绝在学校选择问题上让步的共和党所把持的国会当面对峙。比尔·克林顿把自己称作是"穷人的斗士、少数族裔的朋友、公立教育的支持者"。在作为公立学校选择和特许学校的支持者的阿肯色州州长任上时，他就为教育券划定了明确的疆界并且努力捍卫它。在他的第一任期内，国会的共和党派们通过了一个折中的教育券法案，可在贫困社区建立示范项目。问题在 1997 年春天被激化了，在克林顿的第二任期伊始，当时两院的大多数共和党派都支持的这个法案，可以为哥伦比亚特区学校系统中的 2 000 个处于经济劣势地位的儿童提供奖学金。[①] 该法案由两个民主党人士作为共同提案人，来自纽约的一名众议院议员，黑人牧师弗洛伊德·弗莱克，以及来自康涅狄格州的犹太裔自由主义者参议员约瑟夫·利伯曼（Joseph Lieberman）。在同一期会议中，他俩也是《美国社区复兴法案》的共同提案人，提议在 100 个低收入社区中试行学校选择的方案。但是讽刺的是，哥伦比亚特区的提案引起了激烈的有关学校选择的争论。

在哥伦比亚特区提案中，3 000 美元的奖学金面向所有收入没有超过联邦贫困线 185% 的学生，并通过摇号的形式发放。奖学金可以用于家庭所选择的任何公立、私立和教会学校。显然该计划是为了帮助处于本国最糟糕的城市学校系统中的最穷的人们的，奖学金的数额也足以支付该区域中的非公立学校的开支。该提案受到了美国政教分离联合会（Americans United for the Separation of Church and Sate）的强烈抵制，声称该提案违反了第一修正案中的"建立国教条款（Establishment Clause）"。提案也同样遭到了美国国家教育协会（National Education Association）的反对，这使得其失败成为定局。克林顿政府此前已经表明了立场，教育部长理查德·赖利警告说，教育券会转移华盛顿和公立学校的支持，在他关于美国教育的年度报告中，他也提到有些人意欲摧毁公立教育系统，被他不幸言中了。[②]

赖利对华盛顿公立学校系统并不十分了解。首都的公立教育对于那些孩

---

① 通常参见 Robert C. Johnston, "D.C. Budget Bill Includes School Voucher Plan," *Education Week*, November 8, 1995; Mark Pitsch, "Voucher Fight Shows New Political Dynamics," *Education Week*, April 10, 1996。

② John Leo, "NEA Sabotages School-Choice Issue," *Staten Island Advance*, April 5, 1996.

子们而言早已一团糟，而且主要原因和钱无关。实际上，特区的公立教育是国家的耻辱，是众多问题牵制公立教育的典型代表。特区的公立学校是种族争斗中激进的学校合并的产物：96% 的公立学校学生来自少数族裔，其中88% 为黑人学生。在 1968 到 1998 年间，入学的学生人数从 13 万降到 7.9万。1996 年其独立的财政董事会提交的报告《危机中的孩子》指出，功能失调的官僚机构是特区公立教育失败的主要原因。[①] 该学区的生均教育经费为7 655 美元，高于国家平均水平 26%。其中花在校董事会上的经费是同类其他学区的两倍，花在督学办公室上的经费为 3 倍。管理人员和教师的比例是同类学区的两倍。该学区 4 年级学生在阅读方面只有 22% 达到或高于基本的学业成就水平，且 53% 的学生在 10 年级之后就辍学了。难怪 1993 到 1995 年间，教会学校的入学率增加了 18%。那些能够负担得起学费的学生在离开公立学校以后毫无疑问地进入了教会学校。教育券提案无疑为负担不起学费的学生们敲开了教会学校的大门。

虽然两院中的大多数都支持这种学校选择的方案，但是参议员的投票不足以否决总统的否决投票以及民主党的阻碍议事行为（filibuster）。提案虽然被否决了，但是将学校选择的辩论中的悖论和讽刺戏剧性地呈现在了全国面前。较之保守的经济学者米尔顿·弗里德曼的市场模式，共和党控制的众议院中，大部分议员所拥护的提案更接近于社会学家克里斯托弗·詹克斯的再分配的自由主张。但是在总统的要求下，它被由民主党控制的参议院击败了，该民主党总统在强大的黑人选票的支持下再次当选。克林顿可以说是自由的民主政治的矛盾的缩影：一方面对处于劣势地位的人有着深深的同情，担心城市公立教育的糟糕现状；另一方面又受惠于教育制度和强大的教师工会。国家教育协会在 1996 年的国家民主会议中派出了 405 名代表——高于除了加利福尼亚州以外的全国任何一个州。[②] 同年教师工会在国家政治辩论中投入了 1.86 亿美元以表达自己的主张。[③] 工会及其姐妹机构，美国教师联盟（American Federation of Teachers）对于教育券有着明确的立场，总统也对此完全了解。

[①] "Children in Crisis: Statistics, Facts, and Figures," report of the District of Columbia Financial Responsibility and Management Assistance Authority, November 1996.

[②] Lieberman, *The Teacher Unions*, p.66.

[③] Lieberman, *The Teacher Unions*, p.92.

　　我们过去也曾经在华盛顿当局见过这样的利益平衡的法案，例如林登·约翰逊总统曾试图在陈旧的大城市的民主党机器上安装其参与政治的新设想。自从理查德·尼克松（Richard Nixon）当选为总统，民主党的活力就被各方微妙的权利平衡所牵制着，包括南方、东部自由的中产阶级、搬到市郊的欧洲移民的后裔、工会会员，以及让其他团体感到惊惶的少数族裔，他们被福利政策的界定所孤立。① 后来那些支持教育券的人们，再也没有林登·约翰逊来支持他们的目标了。

　　现在教育券问题变成与共和党、保守派和政治权利相关的问题了。其实民主党成员比共和党更为赞同这个概念。1998 年卡潘 / 盖洛普教育民意调查显示，过半数的民主党人支持教育券（51% 支持，43% 反对），而共和党在这个问题上则基本上是对半分（48% 支持，47% 反对）。②

　　颇具讽刺的是，克林顿坚决反对为特区的贫困学生提供教育券，却并没有使其失去支持者。当他公开表示支持公立教育，声称公立学校在美国社会具有重要角色的同时，克林顿夫妇、副总统戈尔夫妇，以及那近几任几乎所有的总统都把他们的子女送进了私立学校。当比尔·克林顿宣誓反对国会的选择提案时，他自己的女儿则进入了精英学校——西德维尔友谊中学。《华盛顿邮报》的一位编辑曾撰文嘲弄其为"西德维尔的自由主义者们"，他们让处于经济劣势地位的孩子们困在次一级的学校中，但绝不会让自己的孩子参与其中。③ 编辑引用了遗产基金会（Heritage Foundation）发表的研究报告，指出 34% 的众议院议员和 50% 的参议院议员把子女送到了非公立学校。④ 然而全美国只有 14.1% 的适龄儿童进入了私立学校，且在黑人和西班牙裔学生中，比例仅达 8%。遗产基金会的报告指出了社会分层所暗示的平等问题和选择问

---

① 有关旧的民主联盟的衰落有着广泛的研究。例如，参见 Samuel Freedman, *The Inheritance: How Three Families and America Moved from Roosevelt to Reagan and Beyond* (Simon & Schuster, 1996); Thomas Byrne Edsall and Mary D. Edsall, *Chain Reaction: The Impact of Race, Rights, and Taxes on American Politics* (W. W. Norton, 1991); Kevin P. Phillips, *The Emerging Republican Majority* (Arlington House, 1969). 关于自由政策的内在冲突的富有同情和洞见的文章，参见 Alan Brinkley, *Liberalism and Its Discontents* (Harvard University Press, 1998)。

② "Phi Delta Kappa/Gallup Poll of the Public's Attitudes Toward the Public Schools, 1998."

③ "Sidwell Liberals," *Wall Street Journal*, September 8, 1997.

④ Nina H. Shokraii, "How Members of Congress Practice School Choice," *The Heritage Foundation*, no. 147 (September 9, 1997).

题，这无疑给华盛顿政治制度有力的一击。克林顿在他的第二任期中依然会继续反对国会提出的学校选择提案。

随后的 1997 年是个关键年份。不管有没有白宫的支持，学校选择问题在公众意识中地位显著提升，各方重要人物不论其政治立场如何都开始支持学校选择。那时两败俱伤的政治争斗在密尔沃基和克利夫兰激烈上演，那些对公立学校极为不满的黑人家长们积极地推动了学校选择法律的制定并由州长签署执行。布伦特·史泰博（Brent Staples）5 月在《纽约时报》上发表了一篇署名的编者按，指出密尔沃基的选择和竞选已经开始促使沉闷的公立学校系统向好的方向转变，正如米尔顿·弗里德曼所预见的那样。[1]6 月，《华盛顿邮报》的专栏作家威廉·拉斯伯里（William Raspberry）称自己"不情愿地转变了立场"，为了中心城市的那些贫困学生，"让我们至少尝试一下学校选择。"[2]

6 个月后，两位颇有影响力的公共政策学者威廉·高尔斯顿和黛安·拉维奇在《华盛顿邮报》上联合发表文章，呼吁发起全国范围内的需要接受经济调查的（means-tested）奖学金示范项目。[3] 高尔斯顿是克林顿政府的国内政策顾问；拉维奇是乔治·布什总统时期的具有独立思想的教育部副部长，在其任期内她曾拒绝签署学校选择的相关法案。[4] 政治潮流正在迅速转向，学校选择问题即将成为再分配政策的主战场。

地方崛起

当华盛顿政治体系在学校选择问题上踌躇不前的时候，地方层面则涌现了一系列由不同部门制定的学校选择项目。很多由商人和私人基金会发起的慈善项目为贫困学生提供了机会，得以避开失败的公立学校进入私立机构。

---

[1] Brent Staples, "Showdown in Milwaukee: How Choice Changes Public Schools," *New York Times*, May 15, 1997. 同时参见 "Schoolyard Brawl: The New Politics of Education Casts Blacks in a Starring Role," *New York Times*, Education Life Section, January 4, 1998。

[2] William Raspberry, "Let's at Least Experiment with School Choice," *Washington Post*, June 16, 1997. 同时参见 William Raspberry, "Not Enough Lifeboats," *Washington Post*, March 9, 1998。

[3] William A. Galston and Diane Ravitch, "Scholarships for Inner-City School Kids," *Washington Post*, December 17, 1997.

[4] 参见 Diane Ravitch, "Somebody's Children: Educational Opportunity for All Children," 见 Ravitch and Viteritti, *New Schools for a New Century*, pp.251-273。

所有的项目都各有特色。为贫困学生提供学校选择的可能，这些多样化的项目成为了实验场，以检验到底谁的大限将至。

私人项目

募集私人资金来资助贫困儿童进入私立或教会学校的主意绝不是空穴来风。很多年来天主教学校都在积极地设置奖学金来资助诸如纽约、洛杉矶和波士顿等大城市的那些处于弱势地位的学生。新慈善项目的不同之处在于，除了帮助穷人的高尚动机之外，资助者们也在推动竞争和选择的概念。既然这些概念可以被用来改变公共政策，那么这些项目就有着明确的政治维度。3 个此类项目始于 90 年代早期：印第安纳波利斯的教育选择慈善基金（Educational Choice Charitable Fund, ECCF，1991），圣安东尼奥的儿童的教育机会项目（Children's Educational Opportunity, CEO，1992），密尔沃基的伙伴推动教育价值项目（Partners Advancing Values in Education, PAVE，1992）。① 所有项目都基于类似的理念而设计：为城市的贫困学生提供奖学金，足以为家长返回一半的私立或教会学校的学费。奖学金遵循先到先得原则，公立和私立学校学生都能申请。

当慈善项目的领导者希望为贫困儿童提供机会以进入那些他们过去无法企及的学校的同时，他们同样给家长施以压力，期望他们为了孩子的未来投入必要的经济支持。每个项目都有资助的上限。印第安纳波利斯是 800 美元，圣安东尼奥为 750 美元，密尔沃基为小学 1 000 美元，高中 1 500 美元。印第安纳波利斯和圣安东尼奥的项目每学年提供 1 000 个资助名额。密尔沃基项目的资助人数从 1992—1993 年度的 2 089 位增加到 1996—1997 年度的 4 201 位。这样的增长应归功于该项目努力填补因反对此项目的诉讼过程而造成的空缺，当时威斯康星州突然拒绝资助希望进入教会学校的家长。我们将在本章中随后再讨论这个冲突。

始于 J. 帕特里克·鲁尼（J. Patrick Rooney）的保险公司，印第安纳波利斯的教育选择慈善基金项目本是由富有的商人发起的基金会的典范。这样的投资者愿意将其个人资源用于为被困在失败的城市教育系统的贫困儿童们提供教育机会，同时也推广他们所信奉的理念。美国儿童的教育机会项目始于圣安

---

① 通常参见相关文章 Terry Moe, ed., *Private Voucher* (Hoover Institution Press, 1995); Paul E. Peterson and Bryan C. Hassel, eds., *Learning from School Choice* (Brookings, 1998)。

东尼奥的詹姆斯·雷宁格（James Leininger），最终发展为国家层面的用以协调地方资助的机构。① 这个伞式组织成为信息、财政资助和各种努力的信息整合中心。截至1998年，该项目扩展到30个分部，服务于12 000个学生。

其他类型的有关学校选择的慈善资助项目也在全国范围内涌现。纽约市孕育了两个项目。学生/资助者伙伴关系项目（Student/Sponsor Partnership, SSP）始于1986年，其比黄金法则公司还要早5年。该项目由迪伦、里德及其他伙伴（Dillon Reed & Company）的主管彼得·弗拉尼根（Peter Flanigan）创建，旨在建立学生和资助者间的联系，资助者不仅仅为学生提供经济资助，也成为这些年轻人的良师益友。项目资助的绝大多数学生在公立学校表现欠佳。项目没有设置经济收入限制，不过所有获得资格的学生或者有可能辍学，或者已经辍学。在弗拉尼根的项目中，学生得以获得进入高中的全部学费，大部分为教会学校。这个项目在纽瓦克市、华盛顿特区、凤凰城、芝加哥、沃斯堡市、布里斯波特市得以推行。

1997年纽约市的一群慈善家建立了学校选择奖学金基金会（School Choice Scholarship Foundation），每年为1 300名低收入家庭的儿童提供1 400美元的资助。② 这项努力成为了一年后在华盛顿特区和俄亥俄州代顿市所建立的慈善项目的模板。

1998年纽约市投资银行家泰德·福斯特曼（Ted Forstman）与沃尔玛公司的约翰·沃顿（John Walton）一起建立了儿童奖学金基金（Children's Scholarship Fund, CSF），此全国性的项目旨在鼓励地方企业家投资建立私立的奖学金项目，以帮助那些城市中的贫困儿童。他们以华盛顿特区为始推行一个新项目，为地方慈善家所捐赠的奖学金项目提供相同数额的资助。他们的目标是在4年中募集超过两亿美元的资金，为38个城市的50 000名低收入家庭儿童提供奖学金。③ 福斯特曼的这一举动既代表了学校选择争论的新

① 参见 "Just Doing It, 3: 1996 Annual Survey of the Private Voucher Movement in America," survey for the Washington Scholarship Fund, 1997。

② 主要的奠基人为彼得·弗拉尼根、理查德·吉尔德（Richard Gilder）、罗杰·赫托格（Roger Hertog）、布鲁斯·柯伊那（Bruce Kovner）、莱斯利·奎科（Leslie Quick）、托马斯·罗德（Thomas Rhodes）、托马斯·提西（Thomas Tisch）。在1998—1999年度该基金会额外提供了一千个奖学金。

③ Ted Forstman, *Restoring Equal Opportunity*: *How Competition Can Save American Education* (Children's Scholarship Fund, September 28, 1998).

焦点，也表明了此政见支持者从共和党员和保守派拓展到了更广的范围。由于福斯特曼与克林顿政府的亲近关系，该项目在白宫获得了公开支持。其由两党组成的主管团队包括厄斯金·鲍尔斯（Erskine Bowels）、芭芭拉·布什（Barbara Bush）、约瑟夫·卡里法诺（Joseph Califano）、亨利·西斯内罗斯（Henry Cisneros）、弗洛伊德·弗莱克、彼得·弗拉尼根、马丁·路德·金三世（Martin Luther King III）、特伦特·洛特（Trent Lott）、丹尼尔·帕特里克·莫伊尼汉、柯林斯·鲍威尔（Collins Powell）、查理斯·兰格尔（Charles Rangel）、安德鲁·杨（Andrew Young）。然而很多福斯特曼的支持者——也包括总统都认为私人资金和公共资金所资助的学校选择有所不同，他自己也这么认为。

1999 年春天，针对下个学年的 40 000 份奖学金，儿童奖学金基金会已经收到了 1 237 360 份申请，随后则是策划充分的公众宣传活动，包括由棒球明星萨米·索萨（Sammy Sosa）和诗人玛雅·安杰洛（Maya Angelou）发布的公共活动公告。[1] 在为纽约市的奖学金摇号获得者举行的活动仪式上，前亚特兰大市长安德鲁·杨在其面对家长、商人、政客和民权运动领袖的演讲中提到了罗莎·帕克斯（Rosa Parks）的名字：

> 用古老的黑人歌曲《美好的一天》的歌词来说，我并不认为当罗莎·帕克斯在公交上坚持不让座的时候，她知道这到底意味着什么。我知道当学生们第一次静坐示威的时候，他们并不了解这到底意味着什么。我并不认为约翰·沃顿和泰德·福斯特曼知道他们的项目到底意味着什么。[2]

约翰·沃顿同时也是另一项在圣安东尼奥市艾奇伍德区发起的雄心勃勃的实验的主要推动者。在儿童的教育机会项目的资助下，该项目计划在随后的 10 年中筹集 50 000 000 美金，用以资助 13 000 个小学学区中的那些希望进入私立和教会学校的学生。正如儿童的教育机会项目的主席弗里茨·施坦格（Fritz Steiger）所说，地平线项目旨在"为每个家长提供平等的机会以供

---

[1]　Anemona Hartocollis, "Private School Choice Plan Draws a Million Aid Seekers," *New York Times*, April 21, 1999.

[2]　Anemona Hartocollis, "Scholarship Winners Gather in Celebration," *New York Times*, April 22, 1999.

其做出选择"。[1] 艾奇伍德学区因 1973 年里程碑式的由最高法院裁定的学校
财政案例而闻名。该裁定否决了贫困学区和市郊学区有着获得同样财政待遇
的联邦宪法权利的要求。[2] 现在这个小小的西班牙裔学区正在进行着美国教育
史上最重要的最具有教育性的实验。

从长远来看，艾奇伍德实验为很多困扰学校选择的急需解决的问题提供
了实验场所：在贫困的少数族裔人群中到底有多少进行学校选择的需求？谁
能从学校选择中获益？学校选择真的能够切断学业成就和人口统计学人群间
的联系吗？私立学校和教会学校会做出怎样的反应？竞争会促进公立学校的
提升吗？以奖学金方式提供资助是否会促进私立学校的拓展？所有这些问题
都需要时间来回答，需要多年的实验，答案才会真正呈现在眼前。同时，政
策制定者需要依靠来自其他城市的分散的小规模试验的报告来做出决定。

1995 年，在特里·莫主编的一本论文集中有一篇关于私立奖学金项目的
评价报告。该报告涉及纽约、印第安纳波利斯、密尔沃基和圣安东尼奥的项
目。[3] 在其导论部分，莫区别了纽约市的学生 / 资助者奖学金项目和其他城市
的黄金法则公司所资助的项目。通过事后对数据的总结，他发现奖学金获得
者的学业水平和家长满意率都较之公立学校的同龄人更高。[4] 当问及他们为什
么选择把孩子送到私立学校，家长们普遍地提到更高的教学质量、更安全的
环境以及对孩子先前的公立学校的失望。很多家长选择离开公立学校的另一
个原因，是被教会学校课程的宗教视角所吸引。在华盛顿特区和代顿私立项
目中，家长也表现出了同样的倾向。[5]

---

[1] Mark Walsh, "Group Offers $50 Million for Vouchers," *Education Week*, April 29, 1998, p.22.

[2] 圣安东尼奥独立学校学区诉罗德里格斯（Rodriguez），411 U.S. (1973)。同见本书第二
    章对此案的讨论。

[3] 参见 Michael Heise, Kenneth D. Colburn, and Joseph P. Lambert, "Private Vouchers in Indianapolis:
    The Golden Rule Program"; Janet R. Beals and Maureen Wahl, "Private Vouchers in San
    Antonio"; Valerie Martinez, Kenneth Godwin, and Frank R. Kemerer, "Private Vouchers in
    Milwaukee: the PAVE Program"; and Paul T. Hill, "Private Vouchers in New York City: The
    Student/Sponsor Partnership Program," in Moe, *Private Vouchers*。

[4] 无法获得印第安纳波利斯的学业成就数据。

[5] Paul E. Peterson and others, "Initial Findings from an Evaluation of School Choice Programs
    in Washington, D.C., and Dayton, Ohio," Program on Education Policy and Governance,
    Harvard University, 1998.

鉴于其年收入的数额，参与项目的家庭被界定为处于经济劣势地位。他们大多为黑人和西班牙裔家庭，而且与其他公立学校的贫困家庭相比，更有可能是单亲家庭。印第安纳波利斯市的项目所吸引的家长则更多为白人、已婚的家长，且子女较少。然而，这3个项目中家长们最突出的共同特点是，较之公立学校的家长们，虽然这些家长也很穷，但他们受过更好的教育，对子女有着更高的教育期望。

把后者的影响当作侵占或挪用有点太夸张了，说他们是劣势地位人群中更加幸运的，这样更合理些。正如莫所解释的，有些现象其实可以归因为项目本身的设计问题。要求父母支付一半的学费倾向于把穷人中的穷人排除在外，而吸引了那些更看重教育的家长。有些项目设计为先到先得，并且私立学校和教会学校的学生都能申请，这使得问题更加激化了。莫同时也指出，项目中贫困家庭表现出的这些状况与公立学校贫困家庭中表现出的分层和隔离情况并无二致。

莫在1995年得出的结论，在3年后由保罗·彼得森和布莱恩·阿塞尔（Bryan Hassel）所作的一系列研究中得到了进一步证实，同时也指出了些例外情况。[1] 后者对印第安纳波利斯的研究包含了一些可比较的学业成就数据，表明那些在低年级的时候基础知识欠缺（特别是数学）的转学生们，更有可能在整个初中阶段获得稳步提升，接近或达到其所在的私立学校同龄人的水平。同时，在印第安纳波利斯市的公立学校中，大面积的学生在初中阶段表现为成绩的直线下降，这在城市公立学校中相当普遍。在黄金法则项目中私立学校所表现出的认知优势，也符合彼得森—阿塞尔所做的关于圣安东尼奥和密尔沃基的研究的结论。

始于1997年的学校选择奖学金基金会项目的初始报告也显示，同类型的申请者对私立学校更感兴趣。23 000名申请者通过摇号方式获得1 300个席位，其中47%是西班牙裔，44%为黑人，26%能够达到该年级的阅读水平，18%能够达到该年级的数学水平，平均年收入低于1万美元，60%的家庭在领取公共资助——当将经济条件作为资格限制时（有资格获得联邦减免午餐费用的资助），

① 参见 David J. Weinschrott and Sally Kilgore, "Evidence from the Indianapolis Voucher Program" and Kenneth Goodwin, Frank Kemerer, and Valerie Martinez, "Comparing Public Choice and Private Voucher Programs in San Antonio," in Peterson and Hassel, *Learning from School Choice*。同时参见 Sammis B. White, "Milwaukee's Partners Advancing Values in Education (PAVE) Scholarship Program." 未发表。

这是可以预见的结果。大体而言，申请者大多为黑人、低收入，比公立学校的同类人群获得更多的公共资助。然而相对于处于劣势地位的家庭而言，家长的受教育程度更高：10% 的家长有大学学历，41% 的母亲和 26% 的父亲有一定的"大学经历"。[①] 纽约极高的大学入学率在某种程度上与纽约城市大学自由开放的管理政策有关。当被问到影响他们选择学校的主要因素时，家长们列出了 3 个主要原因：教师素质（83%）、安全感（81%）、宗教（83%）。

经过一年的运作，保罗·彼得森教授在数学政策研究所的协助下对纽约市学校选择奖学金基金会进行了评价。他们发现，与对照组学生相比，参与项目的学生的数学水平高出 2%，阅读水平高出 2.2%，在高年级中差距尤为明显。[②] 项目运行一年之后的收获虽然不是非常显著，但意义重大，这是计划中的 4 年评价体系的第一部分。鉴于项目和评价体系的精心策划，它成为最为科学严谨的关于选择如何影响学生学业成就的研究。

给人留下深刻印象的一个私立的学校选择项目，是纽约市的学生 / 资助者伙伴合作项目，它同时也是所有奖学金项目中历史最悠久最杰出的一个。该项目并没有具体记录学生的人口统计学数据，但在莫主编的书中收录的保罗·希尔（Paul Hill）的研究认为，所有参加项目的 851 名学生均为黑人或者西班牙裔，大约 90% 来自单亲家庭，而且当他们进入项目的时候，学业成绩平均落后两个年级水平。[③] 莫认为该项目以一种"绝无仅有"[④] 的方式关注着学生的学业成绩。其中大约 70% 的"高危"学生从高中按时毕业，同年公立学校中只有 39% 的学生能够按时毕业，来自同一贫困区域并就读于公立高中的学生中的 29% 会中途辍学。而进入项目的 90% 的高中毕业生会进入大学。或许学生 / 资助者伙伴合作项目的经验，既能使我们了解了天主教学校，也能

[①] Paul Peterson, David Meyers, and William Howell, "Research Design for the Initial Findings from an Evaluation of the New York School Choice Scholarship Program," 该文章是 1997 年 11 月 7 日在华盛顿为公共政策和管理协会撰写的发言。有关华盛顿和代顿的私立资助项目的独立研究中，彼得森和他的同事们发现公立学校的奖学金申请者比那些已经在私立学校的申请者们处于更为劣势的地位。参见 Peterson and others, Initial Findings from and Evaluation of School Choice Programs in Washington, D.C. and Dayton, Ohio。

[②] Paul Peterson, David Meyers, and William G. Howell, "An Evaluation of the New York City School Choice Scholarship Program: The First Year," Program in Education Policy and Governance, Harvard University, 1998.

[③] Hill, "Private Vouchers in New York City," in Moe, *Private Vouchers*.

[④] Moe, *Private Vouchers*, p.29.

使我们了解了学校选择，两者是相关的。蓝带委员会与纽约州的教育部合作进行了关于天主教学校的研究报告，指出天主教学校比公立学校明显有着更高的学业成就，即使相关的人口统计学数据会使这一比较复杂化。[①]

至此为止，如果我们可以从一系列私人发起并执行的项目中得出结论的话，它支持科尔曼在 1981 年做出的声明。即使在数据和控制方法都有限的情况下，结论依然显示，在城市环境下，当儿童进入私立和教会学校时有着更好的学业成就。贫困家庭显然可以从中获益。当贫困家长有机会做出选择时，他们选择非公立学校，因为这些学校具有更高的学业标准以及更安全的环境。有些家长则被具有宗教内容的课程所吸引。在儿童进入非公立学校以后，这些家长对这些学校也更为满意。然而这些学校选择项目能否使得最贫困的家长获益，则取决于项目自身的设计，即它是否以最贫困的家庭和低学业成就者为目标，以及家长是否愿意支付部分学费。这些信息对于希望提升贫困人口的教育机会的政策制定者们而言非常宝贵。

密尔沃基

密尔沃基是城市教育的典型案例：有着废除种族隔离的痛苦历史，紧接着是白人的搬离、费用增加、低学业成就以及少数族裔家长的深深的失望。难怪这个拥有 10 万学生的学区变成了全国瞩目的舞台，以测试有望满足教育平等需求的学校选择的政策。早在 1976 年，密尔沃基就开始实行第一个也是最全面的自愿废除种族隔离的项目。在内城区建立"磁石学校（Magnet Schools）"来吸引外面的白人学生，学区内校车计划的实施使得住在内城区的黑人学生能够进入市郊学校。[②] 在城市学校中推动种族平等这一方面，磁石项目可以说是成功的。[③] 然而黑人开始感受到搭乘校车的压力。很多黑人不被允许进入位于

---

① Blue Ribbon Panel on Catholic Programs, "Report to State Education Commissioner Thomas Sobel," New York State Education Department, 1993.

② 据戴维·阿莫尔的研究，大约一千名市郊白人学生进入密尔沃基的磁石学校，但是从长远来看，反种族隔离的长期效果则是白人迁移。David Armor, *Forced Justice: School Desegregation and the Law* (Oxford University Press, 1995), pp.192, 225.

③ David A. Bennett, "Choice and Desegregation," 见 William H. Clune and John F. Witte, eds., *Choice and Control in American Education: The Practice of Choice, Decentralization and School Restructuring*, vol.2 (Falmer Press, 1990); George A. Mitchell, "An Evaluation of State Financed School Integration in Metropolitan Milwaukee," *Wisconsin Policy Research Institute Report*, vol.2 (June 1989).

其社区的学校，因为很多学校变成了"特长学校"以吸引白人学生。①

　　到 1990 年，约有 5 000 名少数族裔的学生进入到 40 所市郊学校读书，然而同时只有 1 300 名白人学生来到城市读书。②此外，很多学生，尤其是黑人学生，并没有真正学到如何阅读、写作和计算，这个问题依然存在。1985 年一项综合性的长达 15 个月的研究终于完成，该研究由州长托尼·厄尔（Tony Earl）委托州独立委员会执行。该研究发现，"在贫困的少数族裔学生和非贫困的白人学生之间有着令人不可接受的教育机会和学业成就的不平等"。废除种族隔离的努力的确使得种族平等达到了新的高度，但是学习差距依然盛行。正如当地的《社区杂志》编辑及黑人激进分子迈克尔·霍特（Mikel Holt）所言：

　　　　他们将废除种族隔离当成灵丹妙药，当成安慰剂卖给我们……它应该是我们的《奴隶解放宣言》，将我们引导向教育平等……然而 15 年来，我们依然在原地踏步。③

　　一位受到密尔沃基失败的公立学校系统影响的人是安妮特·波利·威廉姆斯（Annette Polly Williams），黑人单亲母亲。之前她尝试了各种工作来尽力抚养她的 4 个孩子，现在由于失业暂时靠救济生活。在拒绝让自己的孩子坐校车到社区以外的学校上学之后，她决定参与政治。1980 年她参与竞选并赢得了威斯康星州的众议院席位。这位来自主要由黑人构成的密尔沃基北区的新议员注定会成为在美国失败的城市学校系统中推行学校选择的代言人。

　　1988 年威廉姆斯参与了一项计划，拟在北区高中附近建立一个独立的学区。她竞选的主要助手是霍华德·富勒，毕业于北区高中，曾领导"拯救北区联盟"。威廉姆斯和富勒希望能够脱离密尔沃基公立学校系统建立独立的学

①　Mitchell, "State Financed School Integration," *Wisconsin Policy Research Institute Report*; Howard Fuller, "The Impact of the Milwaukee Public School System's Desegregation Plan on Black Students and the Black Community (1976-1982)," Ph.D dissertation, Marquette University, 1985.

②　Michael Stolee, "The Milwaukee Desegregation Case," 见 John L. Rury and Frank A. Cassell, eds., *Seeds of Crisis: Public Schooling in Milwaukee since 1920* (University of Wisconsin Press, 1993)。

③　转引自 Daniel McGroarty, *Break These Chains: The Battle for School Choice* (Prima Publishing, 1996), p.65。

校，通过竞选产生主要由黑人构成的学区的自己的校董事会。在特许学校这个术语还没有流行起来以前，他们就开始寻求建立自己的特许学校学区——完全自治，允许学校实施自己的校本管理。这远不同于由全美有色人种协进会（National Association for the Advancement of Colored People, NAACP）等机构提出的综合方案。这是一个新的时代。不出预料，计划遭到了当时的州督学霍索恩·费森（Hawthorne Faison）的反对。该计划在州众议院获得通过，但是被州参议员否决了。因此威廉姆斯随后宣布，她将推行一场竞选活动，促使州通过法案，以允许学生使用公众支持的教育券来进入私立学校学习。正如她自己解释的，"因为我在学校系统内部没有选择，所以我要到系统之外去选择"。①

在新的政治组合进入城市学校董事会之后，霍华德·富勒被选为学区的督学。1991 年，在其任命的仪式上，富勒提供的数据显示，在密尔沃基的公立学校系统中，只有 23% 的黑人儿童的阅读水平达到或超过本年级水平，数学方面只有 22% 达到了该年级水平，只有 32% 能够从高中毕业——这些数据使他得出这样的结论，他接手了一个"失败的系统"。②一年前由威斯康星政策研究所完成的报告显示，密尔沃基花在教育上的投资中，每 1 美元只有 25.7 美分被直接用于课堂。③有着社工工作背景的社区活动人士富勒对学区督学这个职位而言是个非典型的候选人。作为领导者，他不屑于政策以及政府的工作方式，觉得它们很难触及学生的需要。作为教育券的支持者，他和校董事会达成共识，在其任期内既不支持也不反对教育券。他承诺努力提升公立学校系统，并且在系统内给家长创造选择的机会。

威廉姆斯的教育券计划在威斯康星州长，共和党的汤米·汤普森（Tommy Thompson）以及密尔沃基市市长，民主党的约翰·诺奎斯特（John Norquist）那里获得了极大的政治支持，后者在其执政期间并未获得教师工会

---

① "'Voucher' No Longer Dirty Word," *New York Times*, June 10, 1990, 引用自 McGroarty, *Break These Chains*, p.71。

② Charles Sykes, "Fuller's Choice," *Wisconsin Interest* (Winter-Spring 1992), 引用自 McGroarty, *Break These Chains*, pp.29-30。

③ Michael Fisher, "Fiscal Accountability in Milwaukee's Public Elementary Schools: Where Does the Money Go?" *Wisconsin Policy Research Institute Report*, September 1990, 引用自 McGroarty, *Break These Chains*, p.21。

的支持。① 随后加入支持行列的还有密尔沃基都会区商业协会（该协会成员觉得很难雇佣到具有基本技能的员工），以及学校选择家长协会［由扎吉雅·科特尼（Zakiya Courtney）领导的一个低收入家长组成的协会］。② 这是个有趣的政治联盟，威廉姆斯是坚定的民主党党员，在 1988 年杰西·杰克逊（Jesse Jackson）竞选党内总统提名的时候非常活跃。作为杰西的忠实追随者，她在学校问题选择上和他分道扬镳，以及与随后的比尔·克林顿也是如此。波利·威廉姆斯是旧民主党联盟内部不断增长的内部争斗的典型代表，争斗围绕着选择问题逐渐发酵。她解释道："我不是共和党派，我也不是保守党派，我也不是布什总统的支持者……但是布什总统在家长的选择权问题上是对的，比尔·克林顿是错的。"在指责杰克逊和克林顿的问题上，她解释道："看看他（杰克逊）和克林顿将自己的孩子送到私立学校。显然他和我在这个问题上有一致之处，毫无疑问。"③

　　然而当地反对学校选择的呼声也很高。加入反对行列的还有威斯康星教育协会（隶属于全美教育协会）、威斯康星教师联盟（隶属于全美教师联盟）、威斯康星学校管理者联盟、威斯康星州家长和教师代表大会，以及州督学赫伯特·格鲁夫（Herbert Grover），他宣称学校选择"会毁掉公共学校"。④ 格鲁夫因教师工会以及民主党控制的立法机构的强烈支持而当选。州长汤普森从 1987 年以来试图通过 4 项不同的法案以支持学校选择，但都被否决掉了。最终鉴于黑人家长和他们的议员代表的压力，立法机构在 1990 年通过了一份折中的法案，并由州长签署实施。在立法协商过程中花费巨大，结果则是一份疲软无力的法案，为家长选择添加了众多的限制条件。⑤

　　奖学金以摇号的形式发放，家庭收入不超过联邦贫困线 175% 的家庭的儿

---

① 苏珊·米切尔在 1995 年 10 月 23 日第 104 次国会第一分会上，向国会经济和教育计划委员会的监管和调查小组委员会提供了证词（Government Printing Office, 1995），该证词围绕学校选择的争论的政策变化提供了一个全面而丰富的回顾。

② 通常参见 Jim Carl, "Unusual Allies: Elite and Grass-Roots Origins of Parental Choice in Milwaukee," *Teachers College Record*, vol.98 (Winter 1996)。

③ McGroarty, *Break These Chains*, p.60.

④ Milwaukee Journal, July 23, 1990, 引用自 Paul E. Peterson and Chad Noyes, "School Choice in Milwaukee," in Ravitch and Viteritti, *New Schools for a New Century*, p.134.

⑤ WIS. STAT. sec. 119.23 (2) (a). 通常参见 Peterson and Noyes, "School Choice in Milwaukee," in Ravitch and Viteritti, *New Schools for a New Century*, pp.128-136.

童都可以参加。这个项目的规模限制在公立学校入学人数的 1% 之内（1994
年是 1.5%）。大约有 65 000 到 70 000 名学生满足家庭收入的要求，但是该项
目即使包括其拓展了的部分，最终也只能发放 15 000 份奖学金。[1] 奖学金的
数额与该州为每个学生提供的经费相当（1990 年 2 500 美元，1994 年 3 000
美元），但是学区可以保留那些选择退出的学生们的来自地方的经费。前面我
们也看到过类似关于学校选择和特许学校的经费安排。进入特许学校的儿童
的家长们不被允许负担教育券以外的数额。已经在私立学校就读的学生没有
资格参与。

　　在州长汤普森签署学校选择法案的 10 天之后，反对者们在督学格鲁夫和
全美有色人种协进会分部的支持下，向威斯康星州最高法院提交文件，要求
永久禁止该项目，因为其不正当地使用了公共教育经费。他们的要求被拒绝
了，但是威斯康星最高法院的迅速裁决仅仅是冗长的法律争斗的开始。接着
是在低等法院的长达两年的诉讼过程。当学校选择的支持者在最初的一些辩
论中获胜的同时，[2] 诉讼过程给那些考虑离开公立学校系统的家长增加了焦虑
感，给项目本身蒙上了阴影。

　　在新项目开始执行的前两年中，它处于法律的边缘地带。在项目举行的
第二年，全国都沉浸在乔治·布什和比尔·克林顿间激烈的总统竞选中，卡
耐基基金会发表了其被高度宣传的反对学校选择的控诉。报告批评了密尔沃
基项目，认为其"无法证明教育券有助于学校的提升"。[3]

　　1993 年里程碑法律基金会（Landmark Legal Foundation）向联邦法院
提交了一项诉讼，声称把教会学校排除在项目之外违反了第一修正案的自
由行使条款（Free Exercise Clause）和第十四修正案的平等保护条款（Equal
Protection Clause）。联邦地区法院根据该项目将学费直接付给学校，而不是为
家长报销其费用的条款，拒绝了将该项目扩展到教会学校的请求。[4] 在联邦裁
定后不久，汤普森州长签署了学校选择法案的修正案。[5] 该修正案提供更高的

---

[1]　Howard L. Fuller and Sammis B. White, "Expanded School Choice in Milwaukee: A Profile of
　　Eligible Students and Schools," *Wisconsin Policy Research Institute Report*, vol.8, no. 5 (July 1995)。

[2]　*Davis v. Glover*, 166 Wis. 2d 501, 480 N.W. 2d. 460 (1992)。

[3]　Carnegie Foundation for the Advancement of Teaching, *School Choice: A Special Report* (1992),
　　p.22.

[4]　*Miller v. Benson*, 878 F. Supp.1209 (E.D. Wis. 1995).

[5]　1995 Wis. Act. sec. 4002, amending WIS. STAT. sec. 119.23 (2) (a).

奖学金，将教育券直接发放给家长，教会学校也有资格参与。

修正案导致了在州法院的新一轮诉讼过程。这次学校选择的反对派中又增加了"美国公民自由联盟（American Civil Liberties Union）"以及"支持美国方式的民众（People for the American Way）"，一个更倾向于政教分离的分裂主义者的民间团体。为了把教会学校排除在外，他们的辩论建立在联邦和地方宪法基础上。我们将在随后的章节讨论密尔沃基学校选择项目的法律问题。

在 1995 年 8 月，威斯康星最高法院颁布了一项禁令，禁止州允许家长使用教育券进入教会学校。① 在 3 年中，有关这个禁止教会学校参与项目的禁令的诉讼案件也逐渐打到了州最高法院层面。很多黑人和西班牙裔父母计划把孩子转到教会学校，这个裁定很显然使他们的计划泡汤了。琼安娜·科伦（Joanne Curran），一位有 4 个孩子的离异单亲母亲，其计划把女儿送到圣灵天主教学校时说道：

> 上个星期当我听到裁定时，我就在内心告诉自己，我情愿去坐牢也不想把她送到公立学校。我不认为公立学校真的在教孩子们。……那里没有足够的纪律要求，我希望学校里有宗教。不管付出什么代价，我都要让女儿待在那里。②

科伦女士说出了很多贫困家长的心声，他们把政教分离的争论看作是中产阶级的问题，和他们自己的社区没有关系，毕竟该争论会使他们已经困苦的生活更加复杂。在最终裁定的一周后，密尔沃基的"林德和亨利·布莱德利基金会"宣布将会提供 800 000 美元的募捐以及 200 000 美元的对等资金，以期募集到 140 万美元来帮助 23 000 名希望留在教会学校的学生，为其支付其法庭辩论期间的费用。布莱德利（Bradley）和他的基金会主席麦克·乔伊斯（Michael Joyce）是密尔沃基的伙伴推动教育价值项目——私人发起的学校选择项目——的主要支持者。然而很多教会学校已经因为多年的排外政策而受到影响。

学校变革的支持者也在 1995 年遭遇了挫折，密尔沃基教师教育联合会在新的 9 人州学校董事会选举中进行了大规模的竞选活动。工会支持的 5 个候选人中有 4 人属于反私有化的阵营。他们的目标是督学霍华德·富勒，他被

---

① *Thompson v. Jackson*, no. 95-2153, L.C. numbers 95CV1982 and 95CV1997.

② Peter Applebome, "Milwaukee Forces Debate on Vouchers," *New York Times*, September 1, 1995.

指控将土地低价卖给市中心商业，以阴谋破坏公立学校。在富勒遵守其承诺，在教育券问题上保持沉默的同时，他的计划是关掉失败的学校，开设不受学区监管的特许学校，并鼓励私人公司与学区签订合同来管理特许学校。正如他所解释的，该项目提案"把私有化用醒目的红色字母印在我的头上"。①

富勒辞职了，他发表声明说，在不确定能够从董事会那里获得怎样的支持的情况下，他不希望进行此项系统性的变革。②他的辞职使他成为更为活跃的教育券的支持者，就像过去一样。

受到反对宗教机构的禁令影响的机构之一是胡安妮塔·维吉尔学院（Juanita Virgil Academy），该学院注重非洲文化和非裔美国文化，同时宗教也是课程的一部分。当法院裁决最初下达时，该学院为了获得参与项目的资格而决定将宗教内容从其课程中删除，这导致很多家长将孩子转出学校。这座已经面临经济压力和入学人数问题的学校最终不得不关门。

另一个值得一提的案例是梅斯默高中。③梅斯默曾属于天主教学校系统，直到1984年大主教教区决定关闭梅斯默，因为他们没法再负担其运作费用了。德兰斯基金会的一笔慷慨的资助使得梅斯默得以作为独立的私立学校而继续运行，不再隶属于大主教管区。其校长鲍勃·史密斯（Bob Smith）兄弟，是位前假释官，他领导梅斯默高中成功地改变了很多处于危险境地的学生，而且主要是黑人以及非天主教学生。鲍勃兄弟，方济会僧人，以及另外两位教数学的修女，是44位员工中唯一和宗教有关系的成员。

虽然梅斯默高中继续将宗教课程——学生也可以选择不参加——作为标准课程的一部分，鲍勃兄弟坚持梅斯默高中是"非宗教的"。在校长提交了参与选择项目的申请之后，督学格鲁夫进行了一项调查以确定梅斯默的资格。问询在当地旅馆的会议室进行，格鲁夫的助手之一尖锐地指出，鲍勃兄弟对罗马教廷所负有的责任过分担心了。最后委员会决定，梅斯默高中与宗教有过多的瓜葛，学校的申请被否决了。

根据州制定的标准来决定梅斯默高中是否有资格参与项目是可以商榷

---

① 霍华德·富勒与作者的通信，December 30, 1998。

② 密尔沃基公立学校督学霍华德·富勒博士1995年4月18日的声明。同时参见 Joanna Richardson, "Citing Board Politics, Milwaukee's Fuller Resigns," *Education Week*, April 26, 1995; "Milwaukee School Superintendent Is Resigning," *New York Times*, April 20, 1995; Neil Peirce, "How a Teachers' Union Blocked Education Reform," *Philadelphia Inquirer*, July 17, 1995。

③ 参见 McGroarty, *Break These Chains*, pp.130-152。

的。① 然而可以肯定的是，将宗教机构排除在项目之外的政策，限制了学生获得在密尔沃基失败的公立学校系统之外的选择机会。1995 年该市约有 100 多所非公立学校，可以为学校选择项目提供 6 200 个席位，其中约 90% 的私立机构是宗教学校。

由于法庭的限制令，只有 13 所学校向参与选择的学生敞开了大门。在 1990 年，84% 的参与选择的学生集中进入了 4 所学校。② 一个是胡安妮塔·维吉尔学院，最终关闭了，其他 3 个是城市时光（Urban Day）、哈兰比（Harambee）和布鲁斯·瓜德鲁普（Bruce Guadalupe）。他们全都注重少数族裔的文化并且满足了贫困社区的需要。格鲁夫曾经公开嘲笑这些学校是"加了料的日托学校"，即使有些学校已经有了十几年的历史。③ 期望这些学校拿着比公立学校低的资金又要求他们运行良好是不合理的，而且那些来自公立学校的学生本身学业成就也不高。④

1990 年格鲁夫督学聘请来自威斯康星大学的政治学教授约翰·维特（John Witte）对该项目进行评估。维特由该项目最大的反对者所选出，这迅速给评价过程蒙上了可疑的阴影。出于不同的原因，项目的支持者们和反对者们似乎都被他的负面结论所吸引，其实总体而言，维特积极的结论还是多于消极的结论的。⑤ 维特发现，该项目为那些无力负担私立学校的家庭提供了

---

① John F. Witte, "First Year Report: Milwaukee Parental Choice Program," University of Wisconsin, Department of Political Science, November 1991.

② Peterson and Noyes, "School Choice in Milwaukee," in Ravitch and Viteritti, *New Schools for a New Century*, pp.137-138.

③ David Ruenzel, "A Choice in the Matter," *Education Week*, September 27, 1995, p.25.

④ 参见 Fuller and White, "Expanded School Choice in Milwaukee."

⑤ 维特的官方评价以四份年度报告的形式呈现。John F. Witte, "First Year Report: Milwaukee Parental Choice Program," Department of Political Science and Robert M. La Follette Institute of Public Affairs, University of Wisconsin-Madison, November 1991; John F. Witte and others, "Second Year Report: Milwaukee Parental Choice Program," Department of Political Science and Robert M. La Follette Institute of Public Affairs, University of Wisconsin-Madison, December 1992; John F. Witte and others, "Third Year Report: Milwaukee Parental Choice Program," Department of Political Science and Robert M. La Follette Institute of Public Affairs, University of Wisconsin-Madison, December 1993; John F. Witte and others, "Fourth Year Report: Milwaukee Parental Choice Program," Department of Political Science and Robert M. La Follette Institute of Public Affairs, University of Wisconsin-Madison, December 1994.

教育的另一种选择。他还指出，该项目对密尔沃基公立学校系统并没有造成什么损害，既没有引起学生总体的大量流失，也没有引起好学生从公立学校流失；层次高些的家长对选择学校比公立学校更为满意；选择项目为更高层次的家长提供了投资孩子教育的机会。然而，作为底线的学业成就问题，维特发现，那些选择的学生"与公立学校系统的学生有着大致同等的学业成就"。①

维特的最后一项结论其实也不一定是负面，如果考虑到这些学校是在资金少于公立学校的情况下运行的话，但他在报告中并没有注意到这一点。然而这项发现还是引起了学术界的强烈不满。很多学校选择政策的反对者也拒绝把它看作是学校选择无法提高贫困学生学业成就的证据。另外一些争论则是关于维特拒绝向其他研究者公布其年度调查的研究数据。这使得他得以控制在此话题方面最重要的实验结论，并且在近 4 年中把其他感兴趣的学者排除在外。他第一年的报告对卡耐基基金会进行了大量的抨击，当时该基金会发表了不鼓励学校选择的评价报告。

希望能够接触到实验数据但是被拒绝的研究者之一是哈佛大学的保罗·彼得森教授。学术界很难看到像维特和彼得森这样，将学术的争论逐渐升级成为个人恩怨。② 然而当尘埃落定之后，彼得森终于得以重新分析那些数据，他对维特的报告提出了重要的方法论质疑，这扭转了争论的焦点。维特将选择学校中的学生与从密尔沃基公立学校中随机抽取的对照组学生做了对比。数据显示，这些学生来自不同的人口统计学人群，包含着诸如种族、收入、家庭结构和先前的教育背景等具有决定性的变量。例如，72% 的选择学生是黑人，而对照组中只有 55% 是黑人；20% 的选择学生为西班牙裔，对照组中只有 10%。在这一年的报告中，只有 23% 的选择学生在阅读方面达到了国家平均水平，数学为 31%；而在公立学校对照组中，数据分别为 35% 和 43%。选择学生们的家庭收入基本上只有公立学校学生家庭平均水平的一半。只有 24% 的选择学生来自双亲家庭，公立学校学生则有 51%；57% 的选择学生享受公共资助，公立学校中只有 39%。③

---

① Witte and others, "Fourth Year Report," p.28.

② 参见 Bob Davis, "Dueling Professors Have Milwaukee Dazed over School Vouchers," *Wall Street Journal*, October 11, 1996。

③ Paul E. Peterson, " A Critique of the Witte Evaluation of Milwaukee's School Choice Program," Center for American Political Studies, Harvard University, Occasional Paper 95-2, February 1995.

那些决定进入学校选择摇号程序的家长是穷人中的穷人，他们的孩子在公立学校中处于最糟糕的境地。为了避免维特报告中的错误——将苹果和橘子进行对比，彼得森将选择学生的测试成绩与参与了摇号程序但是未获得机会而依然留在公立学校系统中的学生做了对比。他的结论截然不同。彼得森和他的同事们发现，参与了学校选择的学生们，与 4 年中留在公立学校的同辈群体相比，阅读成绩高出了 5%，数学高出了 12%。[①]

在彼得森宣称密尔沃基实验成功之后的不久，他就成为了学校选择反对者的攻击目标。他的分析以及专业可信度被全美教育协会、美国教师联盟甚至教育部长理查德·赖利所质疑。[②]

1996 年 12 月，普林斯顿经济学家塞西莉亚·劳斯（Cecilia Rouse）对密尔沃基数据进行了第三次分析，发现参与选择项目的学生在数学学业成就上有着显著的提升，但是在阅读方面表现平平。[③]一个月后，维特采用和彼得森以及劳斯同样的对比方法又发表了一篇研究文章，即将选择学生与被"拒绝的"学生做了对比。他也发现，选择学生在 4 年后数学方面表现得更好，但是他坚持认为这样的比较"华而不实"。[④]他和其他一些研究者批评彼得森的研究没能考虑到选择学生中的流失问题（attrition），这导致很多最低学业成就学生被排除在比较之外。[⑤]

1998 年 6 月，威斯康星最高法院否决了之前的两项低等法院的裁定，支

[①] Jay P. Greene, Paul E. Peterson, and Jiangtao Du, "The Effectiveness of School Choice in Milwaukee: A Secondary Analysis of Data from the Program's Evaluation," 该论文为 1997 年 8 月 30 日在旧金山举行的美国政策科学协会的八月–九月会议中的城市系统的政策分析分会场的发言。

[②] Howard L. Fuller, "The Real Evidence: An Honest Update on School Choice Experiments," *Wisconsin Interest* (Fall-Winter 1997), pp.25-30.

[③] Cecilia Elena Rouse, "Lessons from the Milwaukee Choice Program," *Policy Options* (July-August 1997); Cecilia Elena Rouse, "Private School Vouchers and Student Achievement: An Evaluation of the Milwaukee Parental Choice Program," Department of Economics, Princeton University, December 1996.

[④] John F. Witte, "Achievement Effects of the Milwaukee Voucher System," paper presented at the American Economics Association meeting, New Orleans, January 4-6, 1997.

[⑤] 参见 John F. Witte, "The Milwaukee Voucher Experiment," *Education and Policy Analysis*, vol.20 (Winter 1998), pp.243-244; Levin, "*Educational Vouchers*," p.377。

持已经搁置了3年的学校选择的立法。①它裁定，为进入私立和教会学校的学生提供学费是符合州和联邦宪法的。该裁决马上被上诉到了美国最高法院，最高法院拒绝受理案件并要求遵循先例。随着法律障碍的最终解除，当年9月6 200名学生在密尔沃基选择计划的资助下进入到了87所私立学校——多数为教会学校。自1990年，在最初的项目资助下，350名选择学生进入到7所非宗教的私立学校以来，学校选择经历了漫长的历程。

立法问题的解决仅仅为保守的选择项目提供了下一轮的政治和管理冲突的舞台。反对者们，包括州公共教育督学，坚持对其执行情况进行严格的监管，而支持者们则认为，教育的官僚机构增加了项目的运行负担，甚至起破坏作用。在美国最高法院拒绝复审的一个月之后，"支持美国方式的民众"，当地的"全美有色人种协进会"、"美国公民自由联盟"以及密尔沃基教师工会联合集会，宣布了"阻止公立教育资金流失"和"提高特许学校标准"的行动计划。②集会组织者发表了如下声明，参与学校选择的私立和教会学校应该"像公立学校一样遵循高标准的问责制度并向公众提供报告"。

学校选择集会上的重要发言人是来自伊利诺伊的众议院议员杰西·杰克逊二世（Jesse Jackson Jr），面对400位听众，他说："输掉了内战的那群人现在控制着联邦政府，而且他们想逐渐缩减并将这个政府私有化。"③卡罗尔·希尔德（Carol Shield），"支持美国方式的民众"的主席，断言选择学校所挑选的那些学生更容易教。会议结束时他们出台了一项新的计划，建议对接受选择奖学金的非公立学校设立新的规范。

在城市的另一端，另一个集会也在同时举行。它由学校选择的支持者所组织，参与者多为进入该项目的学生家长。主要发言人是密尔沃基前督学霍华德·富勒，他向500名听众指出，退出公立学校系统并获得资助的能力是家长们新发现的能力。一个星期以后，威斯康星大学密尔沃基分校发表了一项民意调查，结果显示60%的受访者支持教育券或纳税补偿。这比一年前的同类型民意调查上升了11%。④

①　*Warren v. Benson*, 578 N.W. 22 602 (Wis. 1998).

②　People for the American Way Foundation, press release, December 8, 1998.

③　Joe Williams, "2 Rallies, 2 Views on School Choice Programs," *Milwaukee Journal Sentinel*, December 9, 1998.

④　Joe Williams, "Poll Finds More Support for School Vouchers," *Milwaukee Journal Sentinel*, December 17, 1998.

克利夫兰

密尔沃基的故事稍加修改之后在克利夫兰再次上演。1998 年 3 月，美国地区法院法官乔治·W. 怀特（George W. White）声明"反种族隔离的目的已经实现"，给长达 25 年之久的有关反种族隔离的法律画上了句号。[①] 该法院在两年前裁定终止了强制的校车计划，但是最近更多的裁定则与先例相吻合，该案件中，被告要求州每年需投入 4 000 万美元来弥补种族隔离所造成的影响，直到 2000 年为止。如果有人质疑少数族裔在公立学校中的表现，他们可以在怀特法官的另一个声明中获得解释，他认为黑人和白人学生间的学业成就差距"是社会经济地位以及与此相关的其他因素的影响，而非种族"。[②] 声明制造了这样的印象，如果不考虑贫困学生问题，克利夫兰公立学校一切都好。法庭的观点似乎在暗示，克利夫兰的教育所表现出的人口统计学上的问题，至少在某种程度上，可以通过投入更多资金来解决。这样的暗示与事实不符。

克利夫兰学区有 75 500 名学生，其中 70% 为黑人，7% 为西班牙裔。学区的生均教育经费为 6 195 美元，高于州平均水平 16%。此外，学区的辍学率为州平均水平的两倍。在 1994 年只有 9% 的学生在 9 年级的时候通过了州的熟练水平测试，而州平均水平为 55%。[③]1995 年联邦法官在查看了所有的反种族隔离案件之后，发现学区总体的管理非常混乱，因此指定州教育督学接管该学区。同年俄亥俄州通过了法律允许克利夫兰的学生利用公共资助来进入非公立学校。[④]

与密尔沃基市的情况类似，克利夫兰市对学校选择的需求也在黑人社区爆发，由该市委员会成员范妮·路易斯（Fannie Lewis）领导，她代表着霍夫地区的低收入社区。在描述了笼罩着社区的失望情绪之后，她声称："这个社区的人们多年来处于失望的境地……这会给他们带来希望。"[⑤] 阿克伦

① Caroline Hendrie, "Judge Ends Desegregation Case in Cleveland," *Education Week*, April 8, 1998.

② Caroline Hendrie, "Judge Ends Desegregation Case in Cleveland," *Education Week*, April 8, 1998.

③ Ohio Department of Education, *District Profile for Fiscal Year 1995* (1996).

④ Ohio Rev. Code Ann. sec 3313.974-979 (Anderson).

⑤ Drew Lindsay, "Wisconsin, Ohio Back Vouchers for Religious Schools," *Education Week*, July 12, 1995, p.14.

市的企业家戴维·布伦纳（David Brennan）也加入了路易斯的行列，他是学校变革的有力支持者，州长的政治同盟，愿意在内城区投资建立两所私立学校。路易斯和布伦纳还找到了另一个同盟，共和党州长乔治·沃伊诺维奇（George Voinovich），克利夫兰前市长，是他最先提出了在 8 个城市学区实行学校选择的立法建议。1995 年他签署的克利夫兰法案只是个折中的结果。

　　由俄亥俄教师联盟所领导的法案的反对者们认为，学校选择将会使得公立学校在已经承受了 9 000 万美元预算缩减的情况下，再度流失急需的资金。教师工会主席罗恩·莫里克（Ron Merec）表明，"这允许小部分人逃避问题，但是并没有解决其他 7 万学生的问题"。① 一些黑人立法委员也表示反对，如 C.J. 普伦迪斯（C.J.Prentice），他担心教育券计划会使得好学生从公立学校系统中流失。实际上，很多家长的确都强烈支持选择计划。家长们厌倦了公立学校长久以来的失败，没有耐心等待这个系统的自我完善。正如一位家长解释道："我没有时间等着学校慢慢变好。我想要给我的孩子最好的机会，从教育开始。"② 到 1996 年，1 800 名学生以学费奖学金的方式获得了新的机会。第二年该项目扩大到 3 000 名学生。

　　克利夫兰计划中，奖学金通过摇号方式发出，然而奖学金的发放更倾向于低收入家庭。在 6 244 名申请学生中，58% 的学生低于贫困线。③ 没有参与学校选择项目的学生有资格申请另一个专门针对城市学校中低学业成就学生的学费补助项目。奖学金的数额因学生的家庭收入情况而不同。低于联邦贫困线 200% 的学生可以获得学费的 90% 的资助，2 250 美元；收入高于上述水平的家庭可以获得 1 875 美元或学费的 75% 的资助，以低者为准。即使是奖学金的最高数额，也只占到克利夫兰公立学校学生人均花费的三分之一。

　　参与项目的学生被允许使用奖学金进入到城市界限之内的教会学校和非

---

① Kimberley J. McLarin, "Ohio Paying Some Tuition for Religious School Students," *New York Times*, August 28, 1996.

② Curt W. Olsen, "Children, Parents Tout Voucher Plan," The News-Herald, September 13, 1997, p.A3.

③ Jay P. Greene, William G. Howell, and Paul E. Peterson, "An Evaluation of the Cleveland Scholarship Program," Program on Education Policy and Governance, Harvard University, September 1997.

宗教学校。所有参与项目的机构必须符合该州 1992 年颁布的特许学校的最低标准。学生们也可以用奖学金进入到自愿参与项目的市郊学区；然而没有任何市郊学区愿意参与。大约 55% 的私立和教会学校对选择学生表示欢迎，接受了 2 000 名获得奖学金的学生。

  早在学校选择项目还未执行之前，俄亥俄州教师联盟和美国公民自由联盟就向州法院提起了诉讼，认为允许教会学校参与项目违反了州和联邦宪法。1996 年 7 月的庭审支持了该项目的合法性，[1] 次年 5 月对上诉的裁决则认为教会学校参与项目违反了州宪法和联邦宪法。[2] 鉴于学校选择的支持者开始向州最高法庭提起上诉，州总检察官同意在最终裁定下来之前允许项目继续实施。在随后的一章中，我们将会继续讨论这些法律辩论。这里我们将继续讨论，在新的学校里参与了项目的选择学生的学业表现如何。

  克利夫兰项目的评价并非没有争议，但是从来没有像密尔沃基评价所引发的争议那样达到了个人恩怨的地步。研究中的重要人物还是哈佛大学的保罗·彼得森教授。最初彼得森和他的团队进行了两项研究。首先他们对家长进行了访谈，包括所有获得奖学金的 1 014 位学生的家长，以及 1 006 名申请但是未获得资格的学生的家长。[3] 这占到了所有申请者的 32.4%。两个群体的人口统计学数据相似。虽然在家庭收入方面，奖学金获得者群体要低于未获奖学金群体，但是他们在种族、母亲的教育程度和工作状态、家庭规模、家庭结构和宗教信仰等因素上没有差异。奖学金获得者们之前较少参与过特殊教育项目或天才教育项目。

  调查显示，79% 的家长对孩子在私立学校的教育经历"非常满意"；在公立学校中那些未获机会的申请者的家长们则只有 25% 表示"非常满意"。在学校安全的问题上，60% 的奖学金获得者是满意的，未获得者的满意度则只有 25%。当奖学金获得者的家长被问到为什么申请该项目时，两个主要原因为提高孩子所接受的教育质量（85%）以及更高的安全感（79%）。也有相当一部分的家长（37%）被教会学校课程的宗教内容所吸引。贫困人口参与学校选择项目再次地解释了为什么他们选择退出公立学校，在考虑到教育优先权时他们的选择是明智的。

[1] *Gatton v. Goff*, no. 96CVH-01-193 (C.P. Franklin County, 1996).

[2] *Gatton v. Goff*, no. 96APE08-982 and 96APE08-991 (Ohio, 1997).

[3] Greene, Howell, and Peterson, "An Evaluation of the Cleveland Scholarship Program."

　　彼得森和他的同事们也对两所新的私立学校的学生们进行了深度的学业成就的调查，这两所学校专门为接受选择学生而建。[①] 希望学院（Hope Academy）和俄亥俄市之希望（Hope Ohio City）是慈善家戴维·布伦纳的主意。这种新的非营利非宗教的私立机构接受了参与项目的 15% 的学生，其中 25% 来自 1—3 年级。项目实行的第一年，即 1996—1997 学年，在国家标准考试中，这些学生在阅读方面普遍提高 5%，数学方面提高了 15%。这些提高表现在所有的年级。在语言能力方面则降低了 5%，其中 1 年级降了 19%，2—3 年级分别降了 3% 和 13%。

　　在彼得森的团队完成这项工作后不久，俄亥俄教育部委托印第安纳大学教育学院的金姆·梅特卡夫（Kim Metcalf）教授进行了另一项评价研究。[②] 在对比了 94 个来自选择学校和公立学校的 3 年级学生的测试成绩之后，这位印第安纳的研究者和他的研究生团队发现，获得奖学金的学生并没有显著提高。彼得森和他的同事们对印第安纳的研究也提出了方法论上的质疑。[③] 他们批评该报告只关注于单一年级，而且作为基准数据的 2 年级数据缺乏可信度，作为对照组的公立学校学生无法代表整个公立学校群体。他们还指出印第安纳大学的评价没有包括任何参与了两所希望学校的学生，而这两所学校容纳了 25% 的奖学金获得者。

　　彼得森和他的团队再次分析印第安纳的研究数据时，他们发现，获得奖学金的学生在语言方面的成绩相对高出 4.1 个点数，科学高出 4.5 个点数，阅读高出 2.5 个点数，社会研究高出 2.5 个点数，数学高出 0.6 个点数。[④] 印第安纳团队反驳说，彼得森的研究有缺陷，并且坚持认为项目仅仅执行了一年，无法对学生成就做出确定性的结论。

---

① Greene, Howell, and Peterson, "An Evaluation of the Cleveland Scholarship Program."

② Kim K. Metcalf and others, "A Comparative Evaluation of the Cleveland Scholarship and Tutoring Grant Program: Year One: 1996-1997," a project of the School of Education, Smith Research Center, Indiana University, March 1998.

③ Paul E. Peterson and Jay P. Greene, "Assessing the Cleveland Scholarship Program: A Guide to the Indiana University School of Education Evaluation," 未发表的文章, Program on Education Policy and Governance, Harvard University, March 1998。

④ Paul E. Peterson, Jay P. Greene, and William Howell, "New Findings from the Cleveland Scholarship Program: A Reanalysis of Data from the Indiana University School of Education Evaluation," Program on Education Policy and Governance, Harvard University, May 6, 1998.

在 1998 年 11 月，印第安纳团队发表了第二份评价研究。① 此份关于项目执行第二年的研究显示了综合的结果。报告显示，使用教育券进入私立学校的学生在语言技能和科学方面的水平略高于公立学校学生，但是在阅读、数学和社会研究上与公立学校学生持平。两所希望学院的结果令人吃惊。梅特卡夫的团队发现，这两所学院学生的成绩普遍低于克利夫兰公立学校和进入其他更有历史的私立学校的选择学生。

不论是彼得森还是梅特卡夫的研究都很难让人信服。这两项研究都没有经过科学选择的对照组。根据两年的学生学业成就所做出的结论也很难得出完全令人信服的结论。彼得森对作为顾客的父母的数据收集更有说服力，与其他选择项目的评价研究中的父母的意见高度吻合。

经 验

从全国范围的对城市里各种私立和公立学校选择实验的执行情况研究中，政策制定者能够学到些什么？下述经验清晰地显现了出来。首先，正如前面章节中所提到的民意调查所预测的，低收入的家长们想要有别于进入该城市的公立学校的不同的选择。当进入私立和教会学校的选择成为可能时，申请参加的人数远远高于项目所能提供的机会。总之，这些家长被这些学校所能提供的高质量的学术项目和更安全的环境所吸引。在他们的孩子进入这些学校以后，他们总体而言对孩子的经历表示满意。这些结果与将在最后一章提到的特许学校的研究结果相似。进入教会学校的学生们比进入私立和其他公立选择学校的学生们获得了额外的好处。他们发现，课程中的宗教因素以及这些机构中所蕴含的宗教价值观对儿童的教育有着积极的影响，而这在公立学校中是无法获得的。

从这些实验中获得的第二个经验是——虽然证据还不够清晰——整体而言，在公立学校中表现不佳的少数族裔和贫困学生们在私立和教会学校有着更好的学术表现，如果他们有这样的机会的话。这个发现肯定了科尔曼和其他学者 10 年前在选择项目还没出现在美国教育界之前就已得出的结论。选择能否使得处于最不利地位的家长和学生获益取决于很多因素，而并非政策制

---

① Kim K. Metcalf and others, "Evaluation of the Cleveland Scholarship Program: Second Year Report (1997-1998)," Indiana Center for Evaluation, Smith Research Center, Indiana University, November 1998.

定者的初衷和项目的设计。需要考虑的一个关键因素是，项目是否特地把贫困家庭作为主要目标人群。而这可以通过设定获得资格者的最低收入线来实现，通过提供相当数量的奖学金以负担所有的私立学校费用来实现，通过为贫困家庭的每个孩子都提供足够的奖学金资助来实现，通过允许家长选择教会学校来实现。最后一点可能并不像其他证据那么明显，不过我们会在下一章继续展开这个问题。

有幸进入选择项目的那些贫困家长们有着比其他贫困家长更好的教育。获得了更好的教育机会的贫困人口发现他们比其他贫困人口拥有更有利的社会地位；但是否把他们归为"侵占或挪用"的类型则非常值得商榷。这个术语本身是个贬义词，因为它暗示着有些人或他们的孩子们天生就比别人高贵。以此作为前提的任何讨论既不能完全理解人类平等的复杂性，也无法意识到教育不平等中的毁灭性问题的存在。尽管经济和社会劣势地位困扰着内城区的人群，教育机会的问题更多的依旧是贫困人口所能接受的教育质量问题，而不是个体的归因问题。这一点可以由很多人的研究结果所证明，如，科尔曼、格里利、布莱克、李、霍兰德、丘伯和莫，以及最近的彼得森。当社会科学家在辩论这些研究的可信度时，有幸参与选择项目的家长不断地告诉我们，他们的孩子表现得更好了。然而，被研究者的怀疑论所影响的政策制定者们依然不愿放开选择权，好像他们在保护公共利益。

将选择问题描述为"侵占或挪用"问题基于这样的假设，当有些人获得了选择权的时候，更多贫困人口则留在公立学校里继续他们的失败。即使这个假设是正确的，这也意味着与现状相比，有更多的孩子可以接触到更好的教育。然而这是个愤世嫉俗的假设。它意味着接受这样的假设，在选择系统之下，失败的机构被允许继续持续下去，不做改变。那些相信市场的调节作用的学校选择的支持者们则认为，如果竞争真的存在的话，那些失败的机构会被迫关闭，即使最没有动机的孩子和家长们也不会待在失败的学校中。进而他们会说，给穷人赋权，让他们根据自己的意志选择，其实正是满足他们特殊需要的新的教育机构成长和扩展的结果。现在我们还没有任何确凿的证据来支持或者反对这样的断言。现在有些来自明尼苏达州的学区间的选择项目中，呈现了关于竞争效果的令人鼓舞人心的证据，同样还有一些证据来自亚利桑那州和加利福尼亚州的特许学校。但它们不是确定性的。诸如卡罗琳·霍克斯比（Caroline Hoxby）等经济学家提出的一些经济学模型所支持的观点：学校选择所带来的竞争为提高公立教育的质量和拓展教育机会提供了动机。[①] 但是这些模型即使非常精致复杂且具有说服力，其理论假设也都来自有限的经验之上。我说这些不是为了质疑那些经济学家的工作，而是对学校选择这个领域中的实验研究的现状发表自己的见解。

对这样的一些大型的项目进行评价时需要铭记在心的是，它们仅仅是在人工控制环境下的实验，有些控制条件甚至非常苛刻。私人机构的慷慨是值得赞许的，但是这无法弥补项目缺乏政府资助的缺憾，否则会有更多处在失败的公立学校系统的学生们获得奖学金。虽然在当今美国，对学校选择的公众支持似乎在日益壮大，但现在的政策环境依然是禁止的。其实在这个问题上，即使开始了某种立法程序，也会被吝啬地加以限制，从而只能以失败告终。现在的情形是政治博弈的结果，是允许实验的代价。

很难全面评价竞争的影响的原因之一是，公共政策的设计就是为了保证没有真正的竞争发生。传统的公立学校不仅在财政上没有受到学校选择项目的任何影响，家长们所能获得的选择权利也少得有限，根本不足以形成真正的竞争机制。在特许学校问题上也存在同样的现象，反对者们确保只有少数这样的创新机构被允许进入到教育市场，私立的学校选择甚至面临更多的限制。相隔一个街区的公立学校所获得的政府资助是克利夫兰希望学院的 3 倍，指望他们相互竞争，这公平吗？密尔沃基市的 13 所小的私立机构能够对该市的公立学校产生竞争压力吗？在那里，93 000 名学生没有得到应得的教育。如果私立教育机构能够获得仅占公立学校经费小部分的公共经费，会有更多的私立机构敞开大门吗？是的，围绕学校选择的概念，我们已经进行了一些有趣的实验，但是请记住，全美国还没有尝试过。"全美儿童的教育机会"所资助的圣安东尼奥的艾奇伍德学区的实验最终完全执行之后，或许会有所改

---

① Caroline M. Hoxby, "The Effects of Private School Vouchers on Schools and Students," in Helen F. Ladd, ed., *Holding Schools Accountable*: *Performance Based Reform in Education* (Brookings, 1996); Caroline M. Hoxby, "Do Private Schools Provide Competition for Public Schools?" Working Paper 4978 (Cambridge, Mass.: National Bureau of Economic Research, 1994, rev.); Caroline M. Hoxby, "Analyzing School Choice Reforms That Use America's Traditional Forms of Parental Choice," in Peterson and Hassel, *Learning from School Choice*. 同时参见 Thomas J. Nechyba, "Public School Finance in a General Equilibrium Tiebot World: Equalization Programs, Peer Effects and Private School Vouchers," Working Paper 5642 (Cambridge, Mass.: National Bureau of Economic Research, 1997)。关于霍克斯比的观点，参见 Thomas J. Kane, "Comments on Chapters Five and Six," in Ladd, *Holding Schools Accountable*。

变，至少在实验方面。

即使艾奇伍德项目为此概念提供了比合理质疑更确凿的结果，即学校选择可以提高公立教育的质量，并为处于劣势地位的人群提供更多的教育机会——就像霍克斯比和其他经济学家所预测的那样，政治系统对此做何反应依然还是个问题。① 另一个使得学校选择项目在像威斯康星和俄亥俄这样的地方执行起来颇为复杂的长久以来的障碍是法律的本质。

学校选择项目的反对者们坚持认为，用公共经费支持一些学生进入宗教学校学习违反了联邦宪法和州宪法，即使它的优点是可以作为自布朗案就已经开始的满足教育平等需要的途径。如果这是真的，将会大大限制可供家长选择的范围，阻止更多的私立机构参与到选择项目中，而这些项目已经被证明有助于减少社会贫困对学业成就的影响。即使那些法律争议最终被裁定为不合法，但在等着联邦和州法院做出裁决的阶段，他们已经成功地混淆和阻止了选择项目。

---

① Melven Borland and Roy Howsen, "Student Academic Achievement and the Degree of Market Concentration in Education," *Economics of Education Review*, vol.11 (1992); J. Couch, William Shugart, and A. Williams, "Private School Enrollment and Public School Enrollment," *Public Choice*, vol.76 (1993).

第五章　作为宗教自由的平等

　　在学校选择的争论中，很多家长提到因为课程的宗教内容而被吸引到教会学校，这并非偶然。至此，本书以极简的方式回顾了教育机会，检视了什么是安全有效地传授阅读写作和数学等基本技能的好学校。既然公立学校无法为最低收入家庭的儿童提供最低限度的教育机会，那么在教育平等的公式中加入基于价值的（value-based）的选择似乎更为恰当。但是如果社会的目标是为家长提供为他们的孩子选择最适合的学校的机会，那么这种考虑值得讨论。中产阶级的父母将课程作为选择的动机。当有浓厚宗教背景的家庭希望自己的孩子能够在强化这种宗教价值的环境中长大时，他们会选择教会学校。为什么贫困的父母不可以享有这样的权利呢？

　　对这个问题的简单回答是，穷人的确有权力把他们的孩子送到宗教学校。只是他们别指望州和联邦政府会承担这笔费用，因为这样做违反了宪法的政教分离的原则。但实际上，第一修正案并没有要求完全的"分离"。从字面上来看，宪法中有两个强制要求，首先它禁止政府建立国家级的教会；其次它确保每个个体有不被公共权威干涉的参与宗教的自由。[1] 宪法学者通常把此分离的概念归功于托马斯·杰斐逊，而他在《人权法案》起草时其实并不在国内。在谈到宪法时，杰斐逊的著名的比喻具有神圣的地位，因而使得人们相信这样的概念来自宪法文件本身。不幸的是，这个术语带来了大量的困扰，在学校选择的辩论中被极为扭曲，需要仔细地解释才能得以澄清。

首要原则

　　我们的宪法是活的文件，是管理自由人民的蓝图，两个多世纪以来，它

----

[1]　"国会不会制定任何关于建立官方宗教或禁止宗教自由的法律。"

在不断地适应新的环境。但是在宪法被当作"指导公共生活的文本"以解决当代的政治争端时，它应该被理解为持久的普遍原则。为了获得这种理解，学者和法官经常会追溯到奠基者们所留下的文件，但他们发现民主实验的最初设计其实并不具有一致性。

杰斐逊的比喻

"分离墙"一词的出现首先应归功于罗杰·威廉姆斯（Roger Williams），他领导马萨诸塞州的公理会教友将普罗维登斯确立为第一个完全允许自由礼拜的地方。这是在美国殖民区域中少数几个没有建立由公共税收所支持的教会的地方之一。这种分离管理的初衷是为了保护教会不被公共权力所污染，用马克·德沃夫·豪（Mark DeWolfe Howe）的话来说，即是将教会的"花园"从满世界的腐败的"荒野"中隔离出来。① 时任总统的托马斯·杰斐逊的目的显然不同，他给丹伯里浸信会联合会（Danbury Baptist Association）写了那封著名的信件，拒绝遵守由乔治·华盛顿（George Washington）和约翰·亚当斯（John Adams）开始的传统，拒绝确定禁食和感恩节的国定假日。仔细阅读该文献是有教育意义的，它不仅向我们展示了杰斐逊赋予宗教以自由的决心，同时也能看出他对其有限性的理解，或更确切地说，在公共权力和教会权利之间的恰当平衡。② 威廉姆斯的"墙"和杰斐逊的"墙"是有区别的。正如两位著名的历史学家所解释的：

> 威廉姆斯是个自由主义者，他谴责这个世界，想要分离教会和政府，这样教会就不会被政府所污染。托马斯·杰斐逊爱这个世界，对精神层面的东西半信半疑，他想要分离教会和政府，这样政府就不会被教会所

---

① Mark DeWolfe Howe, *The Garden and the Wilderness: Religion and Government in American History* (University of Chicago Press, 1965), pp.5-6.

② 信中提道，"我相信宗教仅仅是个体和上帝之间的事情，他不需要为自己的信仰或礼拜行为向其他人做出解释，政府的**法律威力只涉及行为，而不是观点**"，怀着对美国人民的神圣尊重，经过深思熟虑之后，我认为立法机构不应该制定建立官方宗教的法律，或禁止宗教自由的法律，"因此应该在教会和政府之间建立一堵分离墙"。托马斯杰斐逊写给丹伯里浸信会联合会的信，康涅狄格州（1802年1月1日）。引自 Saul K. Padover, ed., *The Complete Jefferson* (Duell, Sloan, and Pierce, 1943), pp.518-519。

污染。①

　　杰斐逊所设想的政府保护宗教信仰、宗教职业和宗教争论，但是个体行为要服从公共权威。②杰斐逊的视角与欧洲启蒙运动时期的政治文献非常吻合。就像当时美国大多数的政治思想者一样，他也受到了英国哲学家约翰·洛克（John Locke）的很大影响。③洛克关于宗教的核心思想是欣赏两个宇宙的竞争，上帝之城和人类之城，各享有各自的权利。在一个世界，个体由来自神灵所鼓舞的良心和信念系统所驱动；在另一个世界，行为规范通过在管理过程中理性地运用人类智慧而建立。由于自由社会信仰的多样化，如果意识没有被由管理权威所强化的公民秩序所拯救的话，它就会被看作是潜在的分裂力量。因此，洛克的自由主义认可个体有自由思考和意识的权利，但是政府应该对可允许的行为做出限定。④很多启蒙时期与洛克同时代的人——孟德斯鸠（Montesquieu）、布莱克斯通（Blackstone）、休谟（Hume）和亚当·斯密——都支持建立亨利八世的教会，因为他们相信，公共权威对教会的世俗影响会削弱神职人员的霸权。⑤在宗教自由的伪装之下，政府默许天主教和其他持有异议的宗派的存在，同时也将它们置于与英国国教相比的政治弱势地位。

---

① Perry Miller and Thomas A. Johnson, eds., *The Puritans: A Sourcebook of the Writings*, vol.1 (Harper & Row, 1963), p.186.

② 同时参见杰斐逊 1777 年在弗吉尼亚议会上关于《宗教自由提案》的发言，他提到"每个人都有自愿加入宗教的自由，为维持自己的宗教见解而辩护……**并不会增加、放大、减少或影响他们的公民能力**"，参见 Padover, *Complete Jefferson*, pp.946-947.

③ 参见 Michael W. McConnell, "The Origins and Historical Understanding of Free Exercise of Religion," *Harvard Law Review*, vol.103 (1990), pp.1430-1436; Sanford Kessler, "Locke's Influence on Thomas Jefferson's 'Bill for Establishing Religious Freedom,'" *Journal of Church & State*, vol.25 (1983); J. R. Pole, *The Pursuit of Equality in American History* (University of California Press, 1978), pp.59-86。

④ 麦康内尔解释道，"对于洛克而言，自由意志领域只能扩展到民事地方法官不感兴趣的领域——主要是那些来世的事情。宗教自由应该以否定的方式界定，既然地方法官会根据自己的权力来做出评判，任何扩大范围的界定都是无意义的"，McConnell, "Origins and Historical Understanding of Free Exercise," p.1444。

⑤ Lorraine Smith Pangle and Thomas L. Pangle, *The Learning of Liberty: The Educational Ideas of the American Founders* (University of Kansas Press, 1993), p.20.

　　较之洛克，杰斐逊更倾向于分离。洛克也曾支持在英国建立国教；杰斐逊则反对任何形式的国教，不论是单一的还是多元的，尽管后者在 19 世纪的美国非常普遍。杰斐逊坚称，公共领域应该是世俗的，公民可以在他们的私人生活中归属于某地的教会，但是当他们进入公共领域时，应该把那些信仰抛在脑后。作为真正的启蒙之子，杰斐逊迷恋人类智慧，他相信它可以把人们从宗教传统和教堂的势力中解放出来，进入更为理性的公民生活。[①] 对杰斐逊而言，将宗教信仰与政治思考分离，才能使自由的民主成为可能。[②] 在考虑重要的政治和道德问题时，个体能否放弃其根深蒂固的宗教信仰，从伦理角度而言回答是有争议的，但是杰斐逊先生依然提出了这样的要求。

　　这并不意味着他对宗教的看法跟其丰富的思想论述总是一致的。在 1776 年到 1786 年，他为弗吉尼亚州起草的多份法案远比其他要更为妥协。[③] 与其所信仰的相悖，杰斐逊多次称自己为自然神论者、有神论者、一神论者或理性的基督徒。[④] 你同样会记得，正是这位杰斐逊先生，在起草《独立宣言》时曾召唤神来见证人类的平等。正如前面所解释的，杰斐逊先生的政治平等概念在更大的社会背景下被证明是有条件的。因此他的宗教自由的概念同样是有条件的。他的平等主义被其宗教自由概念所限制，当我们将其运用到当代问题上时，限制变得更为明显。学校选择的争论完美地体现了这一点。

　　给穷人和富人以同样的政治权利，并不能保证前者享有与后者同样的政治影响。同样地，告诉一位贫困的母亲，她可以选择把自己的孩子送到私立或者教会学校，但她没有办法支持自己的选择的话，她并没有真正被赋予权利。现实地说，那些处于经济弱势地位的家庭并不真正享有这样的特权，去支持自己的孩子接受某种符合其特定的世界观的教育。当他们的孩子所在的公立学校对他们特定的道德和宗教信仰持无视或反对态度时，贫困的家长们

---

① 通常参见 Peter Gay, *The Enlightenment: An Interpretation* (Knopf, 1966), 关注于欧洲经验；Henry A. May, *The Enlightenment in America* (Oxford University Press, 1976), 关注其对美国的影响。

② 参见 Walter Berns, "Religion and the Founding Principle," in Robert H. Horwitz, ed., *The Moral Foundations of the American Republic* (University Press of Virginia, 1986)。

③ Daniel L. Dreisbach, "Thomas Jefferson and Bills Number 82-86 of the Revision of the Laws of Virginia, 1776-1786: New Light on the Jeffersonian Model of Church-State Relations," *North Carolina Law Review*, vol.69 (1990).

④ A. James Reichley, *Religion in American Public Life* (Brookings, 1985), p.94.

会更为纠结。

是否记得在几年前的纽约市，学区董事会决定，作为性教育项目的一部分，公立学校的每个学生都应该学会使用避孕套，即使这有悖于包括天主教、正统犹太教和穆斯林等在内的多个宗教团体的信仰。很长一段时间，很多家庭因为不能选择退出此项目而觉得受到冒犯。这些家长们只有两个选择：或者允许他们的孩子接受与其宗教信仰相悖的性教育；或者如果他们有幸能负担得起的话，离开公立学校进入私立或教会学校，那里的课程与其宗教信仰更为吻合。如果家长付不起学费，那么他们无从选择。当然那些家长有信仰任何宗教的自由，但是到头来，他们自由的权利，他们听从自己良心的召唤的能力，被那些觉得其政治和社会目的必须优先于少数族裔的宗教信仰的政策制定者们所困扰。

该项目旨在减少青少年中性疾病的传播和意外怀孕的发生，我对此并无异议。我所不满的是，那些政策制定者以非常敏感的方式强迫那些宗教信仰者接受该项目，而且在有其他方式可供选择的情况下，采用这种强硬的方式会引发那些受到影响的人们对其合宪法性的质疑。

我们不禁要质疑，类似纽约这样的情况，是如罗杰·威廉姆斯所认为的那样，在保护个体不受政府的干扰，还是像杰斐逊所设想的，隔离墙的建立是为了保护政体的特权。显然前者的解释更符合宪法主义的概念，及其在政治和法律理论中惯常的用法。[①] 自由民主系统的设计师们撰写了宪法以限制政府的权力，并且保护个体不受过度使用的公共权力的影响。然而，当一个人倾向于对宗教持怀疑态度时，后者的解释也可以理解，即在自由的传统下，担心宗教信仰会作为不理性的、脱离尘世的、迷信的和分裂的力量，以影响公民对国家的忠诚。[②]

欧洲的自由主义在美国民主的形成过程中扮演了重要的角色，然而美国的宪法传统必须在更大的背景下来考虑。没有比来自弗吉尼亚的詹姆斯·麦迪逊先生的文集更有助于我们实现这样的理解了。

[①] 参见 Carl. Friedrich, Constitutional Government and Democracy, rev. ed. (Ginn and Co., 1950); J. Roland Pennock and John W. Chapman, *Nomos XX: Constitutionalism* (New York University Press, 1979)。

[②] 现代宪法文献中关于自由的阐述，参见 Kathleen Sullivan, "Religion and Liberal Democracy," *University of Chicago Law Review*, vol.59 (1992)。

麦迪逊的政治多元论

有时麦迪逊看起来在教会和政府问题上持有双重观点。在他离任总统之后，他写下了著名的《分离备忘录》。[1] 文中，他反对用公共经费来支付军队牧师的费用及在白宫庆祝感恩节的费用，认为这错误地暗示着建立国教。然而当麦迪逊担任国家元首时，正是他批准了牧师的费用，也是他重新开始了被其前任托马斯·杰斐逊所终止的感恩节。在其作为弗吉尼亚州参议员的职业早期阶段，麦迪逊公开支持感恩节的宗教庆祝，据说他甚至还支持了惩罚不守安息日的人们的法案。[2] 或许老年麦迪逊和年轻时作为美国宪法的主要撰写者的麦迪逊有着不同的哲学主张，他在《联邦党人文集》中的作品中，向我们深刻地展示了我们的哲学和法律传统。

然而仔细阅读《分离备忘录》，我们会发现其与麦迪逊早期作品的一致性。麦迪逊担心多数派对基督教教义所形成的共识会损害少数人的平等，国家权力有可能被用来迫使个体违反其意识良心。他当时的警告值得在这里大段引用，因为它正中美国政治理论原则的精髓，即追求平等，保护弱者：

> 在国会建立专职牧师显然违反了平等的权利。……由多数派选择牧师的原则阻止了那些其信条和良心不允许他们参与到多数派宗教中的人们的参与。对另一方只字不提，就像罗马的天主教和教友派信徒总是在立法机构占有席位时一样。说别人的宗教教义是可憎的或者其教派微不足道，就是在唤起邪恶，赤裸地展现了自己的道义缺陷，即认为宗教的真理是由数量来决定的，或者多数派宗教有权利管理少数派宗教。

麦迪逊对他先前任职期间支持的行为持保留态度，因为他敏锐地意识到，

---

[1] James Madison, Detached Memoranda (1817). 通常参见 Ronald F. Thiemann, *Religion in Public Life: A Dilemma for Democracy* (Georgetown University Press, 1996), pp.19-41, 72-95; Reichley, *Religion in American Public Life*, pp.85-96; Pangle and Pangle, *The Learning of Liberty*, pp.187-194。

[2] 参见 Dreisbach, "Thomas Jefferson and Bills Number 82-86 of the Revision of the Laws of Virginia, 1776-1786," p.201。

同事中有些人更为偏爱某个教派。在革命时期奋起反对英国圣公会的宗教活动人士，同时也对宗教习俗有着狭隘的看法，这使麦迪逊很担心。他对于平等对待少数教派的关注在其很多早期作品中都有体现。

绝对的分离主义者和学校选择的反对者常会引用麦迪逊的著名的《纪念与告诫》(*Memorial and Remonstrance*)。[1] 该文的起草是为了反对 1785 年弗吉尼亚州的立法机构打算通过法案用州经费来支持"基督教教师"。该文被看作是反对建立国教和呼吁宗教平等的文献。

该提案由帕特里克·亨利（Patrick Henry）、乔治·华盛顿和约翰·马歇尔（John Marshall）联合提交。这个著名的爱国者团队担心废除国教会使得公众道德沦陷，削弱政府管理的基础。麦迪逊、托马斯·杰斐逊和乔治·梅森（George Mason）则是提案的反对派，他们认为该提案在试图建立新的、组织松散的基督教国教。麦迪逊认为，每个个体都应该有"平等的权利根据自己的意志良心去信奉宗教"，对宗教的公共支持"因对某些人造成困扰而违反了平等的权利"，并且"我们没有权利否定别人的自由，即使他们没有像我们一样获得见证"。可以看出，麦迪逊不仅担心属于少数宗派的个体所受到的待遇，同时呼吁信奉者们和不信奉者们拥有同等的权利。

如同之前的罗杰·威廉姆斯，麦迪逊也认为政府和教会之间的亲密关系会降低后者的身份。麦迪逊同时也意识到了在公共权力和个体宗教道德间可能的冲突。不像杰斐逊和洛克选择了让后者服从前者，麦迪逊则在思想和行动上都坚信宗教自由。同样，在《纪念与告诫》中，他说：

> 在任何人被看作是文明社会的一员之前，他必须首先是宇宙主宰者的臣民。如果文明社会的成员进入到某个下属机构，必须对其管理者履行其职责。那成为文明社会成员的人，更应该与宇宙的君主保持一致。[2]

最初看起来自相矛盾的麦迪逊的思想，其实更可以理解为，旨在调和导

---

[1] James Madison, "Memorial and Remonstrance against Religious Assessments," (1785), reprinted in Saul K. Padover, ed., *The Complete Madison* (Harper, 1953).

[2] 参见 John T. Noonan Jr., *The Lustre of Our Country: The American Experience of Religious Freedom* (University of California Press, 1998), pp.59-92, 文中指出麦迪逊的宗教自由的信念是他自己笃信宗教的产物。

致宪法产生的两个兼容但又截然不同的哲学传统的折磨人的纠结过程。他的思想来源于欧洲自由主义者约翰·洛克，但是麦迪逊的伟大成就在于，他调和了启蒙主义的自由哲学以及另一个时代的共和传统。每一个传统都激励着那些参加费城会议的人们的思考，他们组织宗教的不同视角所显露的冲突只有杰出的麦迪逊能够解决，并提炼出可操作的管理政府的理论。

强调早期美国政治思想中的共和政体的学者们指出，普布利乌斯（Publius）和其他学者曾强调需要善良的公民来维持民主管理。[1] 道德的公民将公共利益置于个体利益之前。这个公民的概念显然和经典的政治理论有关，它将公共事务看作是最高的召唤，那时的宗教生活和公共生活是错综复杂地纠结在一起的。不像启蒙主义的自由主义者们那样担心宗教会分裂政体，共和党人相信在宗教集会中，人们可以发展自我控制、公共思想、审议和共识——所有这些都有利于激发好的政府管理。华盛顿和其他人鼓励弗吉尼亚政府用公共经费来支持基督教教学的时候，这正是他们所期待的公民目标。他们的目标是管理的，而非宗教的。在意识到建立国教对宗教少数派和非信仰者的危险的同时，麦迪逊也非常同意共和党的看法，宗教可以作为积极的政治和社会的影响力。多数派的宗教有可能破坏少数宗派的宗教自由，面对这样的两难境地，麦迪逊的回应不是宗教更少而是更多。麦迪逊把健康的宗教多元主义看作是民主政府的坚实基础，他在建立这样的民主政府的过程中扮演了重要的角色。

---

[1]　关于宪法中的共和思想的文章在迅速增长着。参见 Thomas L. Pangle, *The Spirit of Modern Republicanism: The Moral Vision of the American Founders and the Philosophy of Locke* (University of Kansas, 1988); Morton J. Horowitz, "Republicanism and Liberalism in American Constitutional Thought," *William & Mary Law Review*, vol.29 (1987); Donald S. Lutz, "The Intellectual Background of the American Founding," *Texas Tech Law Review*, vol.21 (1990); Lance Banning, *The Sacred Fire of Liberty: James Madison and the Founding of the Federal Republic* (Cornell University Press, 1995); Richard R. Beeman, "Deference, Republicanism and the Emergence of Popular Politics in Eighteenth-Century America," *William & Mary Quarterly*, vol.49 (1992); Daniel T. Rogers, "Republicanism: the Career of a Concept," *Journal of American History*, vol.79 (1992); Robert E. Shalhope, "Republicans and Early American Historiography," *William & Mary Quarterly*, vol.39 (1982); Cass R. Sunstein, "Interest Groups in American Public Law," *Stanford Law Review*, vol.38 (1985-1986); Cass R. Sunstein, "Beyond the Republican Revival," *Yale Law Journal*, vol.97 (1988); M. N. S. Sellers, *American Republicanism: Roman Ideology in the United States Constitution* (New York University Press, 1994)。

现在麦迪逊的《联邦主义者文集》第十号已经成为美国政治理论的至理名言。在宪法主要撰写者的眼中，解决多数派专制的办法是建立包括多样化的多种派别的共和政体。① 一个多元的政治文化包括多个不同的群体和利益集团，任何一个群体或集团处于绝对支配地位都是不可能的。宗教派别同样如此。而对于麦迪逊的著名的处方，人们很少注意到，他意识到了宗教团体是美国重要的政治派之一，它们的发展和多样化有助于他所设想的美国政治多元主义的发展。我们可以在《联邦主义者文集》第五十二号中看到此洞见，麦迪逊解释道：

> 自由政府中公民权利的保障同样适用于宗教权力。在某种情况下，它包含了多元利益群体，在另外的情况下，它由多元宗派构成。保障的程度取决于利益群体和宗派的数量。

在 18 世纪，这是对美国时事的机敏的观察。两百年之后的新千年国家所选择的道路证明了这样的预言。从政治背景转到宗教背景下来看，麦迪逊的多元主义和他对平等的追求为相互尊重、忍让和自由的核心价值所支持。② 政府在面对民众不同的信念时应该采取中立态度；但是宗教仍会以多种形式保留其在公共生活中的核心地位。谈到麦迪逊在起草《人权法案》时的作用时，哈佛神学家和政治哲学家罗纳德·泰尔曼（Ronald Thiemann）写道：

> 麦迪逊关于宗教的自由行使的主张为多元社会提供了基本的解释。

---

① "拓展范围，以包含多个政党和利益集团，这减少了多数派侵占其他公民的权利的可能性" *The Federalist, No. 10*, Clinton Rossitered (Random House, 1961)。参见 David F. Epstein, *The Political Theory of the Federalist* (University of Chicago Press, 1984), pp.59-146; Robert A. Dahl, *A Preface to Democratic Theory* (Yale University Press, 1956), pp.4-33; Peter S.Onuf, "James Madison's Extended Republic," *Texas Tech Law Review*, vol.21 (1990); Jack N. Rakove, *Original Meanings: Politics and Ideas in the Making of the Constitution* (Random House, 1996), pp.35-36, 310-316, 330-336。

② 参见 Thiemann, *Religion in Public Life*, pp.72-144; James Davidson Hunter, "Religious Freedom and the Challenge of Modern Pluralism," in James Davidson Hunter and Os Guinness, eds., *Articles of Faith, Articles of Peace: The Religious Liberty Clauses and the American Public Philosophy* (Brookings, 1990); Robert Audi, "The Separation of Church and State and the Obligations of Citizenship," *Philosophy & Public Affairs*, vol.18 (Summer 1989)。

> 麦迪逊主张人类的自由是仁慈的造物主的礼物。由上帝所创造的人类有
> 责任对造物主"怀有敬意"。……因为人类是自由的，崇拜的形式自然会
> 有所不同，因此，即使存在不同，但他们在上帝面前依然是平等的。与
> 生俱来的自由意味着多元，在上帝面前的多元意味着平等，平等则要求
> 接受各种不同形式的人类崇拜。①

　　这些重要的管理原则如何运用于当代的社会环境呢？麦迪逊的宪法要求
我们以何种方式来平衡公共权力和个体的宗教自由呢？他的公式能否帮助我
们解决有关学校选择的争论和其他那些在第一修正案方面有分歧的问题呢？
他的管理模式何以可能在宗教方面持续多元化而文化方面则愈加世俗化的社
会环境下运作呢？

　　首先，读懂麦迪逊的思想需要接受没有任何一个宗教优于另一个的思想。
这样的要求明确而清晰，直截了当。麦迪逊的文字中更为隐晦些的要求是要
接受宗教不应该凌驾于非宗教之上（即使这种立场在建国者们当中并不普遍）
的思想。一个人应该有不信仰宗教的自由，就像他有信仰任何宗教的自由一
样。这两条都符合麦迪逊政治理论中内在的平等思想。它们和我们现在所处
的宪法困境非常相关，这也体现了我们政府的主设计师的远见。

　　然而即使麦迪逊也无法预料 20 世纪末关于宪法的争论会如何发展。他绝
不会预料到，当代学者主张，为了保护宗教自由，非信仰者有着先于宗教信
仰者的权利。这个主张是个悖论，它在第一修正案对话中隐约显现，特别是
在和学校选择有关的争论中。麦迪逊绝对料想不到，有这么一天，美国最高
法院会裁定宗教机构以及那些信仰者不能享有政府所提供的基本的公共利益。
但是最高法院已经在多个场合做出了这样的裁定，而且此行为为那些利用宪
法来限制宗教自由的人们提供了法律先例。

　　不论是麦迪逊还是《人权法案》的其他锻造者都无法想象这样的法律争
论，政教分离的条款与宗教自由的条款相互冲突，好像它们不是为了保护同
样在他们看来极其重要的宗教自由。但是立法机构对这样的争论持非常严
肃的态度，结果也影响深远。第一届众议院成员绝对不会料想到，有这么一天，
由州政府支持的学校会利用公共权力来使得孩子与他们有宗教信仰的父母日
渐疏离；但这些是当代引人注目的问题。让我们来看看，我们是如何和为什

---

① 　Thiemann, *Religion in Public Life*, pp.149-150.

么从闪亮的起点走到了今天这一步。

宪法冲突

很难想象任何熟悉美国共和政体早期历史的人会相信，《人权法案》的作者们会被分离主义的感情所鼓舞，而正是这种分离主义的感情干预与第一修正案相关联的学校选择。这样的感情与 18 世纪的政治文化相悖，无法反映来自新政府的公共政策。在美国政府第一届议会通过《人权法案》的同一天，他们也向总统乔治·华盛顿发出了请求，要求他发布公共庆祝感恩节的公告和祷告，以"感谢全能的上帝的恩赐"。[1] 华盛顿热情地进行了回复，声称"感谢全能的上帝的恩赐，服从他的意愿，对他心存感激，谦虚地恳请他的保护和恩典，这是全国的责任"。[2]

华盛顿的感恩节公告和他作为国家政治领导者对宗教的立场相一致。当华盛顿还是陆军指挥官时，他曾向国会请愿批准设立军队牧师，华盛顿将军还曾被他的士兵要求参与教堂活动。1777 年，在华盛顿的推动下，国会批准购买两万本《圣经》以供军队人员使用。[3] 华盛顿本人并不特别笃信宗教，这位总统也没有意向建立国教。然而"国父"被共和政体的概念说服了，认为宗教集会可以孵化公民美德，有助于提升民主管理的基础。华盛顿在第二轮任期之后的告别演说可以说是美国历史上此观点的最强有力的声明：

> 在政治昌明的所有精神意识和风俗习惯中，宗教和道德是最不可或缺的支柱……高尚的教育，对构造特殊的心灵尽管可能有所影响，但理智和经验不容许我们期望，在排除宗教原则的情况下，道德观念仍能普遍存在。[4]

宗教在美国社会基础的方方面面都扮演着重要的角色，正因为如此，我

---

[1] 引自 Steven B. Epstein, "Rethinking the Constitutionality of Ceremonial Deism," *Columbia Law Review*, vol.96 (1996)。

[2] 重新刊印于 Philip Kurland and Ralph Lerner, eds., *The Founder's Constitution*, vol.5 (University of Chicago Press, 1987)。

[3] Reichley, *Religion in American Public Life*, p.99.

[4] George Washington, "Farewell Address," September 17, 1796.

们必须理解，它是形成我们的政府系统的公民文化的重要成分。[1]家庭生活本身与宗教集会和政治社区不可避免地融合在一起，很多场合它们其实是一回事。出生、结婚、死亡都被记录在家庭《圣经》中，结婚和离婚的法律也是从教会法令或者教义中分离出来的。当教育从家庭中分离出来时，通常也是由当地牧师来承担的，他的教学和布道的费用都源于当地税收。[2]直到1833年，托克维尔（Tocqueville）所观察到的美国，依然是"几乎所有的教育都委托给牧师了"。[3]在独立之前，几个殖民地发展起了各种不同形式的官方认定的宗教[4]，包括从严格效仿英国模式到地方自由选择，以及确定多元宗教的模式。这样的折中是因为每个殖民地都有其独特的历史。从国王的统治下分离出来，导致了人们对英国圣公会的强烈抵制，尤其是弗吉尼亚，圣公会在那里本享有官方宗教的特权。对于这些前殖民地，反对确立官方宗教是与政治独立纠结在一起的。

但那些奠基者们坐下来起草《人权法案》时，一个清晰的宗教宽容的模式开始显现出来。除了康涅狄格州的每个州都颁布了宪法条款来保护宗教自由，但是具体到每个州会各有不同。在前殖民地中，撤销官方宗教的共同之处是反对建立州一级的官方教堂，这部分是因为对英国的痛恨，以及对英国圣公会教堂的强烈反对。公众依然支持有组织的宗教，然而很多州采用了地方自行决定宗教的政策。诚然，圣公会已经被革命所驱逐，但是当地政府权威依然被用来对违反当地宗教习俗的人进行惩罚。没有遵守安息日或亵渎神明的人依然会受到严厉的惩罚。

华盛顿告别演说中的公民共和主义的精神影响着这个年轻国家公共生活的每个方面。撰写了《人权法案》的第一届国会同样也投票通过了在《联邦条例》影响下的《西北条例》(Northwest Ordinance)。它不需要任何修改便

---

[1] 参见 Patricia U. Bonomi, *Under the Cope of Heaven: Religion, Society and Politics in Colonial America* (Oxford University Press, 1986); Paul Kauper, *Religion and the Constitution* (Louisiana State University Press, 1964); Ellis Sandoz, *A Government of Laws: Political Theory, Religion and the American Founding* (Louisiana State University Press, 1990)。

[2] Bernard Bailyn, *Education in the Forming of American Society* (Vintage Books, 1960); Richard J. Gabel, *Public Funds for Church and Private Schools* (Catholic University of America, 1937)。

[3] Alexis de Tocqueville, *Democracy in America*, vol.1, Philips Bradley, ed. (Knopf, 1945), p.320, n. 4.

[4] Thomas J. Curry, *The First Freedoms: Church and State in America to the Passage of the First Amendment* (Oxford University Press, 1986).

获得了通过。正如文中写道，"宗教、道德和知识对于一个好的政府是必需的。……学校和任何形式的教育永远是被鼓励的"。① 这些语言来自1780年由约翰·亚当斯起草的《马萨诸塞州宪法》，随后也出现在1784年的《新汉普顿宪法》。② 随后，俄亥俄公司获得的土地拨款中附带的条件是，一定数量的土地应该用于"支持印第安人的宗教活动"。在托马斯·杰斐逊与印第安的卡斯卡斯斯基部落签署的协议中，联邦政府同意负担牧师、学校和教堂的费用。③ 该行为符合宪法的要求，为美国最高法院及大法官约翰·马歇尔起草的意见所支持。④

早期决定

我不会用引发制定第一修正案的案例来为政府资助宗教和给予教会学校直接资助的行为辩护。我的目的是揭穿这样的神话，我们的宪法是由那些为了完全将宗教和政府相分离的人们所撰写的，抑或撰写者们担心两者的联合会损害他们所设计的民主系统的健康。利用公共权威来干扰家庭对教育的选择是如此的令人生厌，它借用了宪法的名义却不了解其真实的内涵。第一修正案的起草是为了宣布建立国家教会的不合法，以及阻止联邦政府干扰宗教自由。它的起草者们无意干预宗教在每个州所扮演的角色，因为这样做显然会侵犯每个州的权力。1940年美国最高法院在第十四修正案的保护下用自由行使条款对"坎特维尔诉康涅狄格州（Cantwell v. Connecticut）"做出裁定，该耶和华见证人未申请宗教活动的许可证，被康涅狄格州认定有罪，而最高法院裁定其无罪。⑤7年之后，最高法院在具有里程碑意义的"艾弗森案

---

① Northwest Ordinance, Article 3, Articles of Confederation, July 13, 1787.

② 参见 David Tyack, Thomas James, and Aaron Benavot, *Law and the Shaping of Public Education*, 1785-1954 (University of Wisconsin Press, 1987), pp.26-27.

③ 杰斐逊写给国会的提请批准与印第安卡斯卡斯斯基部落的协议的信件，曾被很多文章多次引用，也值得在此大篇幅引用："鉴于部落的大部分人已经受洗并为和他们有密切关系的天主教会所接受，国家将会在七年中每年为牧师在部落事物方面所付出的辛苦支付100美元，同时尽可能多地为他们儿童的启蒙文化教育支付教育费用，进而美国还会每年提供300美元以资助教堂的建立。"引用于 Robert Cord, *The Separation of Church and State* (Lambeth Press, 1982), pp.261-263。

④ *Worcester v. Georgia*, 31 U.S. (6 Pet) 515 (1832).

⑤ *Cantwell v. Connecticut*, 310 U.S. 296 (1940).

（Everson）"中引用了建立国教条款。①

然而在 20 世纪早期，联邦法律体系从教育开始为建立教会和政府的恰当关系提供指导。最高法院更多的是采取了调和态度而不是分离。② 它制定了一些规则来管理家长的权利、资助教会学校的学生，这与当代的学校选择的争论相关。对 20 世纪以来这个法律体系及其演进的回顾，向我们展示了严格的分离概念只是近期的产物，并非由来已久。

20 世纪初最高法院最重要的决定之一与俄勒冈州的法律有关，它要求所有 8—16 岁的儿童进入公立学校，这使得私立学校变成了非法学校。1925 年的"皮尔斯案（Pierce）"是第一修正案最黑暗的时期，我们将在下一章讨论这个主题。现在我们只关注案件本身。两年前在"梅耶诉内布拉斯加州（Meyer v. State of Nebraska）"一案中，最高法院否定了内布拉斯加州的法律，该法律规定，在公立和私立学校使用英语之外的其他语言教学是非法的。③ 被指控的教师梅耶以正当程序为自己辩护，但是该案随后与另一个案件被共同裁定，另一个案件中，家长声称该法令损害了自己的自由、自由行使权利和平等受保护的权力。④

梅耶案与皮尔斯案的裁定确立了家长的基本权利，保证他们能够按照自己的价值观为孩子选择学校教育。第二个裁定的语言意味着，下一代人被确认有权利去决定如何抚养自己的孩子，私立和教会学校作为有价值的另一种选择同样被允许存在。意见统一的法庭在公告中写道：

> 建立在联合之上的政府所遵循的基本原则阻止任何州的公众力量通过强迫儿童只接受公立教师的教育而将他们标准化。儿童不仅仅属于州政府，那些养育他们、教导他们的人们，有权利和义务帮助儿童意识到他们将来所肩负的责任，并为此做好准备。⑤

最高法庭并没有引用第一修正案来反对州的裁决，皮尔斯案是根据第十四修正案裁决的，它强调家长的自由权利以及私立学校经营者的财产权，

① *Everson v. Board of Education*, 330 U.S. 1 (1947).
② 值得一提的例外是雷诺斯案（Reynolds），最高法院支持州的法律，在摩门教徒雷诺斯诉美国一案中禁止多配偶，98 U.S. 第 145 页 (1879)。
③ *Meyer v. State of Nebraska*, 262 U.S. 390 (1923).
④ *Bartels v. Iowa*, 262 U.S. 4904 (1923).
⑤ *Pierce v. Society of Sisters*, 268 U.S. 510, 535 (1925).

私立学校经营者认为"州政府在教育上有恶意垄断行为"。皮尔斯案的胜利对家长而言是有限的胜利。只要教育的公共拨款限制在公立学校，选择进入私立和教会学校的家长就得承担额外的负担——既为政府运作的机构纳税，也要为非公立学校支付全额学费。对那些无法负担学费的家长而言并没有真正的选择权利。正如前面所解释的，这种情形给那些笃信宗教的家长们或者其价值观与公立学校不符的家长们造成了严重的困境。问题其实很复杂，特别是在20世纪初，为教会学校提供资助会引起强烈的基于建立国教条款的合宪法性的质疑。

在1930年，皮尔斯案之后的第五年，最高法院裁定了另一个具有里程碑意义的案件，"科克伦诉教育董事会案（Cochran v. Board of Education）"。该案件与路易斯安那州的法律有关，该法律用公共税收为公立、私立和教会学校提供教科书。基于第十四修正案，该法令受到了质疑。挑战该法律的诉讼者们认为，这样的做法是将私人财产在没有经过正当程序的情况下用于公共目的。法庭并不同意这个看法：

> 该款项用于为本州学生购买教科书，学生不用承担任何费用。学生和州都可以从该款项中获益。诚然，这些孩子所进入的学校，公立和私立都有，教会学校和非教会学校都有，不论他们进入哪种学校，教科书都可以免费为他们所用。学校并不是此款项的受益者。……学校的学生和州才是此款项的受益者。①

在科克伦案中，法庭认定教育实际上是合法的公共目的，可以通过公立、私立和教会机构来实现此目的。因此儿童不会因为进入非公立学校而失去公共资助。这是最高法院第一次详细地解释了"儿童获益"的概念，对为教育机构提供资助和为儿童提供资助做出了明确的区分。虽然该案并没有讨论学费问题，但其声明中提到的"儿童获益"的概念，为保护父母的自由行使权利而又不破坏建立国教条款提供了重要的法律指导。

在科克伦案后的第十七年，最高法院复审了新泽西为教会学校学生的父母退还交通费用的法律。在这里，在1947年的艾弗森案中，法庭合并了第一修正案中的建立国教条款与杰斐逊的著名的分离的比喻。法官雨果·布莱克（Hugo Black）在他经常被引用的意见中写道：

---

① *Cochran v. Board of Education*, 281 U.S. 370, 374-375 (1930).

　　第一修正案中的"建立宗教的条款"至少意味着：不论州还是联邦政府，均不能设立官方教会，均不能通过法律来资助任何一个宗教、所有宗教或者倾向于某一特定宗教。……任何税收，不论数额大小，都不能用于资助任何宗教活动或者机构，不论是用于宗教教学还是宗教实践活动。用杰斐逊的话来说，条款用法律形式来反对建立官方宗教，是为了在教会和政府之间建立一堵墙。①

　　学校选择的反对者们被这些著名的发言所吸引不足为奇，不仅仅是使用杰斐逊的逻辑和比喻更能引起关注，而且他们希望能够强化在宗教实体和州政府以及联邦政府之间的"分离墙"。而这些法律学者和支持者们没有意识到的是，该决定使得宪法权利遭到了质疑。或许他们对裁定的理解被他们的不情愿所影响，他们不情愿承认，正是这同一个法庭也引用过第一修正案的自由行使条例，而且利用"儿童获益"的概念调和了两者。艾弗森案明确地使用了科克伦案中的解释，认为进入教会学校是被第一修正案所保护的宗教行为，不能被州政府所干涉。法官布莱克写道：

　　新泽西州用税收来资助教授任何宗教信仰的机构，与第一修正案的"宗教建立"条款不符。另一方面，其他修正案要求新泽西州不能阻碍其公民信仰宗教的自由。因此不能将任何宗教排除在合法的公共利益之外，包括天主教、路德教、伊斯兰教、浸礼教、犹太教、卫理公会教、非信仰者、长老会或任何其他宗教成员。②

　　艾弗森案将利用宪法保护教会学校儿童的权利提高到了新的高度，它在第一修正案的保护下，平衡了建立国教条款和自由行使条款的要求，同时又支持了后者。如果，正如杰斐逊所强烈要求的，第一修正案是为了阻止基于

---

① 艾弗森诉教育董事会一案，第 15—16 页。*Everson v. Board of Education*, pp.15-16. 参见 Jo Renee Formicola and Hubert Morken, eds., *Everson Revisited: Religion, Education and Law at Crossroads* (Rowman & Littlefield, 1997)。这不是法庭第一次使用杰斐逊的比喻，它在 1879 年曾被用来支持反对多配偶的联邦法律。法院认为这堵墙保护个体的道德选择，但是它并不会保护违反公共标准的行为。Reynolds v. United States, 98 U.S. 145 (1879).

② *Everson v. Board of Education*, p.16.

政教联姻的特权，如果是这样的话，那么麦迪逊所希望的是用宪法来保证个体的权利不被这种联姻所阻碍。阻止教会学校学生参与其他学生有权参与的项目，是某种形式的宗教歧视，损害了政府的多元体系所依靠的平等原则。

模糊的界限

当艾弗森案将"儿童获益"的概念与第一修正案相联系时，也使得联邦法律制度期望确立宗教和公共教育间的互动标准的努力成为徒劳。该目标——确定合法性的清晰界线——被证明是排外的。1948 年最高法院宣布伊利诺伊州香槟市的时间豁免（released time[1]）项目无效，该项目允许公立学校学生在公立学校接受宗教教育。[2] 即使该项目是自愿参与的，由校外人士管理，由私人资金资助，然而法庭大多数成员（8 票对 1 票）依旧根据这是在公共税收所支持的公共场合进行的宗教教育这一事实做出了裁决。

4 年之后，最高法院肯定了纽约市的类似的时间豁免项目，强调后者并没有使用公立学校场所。[3] "左拉克诉克劳森案（Zorach v. Clauson）"的法官道格拉斯（Douglas）的语言则颇为折中，他曾提到，"我们是宗教的，我们的机构以至上的神为先决条件"。他继续以华盛顿的告别演说的方式解释道，"当州政府鼓励宗教教学或者与宗教权力合作时，……这最符合我们的传统。"

在大法官厄尔·沃伦（Earl Warren）任职期间，法庭对宗教持有同情的态度，极力保证政府权力——也包括法庭自己的——不会被用于阻碍个体自由行使权利。在 1961 年沃伦法庭发布了 4 项决定以支持星期天停业法令。当意识到这些法律的最初目的是为了鼓励参与教会活动，大法官认为他们时下的目的更为世俗——"留出一天来用于休息和消遣"。[4] 在 1972 年法庭支持了

---

① 指公立学校为宗教教育或其他课程专门安排的时间。——译者注

② *Illinois v. Board of Education*, 333 U.S. 203 (1948).

③ *Zorach v. Clauson*, 343 U.S. 306 (1952).

④ 麦高文诉马里兰州案（McGowan v. Maryland），366 U.S. 420, 448-449 (1961)。两年之后最高法院在一劳工纠纷案中支持了基督复临论者在第七天的权利，他们有在星期六遵守安息日的礼节而不工作的权利。舍博特诉弗那案（Sherbert v. Verner），374 U.S. 398 (1963)。法庭也保护了非宗教信仰者的权利，否决了马里兰州要求公务员必须信仰上帝的法律，托卡索诉沃特金斯案（Torcaso v. Watkins），367 U.S. 488 (1961)；同时它也支持了非宗教信仰的良心反战者们回避兵役，美国诉西格（United States v. Seeger），380 U.S. 163 (1965)；威尔士诉美国（Welsh v. United States），398 U.S. 333 (1970)；吉利特诉美国（Gillette v. United States），401 U.S. 437 (1971)。

威斯康星州的一群阿米什教派，他们拒绝遵守州义务教育法，要求儿童必须接受八年级以上的教育。法庭指出阿米什教派社区的存在正是美国人"尊重和鼓励"的多元文化的例证，其对著名的"威斯康星诉约德案（Wisconsin v. Yoder）"做出裁定："本案涉及与州利益相抵触的家长的基本利益，即教育自己的孩子和引导他们进行宗教探索的权利，……现在，该基本权利毫无疑问地作为长久以来的美国传统而被保护。"①

关于教育的问题，沃伦法庭以"儿童获益"的概念来支持教会学校，同时也小心地将宗教活动隔离在公立学校之外。他宣布，纽约的雷根特的祈祷文②和宾西法尼亚的主祷文③违反了建立国教条款。在随后的"阿宾顿学区诉詹普案（Abington School District v. Schempp）"中，法庭确立了"目的和效果"的标准以期做出中立的决定，即遭到质疑的法律是否具有世俗的目的，是否具有强化或禁止宗教的效果。随后，原告利用詹普案中的标准来质疑纽约州的教科书借阅项目，该项目面向纽约州所有学校的学生，不论是公立学校还是私立和教会学校。通过引用科克伦案和艾弗森案，最高法院坚持"儿童获益"原则，认为质疑者们没有能够提供足够的证据证明，"在宗教学校，世俗和宗教教育纠缠在一起，使得为学生们提供的世俗的教科书实际上是在进行宗教教育"。④

随后，在法庭裁定支持被告的"董事会诉艾伦案（Board of Education v. Allen）"中，法庭提出了一个相当模棱两可的标准来判定州政府对宗教学校的资助。一方面，它支持家长为自己的孩子选择宗教学校的权利；另一方面，它对这些学校把世俗主题和宗教主题相联系表示担心，建议如果有足够的证据，法庭会支持停止对学生和家长的资助。此推论回避了这样的事实，宗教价值融合在整个教会学校的文化中。那些使之成为宗教学校的价值观，正是家长们选择这些学校的主要原因。将这样的标准作为是否获得资助的条件，其实是在否定这些机构的目的和身份。

如果说法庭担心教会和政府过多地纠缠在一起，1970年，当它复审免除宗教机构的税收的行为时，这样的担心似乎有所缓解。在博格法庭做出的第

---

① *Wisconsin v. Yoder*, 406 U.S. 205, 232 (1972).

② *Engel v. Vitale*, 370 U.S. 421 (1962).

③ *Abington School District v. Schempp*, 374 U.S. 203 (1963).

④ *Board of Education v. Allen*, 392 U.S. 236 (1968).

一个重要决定中，大法官拒绝了完全分离的概念是"仁慈的中立"的说法。①
法官哈伦也具有同样的观点，他认为"平等保护模式"②也保证了宗教组织与
其他政治、社会和慈善团体有着同样的权利。在另一个持相同观点的裁定中，
法官布伦纳回应了麦迪逊对豁免的支持，提到"政府批准对宗教机构的豁免，
是因为其宗教实践活动也对美国社会的多元做出了独特的贡献"。③

"沃尔兹诉税收委员会案（Walz v. Tax Commission）"的裁决给我们留下
这样的印象，博格法庭的大多数法官想开创最高法院法律体系的新纪元，期
望具有清晰的解释标准和至少像其前任沃伦法官一样折中的学习哲学。这样
的期望被证明是错误的。10年间，博格法庭的裁定是令人困惑的，与其主导
思想不符。如果博格法庭的第一修正案的法理解释有其原因的话，那是因为
它围绕着分离主义哲学展开，不关心宗教信仰者的利益，也没有遵守可以追
溯到第一届国会时期的容忍的传统。这个最高法院历史上令人困扰的10年，
为学校选择的反对者们提供了丰富的法律先例。

偏狭的高墙

反对学校选择的宪法争论以3个案件作为法律基础，而这些案件被法律
学者和律师经常引用，它们就像是凳子的3条腿。第一条腿是我们已经讨论
过的艾弗森案。法官布莱克的意见中所引用的杰斐逊的分离墙隐喻被裁定本
身淹没了，其更多受到了自由行使条例而不是建立条例的影响，最终艾弗森
案对进入教会学校的学生的权利和兴趣表现出了坚定的同情。坚定的分离主
义者所拥有的第二条腿是1971年的"莱蒙诉科士曼（Lemon v. Kurzman）"
裁定。④莱蒙案将詹普案中的"目的和效果"视为其既不严密又过于严格的
审判过程的尚方宝剑。三部分"莱蒙测试"禁止这样的政府行为：（1）没有
"世俗目的"；（2）有着强化宗教的"主要效果"；（3）造成了教会和政府的
"过度纠缠"。⑤在这个案件中，法庭认为，给教授世俗科目的教会学校的老
师发放工资补助是违反宪法的，因为它需要州一级的监管，这造成了"过度

---

① *Walz v. Tax Commission*, 397 U.S. 664, 669 (1970).

② *Walz v. Tax Commission*, 397 U.S. 696 (1970)（哈伦法官赞同）。

③ *Walz v. Tax Commission*, 397 U.S. 689 (1970)（布伦纳法官赞同）。

④ *Lemon v. Kurzman*, 403 U.S. 602 (1971).

⑤ *Lemon v. Kurzman*, 403 U.S. 614-615 (1971).

纠缠"。① 怀特法官提醒他的同事，"在第一修正案中，建立国教条款是与自由行使条款共同存在的"，随后他又继续解释道，"法律顾问们拒绝支持那些反对学生进入教会的行为，是因为在这种情况下，他们坚信自由行使权利的合宪法性"。②

莱蒙案标志着司法决定过程中插曲的开始，这个阶段，法庭对宗教组织和宗教事件持有极深的怀疑态度，就好像它们是健康繁荣的共和政体潜在的威胁。任何无意中使得宗教机构受益的政府行为都有可能被看作是具有强化宗教的"主要效果"。法庭从政策中找到可接受的世俗目的变得越来越困难，即使该政策只是最低限度地使得宗教获益而又随之带来了极大的社会利益。莱蒙案的意见本身无法自圆其说。一方面，大法官博格（Berger）引用道，"我们的主要立场并不是在呼吁教会和政府的完全隔离；完全的隔离是不可能的。政府和宗教组织间的一些联系是不可避免的"。③ 同时，他又引用了沃尔兹案的决定，反对"宗教活动中对神权的赞助、财政支持及参与此类活动"。④

将同一法庭时隔一年做出的两个决定放在一起看，它们是审判策略上的大胆试验。如果减免一个组织所纳的税没有构成某种形式的赞助和支持，那么很难想象到底什么才算。显然，豁免会使得该组织获得的利益遭到质疑，即使是一种非直接的、多元主义的、非特惠的方式。为什么为提供了世俗科目教学的老师发放工资补助需要高一级的监管？难道这些老师的努力不是为了公共目的吗？

不同法庭裁决中所传达的不一致的信息，允许法官们可以仅仅根据哲学观点来做出有关第一修正案的决定。1973年最高法院做出了"奈奎斯特案（Nyquist）"的裁决，这构成了三条腿凳子的第三条腿，愈发增加了分离墙的高度。在奈奎斯特案中，法庭否决了纽约州的法律，该法律为非公立学校提供维护和修缮的款项，向贫困家庭提供学费资助，向进入到私立和教会机构学习的学生家长们提供税收减免。鉴于该案的历史，奈奎斯特案的法庭拒绝为教会学校提供直接资助并不奇怪。有趣的是该法律的最后一项——为家长

---

① 一年前最高法院支持了低一级法院的裁定，认为康涅狄格州的为教世俗科目的私立学校教师支付部分工资的决定无效。桑德斯诉约翰逊（*Saunders v. Johnson*），403 U.S. 955 (1971)。

② *Lemon v. Kurzman*, at 665（怀特法官反对）。

③ *Lemon v. Kurzman*, at 614.

④ *Lemon v. Kurzman*, at 614-615，引用自 *Walz v. Tax Commission*, 674-676。

提供税收减免的回应。法官鲍威尔代表大多数的意见，指出：

> 特别的税收福利……与本法庭的中立原则不符。相反，为进入教会学校的学生家长们提供资助，不论其目的还是不可避免的结果，都是在帮助和加强宗教机构。①

因只关注于"莱蒙测试"的第二条，法庭的成见使得他们只关注到该法令对宗教机构的次要影响，而没能意识到该法规的主要受益者是儿童及家长。他似乎放弃了早前在科克伦案和艾弗森案中所使用的"儿童获益"的原则和直接资助与间接资助的重要法律区别。尽管这极其不合逻辑，但莱蒙案和奈奎斯特案是 1973 年间一些阻止对宗教机构提供任何形式资助的重要决定的参照系。在一个案例中，裁决"宾夕法尼亚州为进入非公立学校的学生家长们返还部分学费有着不被允许的强化宗教的效果"，因为它为家长提供了"将孩子送到私立学校的动机"。②鲍威尔法官代表法庭大胆地得出这样的结论，"其有意的结果是保护和支持宗教机构"。③

"斯隆诉莱蒙案（Sloan v. Lemon）"的决定在很多方面让人震惊。法庭认为宗教机构获得的任何次要利益都可以被解释为制定该政策的主要动机。只要考虑到了多数派的利益，政策是否使得儿童、家长或整个社会获益都无关紧要。法庭也解释了对进入教会学校的学生家长提供资助是这些家庭选择此类学校的公共动机。很难想象，有家长会在对公立学校非常满意的情况下把孩子转到教会学校。实际上，美国教育的公共动机系统正好相反。既然政府运行的学校是家长可以获得免费教育的唯一渠道，财政动机系统其实并不鼓励家庭选择教会学校，而且这样的选择会为家长增加负担。

最高法院在"莱维特诉公共教育委员会及宗教自由委员会案（Levitt v. Committee for Public Education and Religious Liberty）"中指出，州返还教会学校参与州授权的诸如管理、定等级、上报标准化测试结果等活动而产生的

---

① 公立教育和宗教自由委员会诉奈奎斯特（*Committee for Public Education and Religious Liberty v. Nyquist*），413 U.S. 756, 793 (1973)。怀特法官提出了异议，认为拒绝向将孩子送入私立学校的父母提供资助使得"父母按照自己良心为子女寻求宗教或世俗教育变得更为困难了，如果不是不可能的话"。

② *Sloan v. Lemon*, 413 U.S. 825, 830, 832 (1973).

③ *Sloan v. Lemon*, 413 U.S. 832 (1973).

费用，是"不可接受的对宗教的促进"。① 从这个决定以及 1973 年的其他决定来看，法庭似乎确定了一个新的标准，拒绝给教会学校及其学生与其他一般学生同样的待遇。② 这正是自由行使条款想要杜绝的行为，而现在法庭则利用建立国教条款来阻碍这个目标的实现。仅仅一年时间，法庭已经与信奉了近半个世纪的折中的思想渐行渐远。这个新的法律体系所传达的令人不安的信息是，如果家长想要以他们自己的宗教信仰来教育自己的孩子，他们就需要放弃一些孩子能够获得的其他支持。

即使最高法院在政教分离问题上转向某个特定的方向，但实际上，它们仍然在试图清晰地界定出符合宪法的标准的过程中，这样说是种误导。博格法庭所界定出的区别其实是反理性的。③ 向教会学校学生租借教科书实际上是为了使"家长和学生受益而不是学校"，但是租借教学材料和设备"有着不符合宪法的强化宗教的主要效果，因为具有宗教特色的学校从此行动中获益了"。④ 法庭认为向教会学校提供交通服务是被允许的，但是州并没有义务向私立和教会学校学生提供此项服务。⑤ 不知什么原因，从学校到公园和博物馆的校车服务违反了宪法，但是从家到学校的校车服务并没有。⑥ 为家长减免税务的行为不被鼓励——至少暂时是。⑦

迈向平等对待

博格法庭所修建的高高的分离墙在 1980 年时开始瓦解，当时法庭决定支

---

① *Levitt v. Committee for Public Education and Religious Liberty*, 413 U.S . 472, 480 (1973).

② 参见 *Marburger v. Public Funds for Public Schools*, 413 U.S. 916 (1973); *Grit v. Wolman*, 413 U.S. 901 (1973); *Cathedral Academy v. Committee for Public Education and Religious Liberty*, 413 U.S. 472 (1973)。

③ 有关这个让人困惑的区别的讨论，参见 Jesse H. Choper, "The Religion Clauses and the First Amendment: Reconciling the Conflict," *University of Pittsburgh Law Review*, vol.41 (1980)。关于第一修正案的详细的概念分析，参见 Jesse H. Choper, *Securing Religious Liberty: Principles for Judicial Interpretation of the Religious Clauses* (University of Chicago Press, 1995)。

④ *Compare Meek v. Pittenger*, 421 U.S. 349 (1975); *Marburger v. Public Funds for Public Schools*, 417 U.S. 229 (1977).

⑤ *Leutkemeyer v. Kaufman*, 419 U.S. 888 (1974).

⑥ *Wolman v. Watters*, 433 U.S. 229 (1977).

⑦ *Franchise Tax Board v. United Americans for Public Schools*, 419 U.S. 890 (1974); *Byrne v. Public Funds For Public Schools*, 442 U.S. 907 (1979).

持纽约州的法令，为私立和教会学校提供参加州统一考试以及搜集入学和出勤数据的资金。①1983 年发生了突破性的进展，"米勒诉艾伦案（Meuller v. Allen）"中，法庭支持明尼苏达州为家长提供学费、教科书和交通费用的税务减免。与奈奎斯特案中的法令只面向私立和教会学校不同，明尼苏达州的法律则面向所有公立和非公立学校的学生，法庭在其决定中指出，这具有重大意义。

米勒案的里程碑意义具有多个方面。不仅仅因为它为教会学校的家长提供减免学费，而且它通过区别直接和间接资助，强化了家长选择的概念以及恢复了"儿童获益"的概念。伦奎斯特法官代表大多数写道，"鉴于对教会学校的资助仅仅是个体家长们的选择，因此没有任何特定的或总体上的宗教得到了'州的许可'"。②意识到很多天主教的学生家长们从明尼苏达的法律中获益，伦奎斯特法官说，"确保私立学校的财政状况良好，不论对宗教信仰者还是非信仰者都具有极大的公共利益"。他解释道：

> 不论其宗教目的如何，实际上，教会学校为数百万的年轻美国人提供了教育的另一种选择；教会学校为我们的公立学校提供了全面的竞争；在一些州，教会学校不断地为公立学校的运作减轻税务压力。

预感到了事情的发展趋势，未来的大法官建议，到了宽松对待"莱蒙测试"中的"主要影响"的时候了。在承认"这 3 项测试已经指导了"这个领域的法庭调查多年之后，他指出，"它只是在处理有关建立国教条款时的指示牌"。③在"沃伦斯诉杰弗里案（Wallace v. Jaffree）"中，伦奎斯特法官关于

---

① *Committee for Public Education and Religious Liberty v. Regan*, 444 U.S. 646 (1980).

② 米勒诉艾伦案，463 U.S. 387, 399 (1983)。同一任期中，该法庭支持了内布拉斯加的做法，支付牧师为祈祷者们开设的合法的礼拜，并且把这种行为称作"对本郡大多数人所广泛持有的信仰的可以接受的报偿"。马什诉内阁案，*Marsh v. Chambers*, 463 .U.S. 783, 792 (1983)。

③ *Meuller v. Allen*, 393. 一年之后，首席大法官博格宣布"莱蒙测试"和"已有惯例"都不适合解释有关第一修正案的案例。*Lynch v. Donnelly*, 465 U.S. 668, 678 (1984). 同一案例中，法官桑德拉·德·欧康纳提出了另一种方式"支持测试（endorsement test）"。1992 年法官肯尼迪采用了不那么严格的"强制标准（coercion standard）"。*Lee v. Weisman*, 505 U.S. 577 (1992).

不建立国教的观点，传了另一个明确的与莱蒙案有关的反对信息。伦奎斯特法官并不满意该庭的大多数都同意否决阿拉巴马州的静默、冥想和祷告时间的法规时，他以法律历史学家的身份解释道，"没有任何历史证据证明，奠基者们想要建立在艾弗森案中被宪法化了的'分离墙'"。① 进而他解释道，"莱蒙测试"仅仅是在重复历史的错误，试图推广某项法规，但它"在其期望解释的修正条例的历史中没有基础，难以执行并且会产生无原则的结果"。② 在1985年的这个案件中，作为少数派的伦奎斯特法官不久就领导着多数派拓展了米勒案中的原则，并且对为教会学生提供经济基础采取了更为宽容的态度。③

1986年最高法院一致同意在"维特斯诉华盛顿的社会服务部案（Witters v. Washington Department of Social Services）"（以下简称"维特斯案"）中支持维特斯，认为盲人学生使用公共奖学金进入神学院并没有违反第一修正案。其裁决基于这样的事实，不像奈奎斯特案和斯隆案，本案中的经济资助是直接给予学生的而不是教会学校。法官马歇尔代表大多数指出，虽然资助通过某种方式进入了教会学校，但这是"奖学金获得者的独立的私人选择"的结果。④ 法官鲍威尔持有相同意见，他在奈奎斯特案中代表大多数的意见指出了3个事实，为审核针对宗教学校和学生资助的问题确立了标准，并沿用至今。项目的合宪法性必须符合以下3个标准：（1）项目具有中立的宗教立场；（2）资助平等地面向公立和私立学校学生；（3）对宗教机构的资助是个体的私人选择的结果。⑤

在"佐博罗斯特诉凯特琳娜山麓学区案（Zobrest v. Catalina Foothills School District）"中（以下简称"佐博罗斯特案"），法庭驳回了第九巡回上诉法院的裁定，认为基于《残疾人法》，该法庭支持天主教高中学生有接受手

① *Wallace v. Jaffree*, 472 U.S. 38, 106 (1985)（法官伦奎斯特持异议）。
② *Wallace v. Jaffree*, 472 U.S. 112 (1985)（法官伦奎斯特持异议）。
③ 这个逐渐显现的模式中有两个值得注意的例外。在阿吉拉尔诉费尔顿案（Aguilar v. Felton）中，473 U.S. 402 (1985)，法庭认为公共雇员不能为教会学校的贫困学生提供补偿式的服务。在大急流城诉鲍尔案（Grand Rapids v. Ball）中，473 U.S. 373 (1985)，法庭裁定密歇根不能为支持宗教学校的核心课程的补偿和提升项目提供资助。1997年阿吉拉尔案和鲍尔案都被否定了。
④ *Witters v. Washington Department of Social Services*, 474 U.S. 481 (1986).
⑤ *Witters v. Washington Department of Social Services*, 474 U.S. 490-492 (1986)（法官鲍威尔同意）。

语翻译服务的权利。失败方的律师否认这个学生应该得到公立学校学生所能得到的此项服务，仅因为他选择进入了教会学校。通过引用米勒案和维特斯案，大法官伦奎斯特以及法庭的大多数不同意上述看法：

> 政府提供了教会学校也能参与的中立项目，且该项目"不可能偏向宗教"……这种情况下，我们遵循先前的决定，这样的服务没有违反建立国教条款。①

伦奎斯特法庭的多数法官所确定的有关第一修正案的司法程序，呈现出了一些不同的哲学走向。它对宗教和其在社会中的角色持有更为积极的态度，法庭明显地不情愿将不建立国教与政府和教会的完全分离相等同。而且他们很小心地解释建立国教条款，以防影响到宗教信仰者的自由行使权利，尽管如此，立场并没有贯穿始终。② 伦奎斯特法庭对于学校资助问题上的贡献是，其将宗教自由的承诺和第十四修正案的平等保护相融合，保证了个体和机构不会因为其宗教信仰的取向或联系而被置于不利地位。伦奎斯特法庭所呈现出的品质，是法律面前对信仰者及非信仰者的平等对待。这样的取向体现在其很多裁决中，不仅仅是资助问题和学校问题。

1988 年，最高法庭基于《青少年家庭生活法》，裁定联邦政府可以为旨在减少青少年性行为和堕胎的天主教机构提供资助。③1991 年，该法庭在"梅根斯案（Mergens）"中，基于宪法的《平等机会法》，裁定公立学校必须允许学生的宗教俱乐部和其他非课程组织一样可以在校园集会。法庭解释道，

---

① *Zobrest v. Catalina Foothills School District,* 509 U.S. 1 (1993).

② 在雇佣部诉史密斯案（Employment Division v. Smith）中，494 U.S. 872 (1990)，法庭裁定一般适用的而不特指特定宗教群体的法律即使在其与个体宗教信仰相悖的情况下也具有约束力。在鲁库米教堂诉海厄利亚市案中，*Church of Lukumi Babalu Aye v. City of Hialeah,* 508 U.S. 520 (1993)，法庭限制了史密斯案的裁定，支持萨泰里阿教徒执行动物供奉的宗教仪式。参见 Michael McConnell, "Free Exercise Revisionism and the Smith Decision," *University of Chicago Law Review,* vol.57 (1990); Jesse H. Choper, "The Rise and Decline of the Constitutional Protection of Religious Liberty," *Nebraska Law Review,* vol.70 (1991)。1993 年国会通过了《宗教自由恢复法》试图削弱史密斯案的努力。在波尔内市诉弗洛里斯案中，*City of Boerne v. Flores,* 521 U.S. 507 (1997)，最高法庭裁定《宗教自由恢复法》是违反宪法的，是国会立法权利的滥用。

③ *Bowen v. Kendrick,* 487 U.S. 589 (1988).

否则的话，就违反了社团自由和自由行驶的权利以及第十四修正案，是"对宗教持有敌意"。①3 年之后，最高法院裁定，公立学校拒绝为教堂提供场所放映含有宗教观点的影片违反了言论自由的权利。②

在"罗森博格诉弗吉尼亚大学案（Rosenberger v. Rectors of the University of Virginia）"中，当弗吉尼亚大学拒绝允许学生社团使用学生活动经费来出版有基督教信息的报纸时，资助问题和言论自由问题在其裁定中融合在一起了。最高法庭否决了大学的决定。在由法官肯尼迪起草的决定中，法庭的大多数对"建立国教条款所反对的政府公开支持宗教，与言论自由和自由行使条款所保护的个体支持宗教的行为"做出了区别。③ 既然该宗教团体所使用的资助也面向其他众多学生社团，说明该项目持有宗教中立态度。否定该资助则"有着激发对宗教的偏见和敌意的危险"。④

有着相同看法的法官托马斯也利用这个机会对过去的"建立国教条款的司法体系"提出了更多质疑，称其为"无可救药的混乱"。他指出，在沃尔兹案的决定中存在着巨大的讽刺，法庭允许给予宗教机构税收减免，但又反对给同样的机构提供资助。⑤ 托马斯法官的意见所包含的信息，实际上明确了伦奎斯特法庭和博格法庭对建立国教条款的解释上的区别："该条款并非要强制地将宗教团体从受众广泛的政府公共项目中排除在外。"⑥

如果最高法院对其 20 世纪 70 年代法律决定的原则的重新思考还留有疑点的话，这个疑点在 1997 年的"阿格斯蒂尼诉费尔顿案（Agostini v. Felton）"（以下简称"阿格斯蒂尼案"）中得到了解决。阿格斯蒂尼案的裁

---

① *Board of Education v. Mergens*, 496 U.S. 226, 248 (1990).

② *Lamb's Chapel v. Center Moriches School District*, 508 U.S. 384 (1993).

③ *Rosenberger v. Rectors of the University of Virginia*, 515 U.S. 819 (1995)，引用自梅根斯案 Mergens，第 250 条。

④ *Rosenberger v. Rectors of the University of Virginia*, 515 U.S. 845-846 (1995).

⑤ "很多案例中的税务豁免在经济上和功能上很难与直接的财政补贴相区别。在一个案例中，政府免除宗教群体（及其他群体）的普通税收；另一个案例中，政府通过提供一定形式的现金补贴来减轻宗教群体（及其他群体）的税务责任。不论补贴是在纳税过程的开始还是结束之后提供的，对宗教群体的财政支持都是不可否认的。" *Rosenberger v. Rectors of the University of Virginia*, 515 U.S. 859-860 (1995)（法官托马斯表示同意）。

⑥ *Rosenberger v. Rectors of the University of Virginia*, 515 U.S. 861(1995).

决否定了 1985 年的"阿吉拉尔案（Aguilar）"的意见，在该案中，法庭裁定禁止公立学校教师为教会学校的贫困儿童提供由联邦政府提供资助的服务。法庭再次强化了对宗教和非宗教机构的中立原则[1]，并且强调"阿吉拉尔案的裁定不再是好的法令"。[2] 通过引用维特斯案和佐博罗斯特案，法庭认为"最近还有很多其他案件已经矫正了……阿吉拉尔案的假设"。[3]

法官奥康纳在阿格斯蒂尼案的裁决中对 5 票对战 4 票的局面措辞谨慎，但并不意味着否定之前司法过程中所使用的"莱蒙测试"的 3 点。相反，她强调，"我们还在持续追问政府的行为是要加强宗教还是削弱宗教"。所不同的是，法庭不再轻易接受过去的那些裁决中的特定假设了，如在教会学校工作的公共人员被假定是在教育宗教；雇佣关系的存在就意味着建立了教会和政府的"链接"；为教会学校的教育功能提供直接资助就不可避免地支持了宗教教化。法庭肯定了由 Title I 所资助的服务，即"不支持也不反对宗教"，因为它们面向所有学生，"不论他们信仰什么宗教，去什么样的学校"。

因为特别指出被质疑的项目是补充项目，法官奥康纳可能为挑战者质疑对教会学校的一般性资助留下个缺口。不管怎么说，阿格斯蒂尼案代表了法庭深思熟虑之后对改变司法程序的肯定。法庭随后拒绝听取威斯康星州最高法院对教育券裁决的上诉，进一步证明了这一重要的哲学转变——特别是威斯康星州的裁决意见就是针对当时的联邦判例法的。

依然是有限的自由

本章对于平等的讨论延伸到了宗教自由的范畴。我们发现，伦奎斯特法庭的法律程序对与宪法相关的第一和第十四修正案的解释中，要求在法律面前对宗教信仰者和非信仰者平等对待。这个解释与我们政府系统所基于的多元政治传统相吻合，与激励了《人权法案》作者们的宗教自由概念相吻合，以及与贯穿 20 世纪的有助于塑形政府—教会关系的最高法院的判例法相吻合。伦奎斯特法庭对宪法的解读改变了过去将反对建立国教与完全分离相混

---

[1] "显然 Title I 服务是基于标准发放的，既不特别赞成也不特别反对宗教。……该服务面向符合该法律要求的所有儿童，不论其宗教信仰及进入哪所学校。"阿格斯蒂尼诉费尔顿案，*Agostini v. Felton*，521 U.S. 203, 232 (1997)。

[2] *Agostini v. Felton*，521 U.S. 235 (1997).

[3] *Agostini v. Felton*，521 U.S. 222 (1997).

淆的司法决策模式，该模式迫使政府机构不承认宗教机构及其成员所享有的每个公民都应得的公共利益。

伦奎斯特法庭发布的一系列法律原则，使得政府有可能给教会学校的学生家长提供学费资助，只要资助以中立的方式管理，而且学生进入教会学校是家长的选择。进而，任何将教会机构排除在公共资助的选择项目之外的行动都有可能被质疑为宗教歧视，如果项目也同时向私立的非宗教学校开放的话。总之，近20年最高法院所下发的裁决已经证明，把孩子送到教会学校反映了家长自己的价值观。这是1925年皮尔斯案的裁决中的承诺。然而，正如布朗案一样，皮尔斯案的承诺也是空洞的，很大程度上取决于家长的经济地位。

州不得在允许其他私立机构参加的选择项目中歧视教会学校，但是在判例中并没有提到州政府有宪法责任去推行同时面向非公立学校的选择项目。这样的公共政策问题把自由裁量权留给了立法机构，它们由政治的多数派或者掌控某个特定公共政策领域的权利集团所控制。教育领域的政策强烈地受到集团利益的影响，它们努力确保公立教育之外只有少得可怜的实用的其他选择。正如麦迪逊所预测的，这些立法机构——多数派的政治产物——从历史上就对宗教少数派漠不关心或者持有敌意。① 很多州都在其宪法中规定了严格的分离标准，并且禁止直接或间接地资助宗教机构。学校选择的反对者们通常将这些禁令描绘为提升宗教自由。然而对历史的检视呈现了完全不同的画面，呈现了这样的要求和美国学校发展不能很好衔接的问题，而这正是麦迪逊在其《联邦主义者文集》中所担心的。

---

① 参见 Rakove, *Original Meanings*, pp.48-51, 314-316, 335。

第六章 宗教与普通学校

　　某种程度上而言，美国宪法传统这种说法是不合适的。美国联邦主义
（federalism）是很多传统的综合：在国家宪法和 50 个各有特色的州宪法中有
着包罗万象的一系列原则。在这个国家学校教育被看作是州和地方的职能，
因此教育政策的制定非常地去中心化。① 由联邦法庭所设定的宪法标准框架
中，宗教在教育中扮演的角色其实是法律规范的产物，这些规范在每个州随
着时间的推移于其独特的历史文化中逐渐演变。美国宪法的设计者们很小心
地设计了这样的政府管理条例以调和多数派的利益及对少数派权利的尊重，
然而大多数州宪法则是多数派政治的产物。

　　在美国历史上，没有什么能够比学校教育的历史更能呈现麦迪逊所担心
的多数派统治的危险了。这是个不断展开的故事。当代的学校选择的争斗
中表现出的宗教和公立教育间的张力，其实是这出不断发展的闹剧的次要
情节。

从多元主义到遗产

　　在早期的美国经验中，宗教、教育和政府有着在今天看起来危险的亲密
关系。因为每个殖民地的不同起源，早期共和政体的政治文化中多元主义起
着支配作用，但它最终随着普通学校运动而被消解了，并沉淀为其他问题。
最终的结果是教育系统压制其自身权利，与宪法所推动的政治多元主义的气
质相脱节。

　　如果建立美国共和政体是希望其成为最大的现代文明的民主实验，那么

---

① 就财政支出而言，教育是州政府的主要职能，占到了总体的三分之一。John E. Brandl,
*Money and Good Intentions Are Not Enough: Why A Liberal Democrat Thinks That States Need
Both Competition and Community* (Brookings, 1998), p.17.

很大程度上，最初的殖民地对宗教自由的追求使得这一目标成为可能。① 比如在新英格兰，每个城镇都会选取自己的牧师，并且通过缴纳税收来支持教堂。因为城镇人口大多数为公理会教友，所以马萨诸塞州、康涅狄格州和新罕布什尔州的教会大多也是公理会。

纽约在殖民时期有着独特的建立官方宗教的形式。当英国在 1664 年占领新阿姆斯特丹 ② 时，荷兰归正会教会是当时的官方宗教。英国用多元宗教系统代替了它，要求每个城镇选出自己的新教教会以及牧师，并且用地方税收来支持教会。因为当时纽约的人口非常多样化，因此其地方选举结果比新英格兰要更为多元化，虽然也更倾向于英国的圣公会。弗吉尼亚州、马里兰州和卡罗来纳州在革命之前都倾向于认定圣公会为官方宗教，佐治亚州也是如此；但是不像其他南方殖民地，佐治亚州在抵制天主教的同时，对其他基督教甚至犹太教表现出了一定的宽容。

有 4 个殖民地没有任何官方宗教。在新泽西州，由于其多元化的人口，单一的教会是不可行的。罗德岛是由罗杰·威廉姆斯为马萨诸塞州的宗教异见者建立的避风港，威廉姆斯·佩恩（Williams Penn）为教友派信徒建立了宾夕法尼亚州和特拉华州。这 3 个州都不愿意建立官方宗教。

实现独立之后，有着浓厚的公理会传统的康涅狄格州是新英格兰唯一一个保留特惠教会的州。虽然公理会教友在马萨诸塞州依然占大多数，但是现在他们和浸信会、教友派、美国圣公会、卫理公会及一神论共享税收。新罕布什尔州允许其城镇选出教会并以税收来支持，但是并不强制这么做。1791年加入联邦的第 14 个州佛蒙特州已经采取了地方自己决定的方式，这在当地已经成为传统。佛蒙特州希望其所有居民选择一个教会，参加其教会活动并为其纳税，但是如果他们想要在其他地方做礼拜的话，也并不会去强迫他们支持官方教会。不出意料，五分之一的南方州在摆脱殖民统治以后，打破了英国圣公会独霸的局面。北卡罗来纳州是它们中的第一个停止用公共税收来支持宗教教会的州。弗吉尼亚州、马里兰州、南卡罗来纳州和佐治亚州采用了非特惠的政策，居民只需为他们所选择的教会纳税。

进入 19 世纪中叶后，在纽约州、新泽西州、康涅狄格州、马萨诸塞州和

---

① 一般参见 Thomas J. Curry, *The First Freedoms*: *Church and State in America to the Passage of the First Amendment* (Oxford University Press, 1986); Leonard W. Levy, *The Establishment Clause*: *Religion and the First Amendment* (University of North Carolina Press, 1994), pp.1-78; Michael W. McConnell, "The Origins and Historical Understanding of the Free Exercise of Religion," *Harvard Law Review*, vol.103 (1990)。

② 新阿姆斯特丹是 17 世纪荷兰在曼哈顿岛南端建立的殖民地。——译者注

威斯康星州用公共经费来支持教会学校并非是件不寻常的事。① 很多情况下其实很难区分公立和私立机构，既然它们都坐落在同一个建筑物中。城市的民主党派政治家也为了满足其天主教选民而有意地去模糊该界限。在 1835 年，马萨诸塞州的洛厄尔开始尝试将天主教学校纳入公立学校系统。② 在 1850 到 1855 年间，加利福尼亚州的立法机构发现让宗教团体控制大部分学校经费预算有其方便之处，因为当时公立学校无法负担大量的移民人口的教育需要。这种情况一直持续到反天主教的游说最终在加利福尼亚州通过了禁止将公共经费用于教会学校的法律才停止。③

在 19 世纪中叶，普通学校系统的概念开始引起了全国教育者的关注。那时从南欧洲来的一大波移民潮为城市带来了很多人口，他们没有进过学校也不熟悉美国的生活方式。理想的学校应该为所有人提供优质的教育而不论他们的社会地位。④ 作为美国梦的一部分的教育会成为重要的社会平衡器。但是文化同化的过程伴随着巨大的代价。为了被美国社会所接受，移民人口需要净化其自我意识——宗教身份，旧世界的习俗，还有，是的，宗教习俗。⑤ 普通学校系统的发起人构想了这个以一应万的藐视美国多元主义的教育办法。到 19 世纪末，新的教育管理者的职业出现了，他们到处兜售其特长，建立严格的几乎没有为共享的决策留有余地的等级系统——并通过在教室任职的女性大军，或他们所控制的学生家长来实现此目的。⑥

---

① Carl Kaestle, *Pillars of the Republic*: *Common Schools and American Society*, 1780-1860 (Hill & Wang, 1983), pp.166-167.

② Robert H. Lord, John E. Sexton, and Edward T. Harrington, *The History of the Archdiocese of Boston in Its Various Stages of Development* (Sheed & Ward, 1944), pp.574-577.

③ David Tyack, Thomas James, and Aaron Benavot, *Law and the Shaping of Public Education*, 1785-1954 (University of Wisconsin Press, 1987), pp.90-91.

④ Lawrence A. Cremin, *The American Common School*: *A Historic Conception* (Teachers College, 1951). 同时参见 Os Guinness, *The American Hour* (Free Press, 1993)，该书特别描述了普通学校在个性教育和国家建设方面的作用。

⑤ 内森·格拉泽（Nathan Glazer）解释道，信奉熔炉理想的教育理论者们期望欧洲移民放弃他们自己的文化传统而成为美国公民。同样是这些思想者们——包括约翰·杜威（John Dewey）——从来没有认为把美国黑人包括在内。参见 Nathan Glazer, *We Are All Multiculturists Now* (Harvard University Press, 1997), pp.101-102。

⑥ 参见 Raymond Callahan, *Education and the Cult of Efficiency* (University of Chicago Press, 1962); David Tyack, *The One Best System*: *A History of American Urban Education* (Harvard University Press, 1974)。

贺拉斯·曼的宗教中立

没有人像贺拉斯·曼这样如此在意普通学校的本质，他是马萨诸塞州第一个公立学校系统董事会的秘书长。作为一神论教牧师的儿子，贺拉斯·曼欣赏宗教在培养移民潮的道德和公民美德方面的重要角色。作为政府官员，他要求在学校中执行严格的宗教中立态度，并且呼吁"完全排除宗教教学"。[①] 贺拉斯·曼所呼吁的中立其实是他政治计划的掩饰，他计划利用公立学校的教室来教授主流的新教思想，他相信新教能够拯救那些人的灵魂以及共和政体的财富。[②] 用他自己的话来说，即是"建立共和政体或许是容易的，但是培养共和党人却很辛苦"。[③]

如果说贺拉斯·曼是想建立新形式的官方宗教，那就言过其实了。他的目标更为微妙。贺拉斯·曼是想让确定什么才是一个美国人的美国文化及其宗教传统一代代传承下去。还有什么机构能比公共学校更好地传递这些价值呢？在实践层面，这意味着一些形式的礼拜被认为优于另一些形式，一些特定的教义——主要是天主教——会被公民秩序所摒弃。公共权力和宗教的联合创造了一种政治环境，即对信仰其他宗教的外来者怀有敌意。贺拉斯·曼的学校要求每日阅读金·詹姆斯（King James）版本的《圣经》、祈祷，并唱赞美诗。这些要求面向所有学生，无论是犹太教、天主教，还是浸信教或贵格教。贺拉斯·曼相信，如果学生自己阅读《圣经》而没有老师的指导，这就是一种中立行为，允许他们自己获得真相。不管怎么说，他的意图是清晰的。1848 年他在教育董事会的年终报告中解释道：

> 我们的学校系统教授所有基督教的道德；它将道德建立在宗教的基础之上；它欢迎《圣经》的教导；通过接受《圣经》，它认定《圣经》（而不是其他宗教系统）所允许的行为才是被允许的行为，它为自己

---

① Horace Mann, "First Annual Report to the Board of Education" (1837).

② 一般参见 Charles L. Glenn, *The Myth of the Common School* (University of Massachusetts Press, 1988); Stanley K. Schultz, *The Culture Factory: Boston Public Schools*, 1789-1860 (Oxford University Press, 1973); Frederick M. Binder, *The Age of the Common School*, 1830-1865 (John Wiley, 1974)。

③ Horace Mann, "Twelfth Annual Report to the Board of Education" (1848).

见证。①

　　如果贺拉斯·曼的宗教沙文主义对其他少数派而言是一种冒犯的话，这其实也是 19 世纪美国政府所流行的裁决方式，马克·德沃夫·豪（Mark DeWolfe Howe）曾将其描述为"实际上新教就是官方宗教"。②1852 年马萨诸塞州立法机构颁布了国家第一部义务教育法。该法案由本土主义者（nativist）"一无所知派（Knowing-Nothing Party）"所提倡和支持，用以回应天主教要求在剑桥公立学校阅读《圣经》的抗议。在该法案获得通过时，《普通学校杂志》刊发的编者按中写道：

　　　　自从剑桥建立以来，英语《圣经》就一直以这样或那样的方式在公立学校使用，为来自各个不同教派的儿童所阅读；但是在 1851 年，那些无知的移民在这片自由和富饶的土地上找到了食物和避难所，他们想当然地指手画脚，并且拒绝让他们的孩子像我们的孩子一样阅读生命之道。这种傲慢甚至无礼的行为一定让每个本地居民感到吃惊，我们只能希望他们马上利用法律去教育这些令人失望的外来者们，让其意识到，他们在自己国家的贫困和无知正是源于他们对《圣经》的无知。③

　　我们无法将美国普通学校的建立与源于 19 世纪早期的新教布道坛的强势的地方主义者相分离。到 1837 年贺拉斯·曼开设第一所学校时，新教报纸已经建立了强大的网络，传播反天主教的信息，因为天主教——因人数增加和罗马教廷的支持而越来越大胆——的出现给旧秩序带来了巨大的威胁。受到了传教士莱曼·毕彻（Lyman Beecher）的煽动性布道的影响，1834 年波士顿的暴民焚毁了乌尔苏拉女修道院，只因为天主教抗议在公立学校的《圣经》阅读和祷告。④

---

① Horace Mann, "Twelfth Annual Report to the Board of Education" (1848).

② Mark DeWolfe Howe, *The Garden and the Wilderness* (University of Chicago Press, 1965), p.31.

③ "The Bible in the Public Schools," *Common School Journal*, vol.14, January 1, 1852, p.9. 参见 Thomas James, "Rights of Conscience and State School Systems in Nineteenth Century America," in Paul Finkelman and Stephen E.Gottleib, eds., *Toward a Usable Past*: *Liberty under State Constitutions* (University of Georgia Press, 1991), pp.126-127。

④ Ray A. Billington, *The Protestant Crusade, 1800-1860*: *A Study of the Origins of American Nativism* (Macmillan, 1938) pp.41-47.

马萨诸塞州这样丑陋的经历标志着全国性的情绪的爆发。[①] 在 19 世纪，马萨诸塞州是唯一颁布法律要求在公立学校阅读《圣经》的州，而全国70%—80% 的学校其实已经在这么做了。[②] 当缅因州的一群天主教徒对 15 岁的布里奇特·多纳休（Bridget Donahue）因拒绝阅读新教《圣经》而被开除提出质疑时，州最高法院在 1854 年裁定强制阅读金·詹姆斯版本的《圣经》并没有违反宗教自由。[③] 这是直到 1925 年的 19 个州发生的 25 个（15 个与天主教徒有关）诉讼案件中的第一个，其中只有 5 个案件被裁定原告胜诉。[④] 犹太教徒和一些被此传统所冒犯的新教教徒也加入了天主教要求在课程中删除《圣经》的请愿，但是只有天主教徒在此方面有政治影响力。[⑤]

那时很多法官拒绝认为《圣经》是宗教书籍，即使当时课堂中只允许使用一个版本。新教教义在美国人的意识中如此根深蒂固，一般人很难理解宗教少数派的沮丧。普通学校的建立是为了教育移民人口，实现文化同化，使他们成为执政的多数派想象中的好的多产的公民。《圣经》，新教的《圣经》是他们神圣事业的神圣的工具。麦克古菲阅读系列是 19 世纪公立学校广泛使用的启蒙读物，有人在对其内容进行详细审阅之后，指出该系列更像是神学读物而不是学校课本。[⑥] 历史学家戴维·泰克（David Tyack）和他的合作作者给出了中肯的解释：

> 新教牧师和世俗的人们处在公立学校改革的最前沿，他们帮助建立了此机构并对其有着作为拥有者的兴趣。他们认为普通学校和新教教会共享着同样的目的。他们很难接受道德教育并非基于宗教。他们会说"具有道德的公民才能使共和政体得以存在。道德植根于宗教。而宗教来

① 参见 David Tyack, "The Kingdom of God and the Common School: Protestant Ministers and the Educational Awakening of the West," *Harvard Educational Review*, vol.36 (1966)，该文呈现了对俄勒冈的案例研究。

② Tyack, James, and Benavot, *Law and the Shaping of Public Education*, p.164.

③ *Donahue v. Richards*, 38 Maine 376, 4409 (1854).

④ Otto Templar Hamilton, *The Courts and the Curriculum* (Teachers College, Columbia University, 1927), p.113.

⑤ 参见 James Turner, *Without God, Without Creed: The Origins of Unbelief in America* (Johns Hopkins University Press, 1985)。

⑥ John Westerhoff, *McGuffey and His Readers* (Abingdon, 1978).

源于《圣经》。公共学校是培养道德公民的主要机构。因此学生必须在学校阅读《圣经》"。①

普通学校的历史其实是在讲述有关垄断的危险性的故事，政治多数派被允许建立教育上的垄断，并强迫其他人的子女接受他们的价值观。普通学校发展的本身证明了麦迪逊的预见。一个19世纪痛苦的观察者说道："某种程度上我们从普通学校系统中创造了一个上帝，哪怕些许质疑都会被看作是叛国。"② 这种情况下根本没有反对的余地。少数派的权利和担心被轻易地忽视或践踏——通常是在不知情的情况下，有时是故意的，但不管怎样这都损害了民主概念。少数派的子女没有其他有意义的教育方式可供选择，他们只能被迫接受多数派的世界观。

到19世纪中叶，很多大城市的天主教人口显著增加，他们强烈要求教育方式的其他选择。芝加哥、费城、波士顿、辛辛那提、巴尔的摩、旧金山和圣保罗的宗教领袖全都开始在州立法机构中进行游说，以期用公共经费来建立他们自己的学校系统。③ 最富有戏剧性的战斗发生在纽约。当休斯主教参与到争论中时，他的住所被暴徒捣毁，需要召集自卫队来保护圣帕特里克大教堂。④ 当密歇根州的天主教徒提交了支持天主教学校的提案之后，反对者把他们的提案说成是由犹太教策划的全国范围的破坏公立教育的阴谋。明尼苏达州的教会学校被指控有意推翻基本的美国原则。当1854年"一无所知派"获得了马萨诸塞州立法机构的控制权之后，起草了第一个禁止给教会学校提供经费的州法律。该立法机构同时建立了女修道院调查委员会，对修道院进行

① Tyack, James, and Benavot, *Law and the Shaping of Public Education*, p.162.

② "Industrial Education," *Scribner's Monthly* (March 1880), pp.785-786, 引自 Lloyd P. Jorgenson, *The State and the Nonpublic School*, 1825-1925 (University of Missouri Press, 1987), p.23。

③ 参见 Jorgenson, *The State and the Nonpublic School*, pp.20-158; Michael Feldberg, *The Turbulent Era: Riot and Disorder in Jacksonian America* (Oxford University Press, 1980), pp.9-32, 该书讨论了费城案例；Vincent Lannie and Bernard Diethorn, "For the Honor and Glory of God: The Philadelphia Bible Riots of 1844," *History of Education Quarterly*, vol.8 (1968); James W. Sanders, *The Education of an Urban Minority: Catholics in Chicago*, 1833-1965 (Oxford University Press, 1977)。

④ 关于这个故事的完美再现，参见 Diane Ravitch, *The Great School Wars: New York City, 1805-1973* (Basic Books, 1974), pp.27-76。

突击检查，看那些年轻女孩子是否被迫待在那里。这个拥有 24 名新教牧师的马萨诸塞州立法机构还试图通过立法限制印第安人的公民投票权和担任公职的权利。同年，反天主教的"一无所知派"在国会中获得了 75 个席位，那是个令人痛苦的时代。①

布莱恩的修正案

在 1872 年，辛辛那提、芝加哥和纽约的学校董事们受到了天主教游行的影响，投票禁止了公立学校的《圣经》阅读和宗教仪式。城市地区不断增长的"天主教威胁论"刺激了很多新教教堂，其联合起来形成了新的本土主义者的群体，他们发起了双管齐下而又相互抵触的竞选游说，一方面游说在公立学校保留《圣经》学习，一方面反对政府对教会学校的支持。② 普通学校的课程内容从以开放的态度接受主流的新教思想逐渐发展到了公然地反对天主教。在露丝·米勒·埃尔森（Ruth Miller Elson）对一千多本 19 世纪公立学校的教科书的调查中，她发现两个主题非常普遍：一是对以爱国主义、资本主义和新教主义为特征的美国传统文化的培养；二是强烈地反天主教主义，该教会被描绘成国家的威胁，效忠于罗马的异端权威。③ 正如法律历史学家道格拉斯·雷考克（Douglas Laycock）所解释的，直到天主教开始要求获得同样的资助之前④，在美国对教会学校的资助都还不是个有争议的话题。公共权力机构拒绝提供此类经费，并非来自那些高尚的人们用来保护宗教自由的宪法条文之中，而是来自对天主教的偏激的仇恨，特别是爱尔兰人。

1875 年，尤利西斯·格兰特（Ulysses Grant）总统鉴于巨大的政治压力，在华盛顿的公开演讲中承诺"鼓励发展自由学校，并且决心不让任何一分钱

---

① Sydney Ahlstrom, *A Religious History of the American People* (Yale University Press, 1972), pp.563-565.

② 参见 J. Higman, *Strangers in a Promised Land: Patterns of American Nativism*, 1860-1925 (Rutgers University Press, 1955); Billington, *The Protestant Crusade*。

③ Ruth Miller Elson, *Guardians of Tradition: American School Books of the Nineteenth Century* (University of Nebraska Press, 1964). 同时参见 Robert Michaelsen, *Piety in the Public School* (Macmillan, 1970)。

④ Douglas Laycock, "Summary and Synthesis: The Crisis in Religious Liberty," *George Washington Law Review*, vol.60 (1992).

用于支持教会学校"。① 为了遵守他对国会的承诺，格兰特提议对宪法进行修正，反对对教会学校的公共资助。总统的这一举动稳定了共和党派在公立学校游说活动中反天主教阵营的地位，为两党之争奠定了雏形。② 为了使得格兰特的修正案被通过，就需要在国会寻找支持者。这个角色被缅因州的参议院詹姆斯·布莱恩（James Blaine）热心地担当了起来。布莱恩正在寻求获得共和党的党内提名以期接任格兰特。他当然理解本土主义者和反天主教的广泛的政治诉求与总统的计划相吻合，并且打算好好利用这个机会。在给《纽约时报》的一封公开信中，他声称这是在纠正"宪法的瑕疵"。③ 在那个时候，还没有人认为给宗教学生提供资助是违反宪法的，而布莱恩公开说，令人痛心的是，"各个州简直就是在为所欲为"。

布莱恩鲜明的反天主教教会的政治姿态激起了大量的公众评论。《天主教世界》充满怨恨的编辑发表了一份声明，谴责"那些希望通过唤醒大众中的宗教偏激和狂热分子来获得权利的政客"。④《圣路易斯共和党人》报认为，"从时间上来看，这些行为暗示着共和党部分管理者的意图是挑起对天主教会的普遍对抗"。即便是通常同情布莱恩的法律立场的《国家》杂志，这次也承认：

> 布莱恩先生的确提出了直接反对天主教的宪法修正案，但是众所周知，现在反天主教的情绪仅仅是少数，通过修正案布莱恩先生希望达到的或者能够达到的目的，不是使法案获得通过，而是利用它获得反天主教人们的投票。⑤

布莱恩的修正案获得了两院的强烈支持，但是在参议院离超过三分之二投票的要求还差 4 票。然而，由提案而激发的其他行动被证明获得了极大的成功。它的原则纳入到了共和党的党纲中，反对"朗姆酒、天主教教义和叛军"成为明确的党纲。虽然布莱恩没有获得党内提名，他的保守的修正案也

① Stephen K. Green, "The Blaine Amendment Reconsidered," *American Journal of Legal History*, vol.36 (1992), p.47.
② 参见 Marie Carolyn Klinkhamer, "The Blaine Amendment of 1875: Private Monies for Political Action," *Catholic History Review*, vol.42 (1957); Green, "The Blaine Amendment Reconsidered"。
③ *New York Times*, November 29, 1875, p.2.
④ *Catholic World* (February 1876), pp.707, 711.
⑤ *Nation*, March 16, 1876, p.173.

未被通过，但是他的名字永远地成为了未来有关给教会学校拨款的辩论中虚伪而讽刺的标志：使用宪法的语言，打着爱国的旗号，谋求私人利益。所有这些策略都是为了掩盖其真实意图：暗中破坏由宗教少数派运作的学校的生存能力，以支持政府垄断下的公立学校。

　　布莱恩的政治竞选有着持久而深远的影响。虽然共和党人没有继续召集绝大多数投票以通过修正案，但是他们控制着数量可观的国会议员，这足以影响政策走向。法律要求隶属于联邦的每个州在 1876 年之后都要设立脱离宗教控制的公立学校系统。1889 年的授权法案将达科他州分为两个州，并且与蒙大拿州和华盛顿州一同加入联邦，法案要求每个州将布莱恩式的条款写入宪法。① 新墨西哥州的加入也是以在宪法中纳入类似语言为条件的。②

　　随后的内战和重建阶段，共和党抓住机会影响南方教育的发展以迎合他们自己的政治优先权。③ 国会领导者们也开始意识到联邦拨款可以用来作为控制州政策的筹码。很多密西西比以西的州都能获得占到教育税收 10% 以上的联邦拨款，并且以服从联邦指导为条件。④ 然而，这些条件并不是议会强加给州政府的。共和党控制的华盛顿州正是围绕着布莱恩的修正案形态所形成的全国性共识的表现。这个时期各个州首府的活动也很频繁。很多法律都处于重新考虑的过程中，布莱恩精神似乎已经在他们的考虑之中了。到 1876 年已经有 14 个州颁布了法律禁止为教会学校提供公共拨款，到 1890 年 21 个州将类似条款写入了它们的州宪法。⑤

---

① Robert F. Utter and Edward J. Larson, "Church and State on the Frontier: The History of the Establishment Clause in the Washington State Constitution," *Hastings Constitutional Law Quarterly*, vol.15 (1988).

② Tom Wiley, *Public School Education in New Mexico* (Publication of the Division of Government Research, University of New Mexico, 1965), pp.27-31. 同时参见 Robert Larson, *New Mexico's Quest for Statehood*, 1846-1912 (University of New Mexico Press, 1968)。

③ Tyack, James, and Benavot, *Law and the Shaping of Public Education*, pp.133-153.

④ Tyack, James, and Benavot, *Law and the Shaping of Public Education*, pp.22. 早在 1785 年，国会就制定了新领土的十六分之一应该被用于教育的规定，并且要求有相应的资金支持。As early as 1785 Congress established that one parcel out of sixteen in the new territories would be set aside for educational purposes and made monies available for this purpose. "Land Ordinance of 1785," in Henry Steele Commager, ed., *Documents of American History* (Appleton-Century-Crofts, 1958).

⑤ Green, "The Blaine Amendment Reconsidered," p.43. 在 19 世纪 70 年代间，密苏里州、伊利诺伊州、宾夕法尼亚州、新泽西州、内布拉斯加州、得克萨斯州、科罗拉多州和明尼苏达州在执行宪法条款。Jorgenson, *The State and the Nonpublic School*, p.114.

　　有关这一点纽约州是个著名的案例。它既不属于老的联邦的一部分，也不是寻求独立的新殖民地。然而，在这里本土主义和天主教之间的对立达到了政治争斗的空前高度。早在 1844 年，它就通过立法禁止给宗教学校拨款。到 1894 年禁令被写入了州宪法，禁止为教会学校提供直接或间接的资助。① 同年约翰·威尔森（John Wilson）牧师在第八街卫理公会教堂的布道被发表在《纽约先驱论坛报》上，他公开谴责天主教教会是"公民自由的永远的公敌"。② 当纽约在 1880 年选举了第一个信仰天主教的威廉·格里斯（William Grace）作为市长时，《纽约时报》非常担心公共学校会被"罗马化"。③ 而现在纽约市学校选择的反对者们把州宪法中的布莱恩修正案作为支持他们观点的法律依据。在 1967 年的州宪法会议上，布莱恩修正案依然是争论的重要问题，当时他的反对者试图废除它但是最终失败了。④

　　公立学校游说者和本土主义者的政治力量之间的"罪恶"的联盟进入到了 20 世纪。没有什么比 1992 年发生在俄勒冈州的事件更能呈现这场政治联姻的丑陋了。⑤ 那年州投票者通过了要求所有年龄在 8—16 岁的儿童进入公立学校学习的提议，这在法律上使得进入私立学校学习成为非法。这个提议在由三 K 党和苏格兰仪式共济会（Scottish Rite Masons）发起的竞选活动中被炒作起来，共济会主张"义务教育应该保证公立学校的发展和高效率"，并且指责罗马天主教廷想要废除公立学校。⑥

　　出于某种原因，三 K 党——它的成员们坚信白人新教徒的优越性以及黑

① Peter Gailie, *Ordered Liberty: A Constitutional History of New York* (Fordham University Press, 1996), pp.183-184.

② *New York Herald Tribune*, July 16, 1894.

③ Jorgenson, *The State and the Nonpublic School*, p.121.

④ Henrik N. Dullea, *Charter Revision in the Empire State* (Albany, N.Y.: Rockefeller Institute Press, 1997); Lewis Kaden, "The People: No! Some Observations on the 1967 New York State Constitutional Convention," *Harvard Journal on Legislation*, vol.5 (1968).

⑤ 有关这个案件的解释，参见 Jorgenson, *The State and the Non-Public School*, pp.205-215; David Tyack, "The Perils of Pluralism: The Background of the Pierce Case," *American Historical Review*, vol.74 (1968); Thomas J. Shelley, "The Oregon School Case and the National Catholic Welfare," *Catholic History Review*, vol.75 (1989)。

⑥ *New Age* (October 1922), 转引自 William G. Ross, *Forging New Freedoms: Nativism, Education and the Constitution, 1917-1927* (University of Nebraska Press, 1994), p.153。

人、犹太人天主教徒和移民的次等地位——得出了这样的结论，强迫所有的群体一起进入由公共权力监管的学校能够强化美国的民主。私立学校鼓励私人概念，这被认为是危险的。在由州政府运作的学校中接受义务教育可以扭转由社会多元主义所造成的危害。宗教学校的扩张会导致公立学校的毁灭，公立学校是自由社会的基础，是美国神圣的"自由的殿堂"。正如三K党的高级人员，太平洋领域骑士所解释的：

> 保卫普通学校是三K党的固有政策，白袍卫士会永久地守卫它们，并且用燃烧的火把作为信号，守卫在自由的殿堂的围墙之外。当危险临近时他们发出警告，并且站在保卫公立学校的最前沿。①

新的法律遭到几个方面的反对：黑人和犹太人担心这些激进分子控制学校董事会；天主教徒、路德教会成员以及基督再生论者们想要在自己的学校教育自己的孩子；长老会、一神论教徒和公理会的牧师们则认为这样的限制是违反宪法的。没有任何一个主要的教派赞成通过此项全民公投，公立学校的领导者们也不在此举的前沿。但是很多新教牧师和学校董事会成员支持它。

俄勒冈州的法律最终受到了"以耶稣和玛利亚之圣名的修女"团体（Sisters of the Holy names of Jesus and Mary）的挑战，该团体有数个教会学校，以及非教会的私立学校和黑尔军事学院。她们成功地从联邦法庭获得了禁止州强制执行该法律的禁令。随后，州总律师向美国最高法院就该裁定提起上诉。两年前，高等法庭已经收到关于内布拉斯加州路德教学校教师非法使用德语教学的裁定的上诉。内布拉斯加州是21个州中的一员，它们认定不论在公共还是私立学校使用英语之外的其他语言教学是非法的。② 所有这些法律的颁布都有着相同的目的：阻碍教会学校，因为他们通常用自己的语言给移民人口提供教学。

随着梅耶案和皮尔斯案的裁定——在前一章已详细讨论过——最高法院已经确认了家长为自己的子女选择教育的权利和合宪法性，同时认定教会学校与政府运作的机构有并行的权利。但是这些权利不是想当然就能获得的。对家

---

① Luther Powell, "Preface," in George Estes, *The Old Cedar School*, 引自 Tyack, "The Perils of Pluralism," p.74。

② Jorgenson, *The State and the Nonpublic School*, p.206.

长的教育特权的攻击开始变成了全面压制，反对教育中的宗教的竞选活动远未结束。

从分离到世俗化

到了世纪之交，新的革命在美国城市中兴起。这次的变革在进步主义的旗帜下展开。民主党解决了移民人口的需要，同时也是这个民主党使得数个政府变成了恩惠和腐败的污水池。为了解决使得市政府颇为苦恼的不胜任问题，改革者们希望建立由专业人士管理的专业的公民服务机构。① 这意味着对作为政治机制基础的基于监管的政府系统的去中心化，取而代之的是允许直接服务于大众的基层组织拥有小范围的自由裁量权的层级系统。20 世纪的第一个 10 年，科学管理的信条魅力不断增加。在美国工厂的工业化世界中孕育并由弗雷德里克·泰勒（Frederick Taylor）发展起来的科学管理被作为新模式介绍到了政府的管理运作中。正如泰勒所观察到的，在实验室中的观察、分析和实验的技术可以经过改良而运用到实际工作环境中以提高效率。② 给处于层级顶端的经过训练的管理者以决策权能够降低在生产线的末端不加思考的职员们出错的（以及腐败的）风险。

同时期还有些潜在的由进步主义者发起的反对不道德和不称职行为的运动。至少在最初，变革者们设想把政府管理专业化作为道德的新教竞选的一部分，以使美国实现其作为自由资本主义世界的领导宿命。那个时期的一个作者这样写道，"直到科学管理的原则渗透到劳动世界的每个角落每个缝隙，我们才能意识到基督教教义的愿景或民主的梦想"。③ 正是格兰特总统在 1871 年任命了第一届公民服务委员会以清除杰克逊系统中的腐败。在变革的面纱

① Martin J. Schiesl, *The Politics of Efficiency: Municipal Administration and Reform in America*, 1880-1920 (University of California Press, 1977); Joseph P. Viteritti, *Bureaucracy and Social Justice* (Kennikat Press, 1979).

② 关于对泰勒及其影响的反思，参见 Robert Kanigel, *The One Best Way: Frederick Winslow Taylor and the Enigma of Efficiency* (Viking, 1996); J. C. Spender and Hugo J. Kigne, eds., *Scientific Management: Frederick Winslow Taylor's Gift to the World* (Kluwer Academic Publishers, 1996)。

③ M. L. Cook, "The Spirit and Social Significance of Scientific Management," *Journal of Political Economy*, vol.21 (June 1913), p.493. 同时参见 W. H. Allen, *Efficient Democracy* (Dodd, Mead, 1907)。

之下的，是旧共和党的新教国教和以城市为基础的民主党的少数族裔以及宗教少数派之间的尖锐的党派争斗。奖品是谁能决定大城市的政策。①

　　整个冲突以及结果对教育而言有着特殊意义。组织的工厂模式从商业和政府管理转移到教育中引起了教育管理者们的兴趣，该职业则刚刚兴起。为了将制定教育政策的权利转交给职业管理者，从腐败的政客手中剥夺此权利成为了方便的借口。正是这些"学校人"策划着受人尊重的学校教育，他们被认为有着管理学校的专长。没有人有政治的、管理的或道德的权威去挑战他们。学校教师则被期望去做被要求去做的事情。市郊学校儿童的家长们大多数都不识字，也没有什么能力去质疑从上面传达下来的政策。

　　父亲们（妇女被排除在任何严肃的决策之外）所预想的工厂模式管理的最大危害是它有效地把公立教育的功能从直接的民主控制中剔除了。官僚机构取代了政策。由公众选举产生的校董事会也被进步主义的变革者认为是教会的任命而非公众的代表。②学校领导们认为，对政治机器的滥用已经暴露了民主管理的限制，而且只有他们能够提供拯救办法。这些说法持续了一个多世纪，直到20世纪60年代的社区控制运动才使得决策过程中有了家长的参与。

约翰·杜威，实用主义者和哲学家

　　约翰·杜威是本世纪欧洲自由主义思想的继承者，是教育领域最有影响的思考者。像贺拉斯·曼一样，他认为公立学校是能够强化美国民主的公共价值的孵化器。③但是两者的相似之处到此为止。杜威的作品，尤其是早期作品中还有着大量的布道的虔诚语言，其反映了他的新英格兰公理会的成长背景，而到杜威30岁的时候，他放弃了他的教会会员以及所有宗教身份。④反

---

① Jon Teaford, *The Unheralded Triumph* (Johns Hopkins University Press, 1984), and Jon Teaford, *The Municipal Revolution in America* (University of Chicago Press, 1975), 提供了对变革的批判性回顾。

② 参见 David Tyack and Elizabeth Hansot, *Managers of Virtue: Public School Leadership*, 1820-1980 (Basic Books, 1982), pp.129-166。

③ 参见 Robert B. Westbrook, *John Dewey and American Democracy* (Cornell University Press, 1991), 关注于杜威的教学和著作的政治关联性。

④ 参见 Alan Ryan, *John Dewey and the High Tide of American Liberalism* (Norton, 1995); Steven C. Rockefeller, *John Dewey: Religious Faith and Democratic Humanism* (Columbia University Press, 1991)。这两本重要的传记中，洛克菲勒（Rockefeller）固执地坚持认为杜威是宗教的人文学者，而赖安（Ryan）则更直接地记述了杜威对宗教及其信徒的逐渐增加的轻视。

思宗教教育对美国社会的潜在影响时，杜威认为"已经完全没有必要保留那个看不见的力量的概念去控制顺从的人们的命运了，敬拜已经到了该结束的时候了"。① 他把宗教教育看作是"最野蛮和退化的信仰"。

在启蒙运动中，杜威是个经验主义者，他认为科学能够将人类从"奴性的接受神职人员所强加的教条"中解放出来。与牛顿物理学及其伟大的机械世界设想的把 17 世纪的思想者们从神的宇宙中解放出来一样，杜威的科学教育，为下一代学校儿童提供了基于坚实的证据的学习方法。

杜威认为，教育是"基于科学知识的艺术"②；公立学校的教师是"真正的上帝的先知"③。对于这位自我宣称的实用主义者而言，揭示真相只能通过实验的途径。实验室就是他的祭坛，学校就是他的圣殿。正如他在 1922 年的《新共和政体》中的短文所声称的，"如果我们可以把任何事情都宗教化，我们也可以虔诚地对待教育"。④ 当然，杜威在教育的背景下谈到宗教是把它作为一种隐喻的讽刺。在杜威职业生涯的后半段，他对宗教的态度是轻蔑的。杜威和贺拉斯·曼都相信普通教育有助于美国的公民文化，但他坚定地认为应该将宗教排除在教室之外。杜威认为教育科学和民主科学会协同发展。在自由教育的指导下，每个孩子都能够获得批判思考能力，这使得他们能够质疑各种形式的非法权威，不论是政府的还是教会的。

如果贺拉斯·曼的宗教中立被他傲慢地喜欢某个特定宗教胜于其他宗教的偏袒而玷污，那么杜威的错误就在于喜欢非宗教信仰者多过宗教信仰者。他激进的世俗主义本身也变成了某种信条，其对于宗教多元主义原则的攻击不亚于贺拉斯·曼对新教的愚忠。根据杜威的实用主义哲学信条，基于公共利益的要求，政教分离的原则要求教会服从于政府。教会学校从政治和社会角度被分离了。正如他所明确阐释的：

> 根据学生所参加的教会和教派而在宗教教师之间分配学生的计划，促使我们反对那些损害宗教声誉的事情，它们使得人们质疑其起因，倒不是宗教本身的起因，而是宗教组织化和制度化的起因：各个宗教团体

---

① John Dewey, *A Common Faith* (Yale University Press, 1934), p.7.

② John Dewey, "Education as a Religion," *New Republic*, September 13, 1922, p.63.

③ John Dewey, "My Pedagogic Creed," *School Journal*, January 16, 1897, p.80.

④ Dewey, "Education as a Religion," p.64.

不同的灵感源泉和愿景，引发了大量的竞争和对抗。我们的学校将那些不同国籍、语言、传统和信仰的人们聚集在一起，基于共同的努力和成就的公共基础而将大家同化于一堂，我们的学校正在承担着无限重要的宗教工作。①

杜威对美国教育上的持续影响不断地支持着这样的态度，即认为有组织的宗教有损于教学以及民主本身。他对天主教教会的仇恨在坊间广为流传，反之亦是如此。② 他是政府资助教会学校的热情的反对者，甚至卷入了是否给纽约市公立学校学生接受宗教教育的豁免时间的公开辩论。就像他之前的贺拉斯·曼，约翰·杜威也无法理解他在教育上自以为是的方式所具有的压制的本质。他不理解他的哲学对持有关于科学的不同信仰的群体或者有着虔诚的宗教信仰的群体的负面影响。他也不会意识到他被公共权威所支持的思想可能只是在表面上支持他所深信的民主价值观。

杜威确实相信公共学校会成为社会变革的推动力。本质上而言，他是平等主义者，认为每个孩子理应接受优质的教育。但是他的优质教育的概念植根于相信科学的客观性的主观价值体系之中。1918 年教育部颁布了一项有关中等教育的目的的报告，其草案由国家教育委员会赞助。这成为了后来的"七项主要原则"，随后几十年中任何想要获得教师资格证的人都需要阅读和记住它们，并且其中的很多内容都来自杜威两年之前出版的《民主主义与教育》。③ 它宣称教育的目的应该由"它所服务的社区的需要、教育的个体的性格特征，以及现有的教育理论和实践的知识"④ 所决定，只有一条原则与学术科目有关。这条语言含混的原则——基本过程的原则——只出现在文件后期的草案中。⑤

在后来的几年中，杜威否定了很多打着进步主义教育旗号的含混的教育

① John Dewey, "Religion in Our Schools," *Hibbert Journal* (July 1908), pp.806-807.

② Ryan, *John Dewey and the High Tide of American Liberalism*, pp.339-343.

③ John Dewey, *Democracy and Education: An Introduction to the Philosophy of Education* (Macmillan, 1916).

④ National Education Association, *Report of the Commission on the Reorganization of Secondary Education* (U.S. Bureau of Education, 1918).

⑤ 此观点的其他部分围绕着诸如健康、假期、公民教育、道德个性的培养、家庭观念和如何利用闲暇时间等广泛的社会目标发展而来。

学概念，特别是关于职业教育的概念。① 不管怎么说，杜威协助设计了在 20
世纪塑形美国公立学校的模式：它对权威的炫耀，它为了追求社会目的而削
弱了学术学习，它将公立学校作为传递政治价值的工具，它的顽固的世俗主
义。美国教育的现代形式从教室中剔除了宗教教义，取而代之以世俗的人道
主义。新的公共教育思潮的价值正如贺拉斯·曼的新教主义，对于那些想要
根据自己的信仰来教育子女的少数派而言同样令人厌恶。

到了 20 世纪中叶，专业教育者受到了"生活调整（life adjustment）"竞
选活动的偏爱。这一活动触及到教育领域的标志是 1947 年成立了美国青年生
活调整委员会，并且在 1950 年成立了第二个委员会来推广这个概念，并持续
到了 1954 年。这些新的信条来自"七项主要原则"所提到的很多主题，将儿
童的诸如"在未来生活中对个体的满意和成功非常重要的身体、心理和情绪
健康"等非学术需要放在首位。② 该议程获得了教育界的广泛支持，也受到
了诸如美国教育部、国家教育委员会、全美学校管理人员协会和全美州首席
教育官理事会等机构的支持。专业内部形成的共识也成为了外部攻击的目标，
就像给进步主义教育和其思想继承者敲起的丧钟。进步主义教育协会自身在
1955 年解散。③ 此前它的成员和其影响已经被认为在教育上是错误的：它的
反学术主义，它的价值观的特殊性，它的道德相对主义，以及最后，它对更
高社会地位的不相干的要求。

对进步主义的铺天盖地的批评并没有一致的形式，不同的批评中都包含
了一丝事实——不仅仅包括当时的教育现状，也包括后半世纪的教育的可能
状态。从 20 世纪 30 年代开始，诸如威廉·巴格利（William Bagley）等颇有
威望的教育学者开始批评进步主义缺乏实质性的内容。④ 杜威本人也警告那
些没有结构的基于一时兴起或冲动的学习方式。⑤1943 年教师学院的 I.M. 肯

---

① 参见 Lawrence A. Cremin, *The Transformation of the School: Progressivism in American Education*
(Random House, 1961); Diane Ravitch, *The Troubled Crusade: American Education, 1945-1980*
(Basic Books, 1983), pp.43-80。

② U.S. Office of Education, *Vitalizing Secondary Education: Report of the First Commission on Life
Adjustment Education for Youth* (1951).

③ 参见 Patricia A. Graham, *Progressive Education from Arcady to Academe: A History of the Progressive
Education Association, 1919-1955* (Teachers College Press, 1967)。

④ William C. Bagley, *Education and Emergent Man* (Thomas Nelson, 1934).

⑤ John Dewey, *Experience and Education* (Collier, 1938).

德尔（I.M. Kendel）教授和他的同事们开始推行教育学的方式，但这些方式非常肤浅，与植根于过去的智力传统相分离。① 罗伯特·哈钦斯（Robert Hutchins）将这种专业描述为哲学上的破产。② 阿瑟·贝斯特（Arthur Bestor）在非常著名的《教育荒原》（*Educational Wasteland*）一书中抨击教育学者和教师们没能培养出发展健康的民主所必需的重要技能以及学生思考的能力。③

姑且不论其他批评，宗教在现代公立学校课程中也最显而易见、无可争议地受到了影响。1949 年伯纳德·伊丁斯·贝尔（Bernard Iddings Bell）发现，学校已经取代了本应属于家长的家庭的发展功能，同时也将宗教排除在外。④ 几年之后，在《教育骗局》（*Quackery in Education*）一书中，阿尔伯特·林德（Albert Lynd）痛心地表示，专业的教育工作者建立了学校独裁，从公众手中夺取了控制权。他把公立学校看作是"任何国家任何专业人士所能建立的最官僚的机构"。⑤ 借价值中立的名义，教育工作者们认定在学校教授对与错的区别是不合适的。20 世纪 70 年代被广泛采用的教育手册建议教师在遇到需要价值澄清的主题时，将自己看作仲裁人而不是指导者，⑥ 但是在道德虚无主义的背后则是对教与学有着深刻影响的一套清晰的标准。

宗教自由

当普利策奖得主弗朗西斯·菲茨杰拉德（Francis Fitzgerald）完成了他对美国历史教科书具有里程碑意义的研究时，他得出这样的结论：到 19 世纪末，宗教实际上作为重要的科目已经消失了。⑦ 在此之前，很多教科书是由教会学校的牧师或教师编写的。到 19 世纪 90 年代的时候，公立学校变得更加一般化；教师成为州的雇员；为了避免宗教内容，历史科目的内容选择越来

---

① I. M. Kendel, *The Cult of Uncertainty* (Macmillan, 1943).

② Robert M. Hutchins, *The Conflict in Education in a Democratic Society* (Harper, 1953).

③ Arthur Bestor, *Educational Wasteland* (University of Illinois Press, 1953).

④ Bernard Iddings Bell, *Crisis in Education* (McGraw Hill, 1953).

⑤ Albert Lynd, *Quackery in the Public Schools* (Little, Brown, 1953), 转引自 Ravitch, The Troubled Crusade, p.75。

⑥ Sidney B. Simon, Leland W Howe, and Howard W. Kirschenbaum, *Values Clarification*: *Handbook of Practical Strategies for Teachers and Students* (A & W Publishers, 1972).

⑦ Francis Fitzgerald, *America Revised*: *History Schoolbooks in the Twentieth Century* (Little, Brown, 1979).

越成为政府事务。保罗·威姿（Paul Vitz）在他对 20 世纪 80 年代早期的学校教科书的综合性研究中发现了类似的忽视模式。[1] 这些发现也被其他学者的研究所证实。实际上，研究者中间有着这样的让人担心的共识：至少宗教在美国文化中的地位在公立学校的背景下被故意淡化了，那些教科书扭曲了历史事实。[2] 出版商和那些作者们非常担心会激起选择教科书的学校管理者的不快或论战，所以情愿牺牲历史的准确性而不是失去销售额。当宗教日渐衰微时，世俗主义胜出了。

在公立学校环境中仅仅是提到上帝或者宗教都有可能遭到学校官员的严厉谴责。我并不是在主张像贺拉斯·曼那样在中立的伪装下教授宗教，也不是在谈论由学校管理者引入某种"不限于某一宗派的宗教"的祷告，我觉得那样会冒犯某些学生，至少会引起他们的不适。我这里所说的是在学校环境下对任何人的宗教所采取的不宽容态度。比如 5 年级的老师被告知不能在他班级的阅读时间内阅读《圣经》。或者一个 9 年级的学生因在文章中提到了基督耶稣而获得不及格的成绩，因为他违反了不能在教室中提到宗教事宜的原则。还有一位高中生因为拒绝在其准备好的告别演说中删除有关其成长的宗教背景的内容而被剥夺毕业致辞的权利。所有这些都发生在 1990 年之后的公立学校，学校权威所签发的此类斥责则受到了联邦法庭的支持。[3]

纳特·亨特福（Nat Hentoff）讲述了麦德福市海恩斯公立学校的一个 6 岁学生扎克里·胡德（Zachary Hood）的故事。他获得一个机会，即在全班面前朗读自己选择的故事，以展示其阅读能力。当他从初学者版本的《创世记》中选择了一个故事时，他被告知这是不被允许的，因为内容涉及了宗教。感到羞辱的扎克里眼泪汪汪地回了家，并告知了父母，随后他的父母向学校提出申诉，但被驳回了。当他们向法院提起诉讼时，他们的请求被联邦地区法庭和上诉法庭拒绝了。

亨特福引用了一个法律临时顾问的诉书，该上诉由致力于政教分离的美国人联盟、反诽谤联盟（Anti-Defamation League）和美国犹太人代表大会提

---

[1] Paul Vitz, *Censorship: Evidence of Bias in Our Children's Textbooks* (Servant Books, 1986).

[2] 一般参见 Warren A. Nord, *Religion and American Education: Rethinking a National Dilemma* (University of North Carolina Press, 1995), pp.138-159。

[3] Stephen V. Monsma and J. Christopher Soper, *The Challenge of Pluralism: Church and State in Five Democracies* (Rowman & Littlefield, 1997), p.31.

交到了第三巡回法庭，它们都支持学校，认为"扎克里·胡德剥夺了其他同学的宪法权利，劝诱他们信仰宗教，不顾及教师认为这样的行为在教育上是不合适的"。长期致力于人权问题的亨特福记者对这一事件的评论如下：

> 有些时候，这就是其中之一的时刻，某些特定的机构热心地努力维持学校的无宗教，反而成为了派特·罗伯特森（Pat Robertson）所坚称的这是个基督教国家的另一个镜像。①

世俗主义已经变成了当代公共哲学的一部分的说法的确有其吸引力，但是证据并不完全地支持这一观点，因为很多美国人都认为自己是信仰宗教的。在 1996 年的国家民意调查中，60% 的美国人认为，宗教是他们生活中非常重要的一部分，其中有四分之三的人承认他们笃信上帝。② 世俗主义所强加给这个现代自由国家的约束其实更为微妙和复杂。正如斯蒂文·卡特（Stephen Carter）所指出的，美国政治系统并不会为宗教付出切实的努力。③ 很多公共官员会极力维护自由的抽象概念，但是遇到个体和团体试图在公共场所保护他们自己的宗教自由的情况时，他们则选择退缩。

如理查德·诺伊豪斯（Richard Neuhaus）等信仰宗教的人们因为公共生活对宗教变得如此不友好而感到悲伤。④ 其实实际情形比纽伊豪斯神父所想象的要严重得多。政府和宗教关系中的分离概念之所以盛行，是因为很多美国人——如果不是大多数的话——支持这个概念，虽然大多数人声称信仰宗教。艾伦·沃尔夫（Alan Wolfe）的著作中提到了这一点。他说访谈人群中的 84%

---

① Nat Hentoff, "Bible Lessons," *Washington Post*, November 14, 1998, p.A23.

② The Pew Research Center for the People and the Press, *The Diminishing Divide ... American Churches, American Politics* (June 25, 1996). 同时参见 *Americans Rate their Society and Chart Its Values, The Public Perspective: A Roper Center Review of Public Opinion and Polling*, vol.8 (February/March 1997)。

③ Stephen L. Carter, "Evolutionism, Creationism, and the Treating of Religion as a Hobby," *Duke Law Journal* (1987). 同时参见 Stephen L. Carter, *The Culture of Disbelief: How American Law and Politics Trivialize Religious Devotion* (Anchor Books, 1994)。

④ Richard J. Neuhaus, *The Naked Public Square: Religion and Democracy in America* (Eerdmans Books, 1984). 同时参见 Frederick Mark Gedicks, *The Rhetoric of Church and State* (Duke University Press, 1995)。

认定自己信仰宗教，同时他们认为宗教应该从政治中分离出来。① 沃尔夫赞成美国中部的"安静的信仰"之观点，该观点允许将宗教看作是私人行为。沃尔夫对他自己的发现感到震惊，但并没有真正意识到他的发现能够告诉我们些什么。实际上，他在他的研究中所真正发现的是他访谈的那些人所持有的宗教信仰的深度（或缺乏深度）。

很多看重宗教仪式和其公共价值的美国人并不愿意让宗教管理自己的生活。大多数人接受公共生活的世俗化，是因为它不会影响他们的私人存在，也不会妨碍他们打了折扣的宗教实践活动。它和洛克、杰斐逊以及杜威的启蒙的自由主义是兼容的，它保护个体信仰的权利，同时其宗教活动又服从于国家政权。它是比麦迪逊和其他奠基者在撰写第一修正案时所构想的更为有限的宗教自由。

自由的方式假设个体可以将宗教信仰悬置一边，意识到良心的存在，与其生活在一起而不是生活在其中。对于大多数人而言，这样的期望是合理的，用卡特的话来说即是"将宗教看作爱好"。但这样做并没有考虑到少数笃信宗教的人的感受，他们与教会和上帝的关系要求他们依照其信仰所给出的指令去生活。有时服务于多数派的公共政策所赋予每个公民的义务对他们的信仰形成抵触。

对于普通天主教父母而言，他们并不觉得教授避孕的学校课程对于个体的道德准则是种冒犯，即使他们的教会反对避孕。他们有可能自己也在使用避孕的方式，而且在他们结婚以前也使用这种方式。而对于虔诚的天主教信徒而言，避孕等同于对生命的压制，因此这样的课程会给他们形成严重的两难困境。令人焦虑的是，很多人很难理解这一点。显然，面对威胁生命的情形时，人们更多地遵循自己的信仰而不是确凿证据。对于虔诚的信仰者们而言，它是真实而且合法的。

一些自由的社会分析学者倾向于对基于信仰的观点不予讨论。宗教的视角对于非信仰者而言并不具有说服力。它们有时无法经受世俗实验的检验，有时看起来更像是蛮干。非信仰者拒绝基于信仰的说法是情有可原的；但是鄙视它们则另当别论。

我们不需要返回到 18 世纪的文本或者杜威的作品中去发现那些对宗教的负面态度。想想耶鲁大学教授布鲁斯·阿克曼（Bruce Ackerman）的作品。在

---

① Alan Wolfe, *One Nation after All* (Viking, 1998).

他的流传广泛的作品《自由国家的社会公正》一书中，阿克曼主张在讨论公共政策时不考虑宗教因素，他把它称之为"与精神世界的对话"。① 阿克曼显然认为有关神的争论是荒唐的，他当然有权利这么认为。在很多理性的人眼中他甚至是对的。但是他对与宗教有关的想法和行为的巧妙的回避其实是自由社会理论中的致命缺陷。根据实验标准或者使用社会科学家通常使用的不精确工具来确定宗教想法的可靠性，恰如用秒表来测量煎锅中油的温度。就像洛克（以及他之前的奥古斯丁）所说的，"上帝之城"和"人类之城"在哲学上来自两个分离的宇宙。

由宗教驱动的与公共权威相分离的想法和行动可以决定自由社会中的宗教自由的程度，麦迪逊和其他第一修正案的作者对这一点非常清楚。他们所涉及的宗教自由概念就是为了保护各种不同形式的宗教，不论其他人看起来它们是多么荒唐。奠基者们无意在多数派的政策中界定宗教自由的范围。相反，他们创建第一修正案以及整个《人权法案》就是为了保护少数派不受多数派政策的影响。

宗教自由中的自由概念是公民权利的有限保证人。当人们并不把宗教那么当回事的时候，它最有效果，大多数人与宗教机构的联系其实是仪式上的而不是意识上的。但它无法保护那些少数的虔诚信奉者，他们按照自己的信仰而生活，而这小部分群体才是第一修正案理应保护的对象。

自由的社会理论学家之所以反对虔诚的宗教信仰者的想法，原因之一是因为不喜欢他们。很多宗教狂热者与政治权力结盟，如强大的基督教联盟。该联盟在诸如社会福利、女性主义和同性恋问题上的立场是反对自由的，因为自由主义使他们觉得自己受到了冒犯。在政治领域有很多问题都值得讨论，然而宪法原则不应该成为政治辩论祭坛的牺牲品，不论那个问题有多重要。当左派采用支持把宗教清除出文明社会的政治策略时，这有可能践踏了那些虔诚的信仰者们的宪法权力，这些信仰者中的一大部分其实原本支持左派的政治取向。此做法实际上违反了民主社会的基本的政治规则。②

公立学校已经变成了左派和右派之间的文化战争的战场，这早已不是

---

① 　Bruce Ackerman, *Social Justice in the Liberal State* (Yale University Press, 1980), p.103.

② 　参见 Stephen L. Carter, *Civility: Manners, Morals and the Etiquette of Democracy* (Basic Books, 1998), pp.249-276; Stephen L. Carter, *The Dissent of the Governed* (Harvard University Press, 1998)。

什么秘密了。① 当政治激进分子利用校董事会的公共权威以达到自己对特定群体的宗教传统或忽视或敌对的目的时，它变成了臭名昭著的职业。两派的政客都有这样的行为，这也强化了这样的事实，学校实际上是政治机构。比如在 1997 年，当阿拉巴马的学校董事会要求犹太教的学生们在基督教祈祷期间摘掉帽子并且低头时，一群犹太父母不得不诉诸法律诉讼。② 史蒂芬·贝茨（Stephen Bates）讲述了田纳西州的一个信奉正统基督教的母亲的审判经历和磨难，她的孩子被要求阅读冒犯她的宗教信仰的文本。③ 罗斯玛丽·所罗门撰写了一个案例研究，描绘了两位女士在富裕的小村子，纽约州的贝德福德所经历的困境，她们反对自己的孩子在公立学校接受"新世界"课程。④

　　不幸的是，历史总是惊人地相似。阿拉巴马校董事会强迫犹太儿童阅读基督教义与贺拉斯·曼如出一辙。但是从普通学校的经历中获得的教训并不是一个或另一个群体对个体权益造成的威胁，不论这样的攻击来自左派还是右派。历史的教训更多地指向了普通学校这个概念本身，它作为一个独立的机构，父母可以从那里为自己的子女获得自由的教育。如果从一个半世纪的学校争斗中我们能够学到些什么的话，那就是多数派拥有优于少数派的教育上的特权，而又没有给后者提供反映他们自己道德标准的有意义的其他选择，这样做具有内在的危害性。正如史蒂文·阿伦（Steven Aron）所提出的警告，他是第一位对公立学校文化的荒唐本质做出评价的学者：

　　　　有关学校主流价值系统（orthodoxy）的冲突历史随着义务教育法的出现有了戏剧性的改变。一旦听众被吸引而控制权又落在了多数派手里，不同社会群体有关谁的价值观和世界观应该被公立学校所采纳的争论就

---

① 参见 Barbara B. Gaddy, T. William Hall, and Robert J. Marzano, *School Wars: Resolving Our Conflicts over Religion and Values* (Jossey Bass, 1996); 其他通常参见 James Davidson Hunter, *Culture Wars: The Struggle to Define America* (Basic Books, 1991)。

② "Parents of Jewish Children Sue Alabama School System," *Education Week*, September 10, 1997.

③ Stephen Bates, *Battleground: One Mother's Crusade, The Religious Right, and the Struggle for Control of Our Classrooms* (Poseidon Press, 1993).

④ Rosemary C. Salomone, "Struggling with the Devil: A Case Study of Value in Conflict," *Georgia Law Review*, vol.32 (1998).

变得很有必要了。家长被教育者认定为不够胜任，学校教育就不再是个人发展和家庭期望的问题了，而变成了社会需要和集体利益问题。①

当多数派公开反对宗教时，他们的信念也越来越强加于人。现在的目标不仅仅是从公立学校中移除宗教，而且是在儿童的成长过程中消除它的影响，使得他们能够从无知的父母强加给他们的保守的传统中得以净化。当时的情形一再明确地说明了这一点。一本广为流传的名为《民主的教育》的著作中，普林斯顿的政治理论学者艾米·古特曼（Amy Gutman）认定，教育必须具有的功能是"将儿童从他们的父母所持有的宗教信仰中解放出来"。② 教育学家约翰·古德莱德（John Goodlad）同意"学校应该帮助儿童从宗教和其他传统所强加的思维模式中获得自由"。③

自由主义的学者和知识分子轻易地加入了由教师工会所领导的公立学校游说活动的联盟。双方间自然吸引是如此强烈：一方拥有智慧，另一方则拥有权力；一方可以用自由的语言来粉饰政治，另一方则可以确保其胜利。自由主义者们与工会有着感情上的联系，因为工会拥有为权利受到践踏的人们辩护的长久历史。宗教权利问题的发展使得两者走到了一起，这颇为让人担忧。不管怎么说，该联盟对于自由的学者而言颇为奇怪，因其对宗教的看法无法与很多自由学者所信奉的再分配的社会发展取向相调和。

自由主义者在学校选择上的立场对于平等主义者而言是种冒犯，而且它没有考虑到穷人的需要和感受。正如我们所看到的，穷人是学校选择的最热心的支持者。他们支持这个做法是因为他们极其看重宗教，是因为他们认为选择能够提升教育机会，是因为他们理解时下流行的政策安排实际上只能给能够负担得起的人们提供教育选择机会。在某些圈子里反宗教的情绪如此强烈，以至于已经淹没了对教育平等的考虑。致力于为穷人的政治和社会平等

① Stephen Arons, *Compelling Belief: The Culture of American Schooling* (McGraw Hill, 1983).

② Amy Gutman, *Democratic Education* (Princeton University Press, 1987), p.121. 同时参见 Ackerman, *Social Justice in the Liberal State*, pp.160-163; Steven Macedo, "Liberal Civic Education and Religious Fundamentalism: The Case of God v. John Rawls?" *Ethics*, vol.105 (1995)。关于对古特曼及自由立场的完美批判，参见 Stephen Gilles, "On Educating Children: A Parental Manifesto," *University of Chicago Law Review*, vol.62 (1995)。

③ John C. Goodlad, "Education and Community," in Roger Stone, ed., *Democracy, Education, and the Schools* (Jossey-Bass, 1996), p.92.

而辩护的社会理论学者们，在学校选择的问题上忽视了穷人的意愿。他们根据分离的原则而发起抨击，好像宗教对于自由社会怀有天然的敌意，好像他们在保护由《人权法案》的缔造者们传下来的庄严的宪法指令。

州宪法

在上一章中我提到了由伦奎斯特法庭建立的判例法，其指出，美国宪法并不禁止使用公共经费为进入私立和教会学校的儿童支付学费。这个司法解释推翻了一系列由博格法庭在 20 世纪 70 年代做出的滥用了分离标准的裁定，然而该标准是否来自第一修正案是值得质疑的，且几乎整个 20 世纪，最高法庭根据此先例所给出的解释同样都是值得质疑的。从 1983 年的米勒案开始，以及随后的维特斯案（1986）和佐博罗斯特案（1993），法庭都裁定，在宗教中立的管理前提下，学费资助是被允许的，资助是提供给父母的而不是学校。在类似的"博文诉肯德里克案（Bowen v. Kendrick，1988）"、梅根斯案、"羔羊的教堂案（Lamb's Chapel）"和"罗森博格案（Rosenberger，1995）"中——法庭认为，否定宗教机构和参与其中的个体拥有与其他人在同等基础上所拥有的同等权利，与第一修正案和第十四修正案的同等保护条款相冲突。对于任何不理解最高法庭的历史变化的人，最近的"阿格斯蒂尼案（Agostini，1997）"给出了更为明确的回答，博格法庭所采用的严格的分离主义的解释不再被认为是好的法律。

法庭回归到了更为折中的立场，这使得学校选择的反对者们将其政治和法律策略的重心放在了州的层面，在那里他们能获得更多的同情。作为 19 世纪政治的遗产，很多州的宪法中都有自己的分离主义的规定，甚至比联邦要求更为严格。而且州法官在政治竞选过程中由多数派选出，他们在那些不希望私立和教会学校与公立学校竞争经费的地方利益集团的压力下更易妥协。[①]不顾过去 20 年的联邦司法解释，很多地方法官在处理涉及第一修正案的案件时，依然倾向于选择先前的有限的解释——即遵循莱蒙案、奈奎斯特案及其后续案件的解释。当他们无法满足自己的政治目的时，他们转向自己的州法律和本地混乱的判例法。

多样化的标准

如果一定要概括州层面的界定政治—宗教分离的司法解释的特点的话，

---

① National Center for State Courts, *State Court Organization* (1993).

那就是 50 个不同的司法过程中有着极大的多样性。最近对于州的宪法条款和审判裁定的调查中，凯默勒（Kemerer）发现，根据各个州的折中程度可以将其分为 3 类：17 个非常严格，14 个比较宽容，19 个不确定。① 在 17 个非常严格的州中，有 4 个属于西部，这里的很多州是因为布莱恩在国会的修正提案和为了加强自己疆界内的限制而加入联邦的。根据凯默勒的研究，5 个州的宪法明确规定禁止直接和间接地为私立学校提供经费，12 个州对资助增加了额外的限制。其中的 13 个州的宪法规定公共经费只能用于公立学校。就在 1970 年，密歇根州还通过了全民公投，禁止向任何进入私立和教会学校的任何人提供教育券和税收补偿。

如果说美国的宗教自由处于混乱状态，那么这样的状态至少是因为在 50 个州的每一个司法体系中，对分离的界定都是由联邦和州的标准之间的相互作用所决定的，这些标准由宪法所规定，法律所要求，司法所解释。这种州之间和不同层面的管理部门之间的不和谐会在美国的联邦主义模式中持续存在。② 州对保护公民权利的界限的法律界定比联邦政府的更为严格，这是完全被允许的。有些州在过去的 25 年中表现得非常激进。③

当州政府试图限制联邦所规定的权利时，问题显现出来了，这样的行为是违反宪法的。鉴于数个原因，第一修正案的法律体系处理这样的违法问题已经足够成熟。首先，即使最善意的法官有时也很难意识到严格执行建立国教条款会跨越界限，以至于损害其他人的自由行使权利。历史上最高法庭所表现出的自相矛盾使得处理这个问题更具有挑战性了。除了前面已经分析过的问题之外，一些州的司法部门在解释第一修正案上更倾向于遵循联邦法庭的导向；同时，也有些地方法官基于他自己的法律哲学、地方宪法传统或地方政治，公开忽视最高法院的导向。

---

① Frank R. Kemerer, "State Constitutions and School Vouchers," *Education Law Reporter*, October 2, 1997.

② 有关联邦司法制度如何影响关于第一修正案的诉讼的分析，参见 Joseph P. Viteritti, "Choosing Equality: Religious Freedom and Educational Opportunity under Constitutional Federalism," *Yale Law & Policy Review*, vol.15 (1996)。

③ 参见 William J. Brennan Jr., "The Bill of Rights and the States: The Revival of State Constitutions as Guardians of Individual Rights," *New York University Law Review*, vol.61 (1986); John Kinkaid, "Foreword: The New Federalism Context of the New Judicial Federalism," *Rutgers Law Journal*, vol.26 (1995)。

虽然目前有关州的司法制度的实证研究很有限，然而它依然揭示了州和联邦司法标准之间的冲突。一个调查显示，近一半的州法庭暗示，他们在解释自己的宪法时并不考虑最高法庭有关第一修正案的裁决。[①] 通过法庭裁决可以看出，12 个州对于分离有着更为严格的标准。有些州公开拒绝"儿童获益"的概念，认为它提倡形式高于实质。有些州禁止了为教会学校学生提供交通和教科书的项目，即使在联邦裁决中这些都是被允许的。

华盛顿州在布莱恩的修正提案之后修改了自己的州宪法。1949 年，也就是在联邦法庭裁定支持新泽西州类似的项目之后的两年，华盛顿法庭终止了服务于教会学校学生的校车计划，并解释道：

> 即使联邦最高法庭的决定被看作是最高决定……鉴于我们的州宪法及据此做出的裁定，我们必须与艾弗森案的多数派持不同意见，简而言之，用由公共经费所支持的交通工具来接送儿童进入教会学校是不受支持的。[②]

华盛顿的司法制度因为其对最高法庭的态度而备受争议，但它并不是唯一一个无视联邦指导而只根据自己的宪法做出裁定的州。1987 年，马萨诸塞州最高法庭针对给教会学校的父母提供税收减免的提案签发了一项建议性意见，该提案与明尼苏达州的 1983 年里程碑式的米勒案的情况类似。马萨诸塞州拒绝了"儿童获益"的争辩，裁定"如果资助提供给了儿童，而非私立学校，那么争论的焦点依然在资助的效果上，而不是接受者"。[③] 1992 年新罕布什尔的最高法庭针对返还家庭所缴纳的私立和教会学校部分学费花费的提案，对州立法机构签发了一项建议性意见。它认为这个计划违反了州宪法，州宪法禁止"对任何宗派和教派的学校的任何支持"。[④]

联邦和州法庭之间的关系并非总是不协调。有些州——如威斯康星州、新泽西州和纽约州——已经修改了自己的宪法，以求与联邦标准保持一致。[⑤] 教

[①] 参见，"Beyond the Establishment Clause: Enforcing Separation of Church and State through State Constitutional Provisions," *Virginia Law Review*, vol.71 (1985)。

[②] *Visser v. Noosack Valley School District* No. 506, 207 P.2d. 198, 205 (Wash. 1949).

[③] Opinion of the Justices to the Senate, 514 N.E.2d. 353, 356 (Mass. 1987).

[④] Opinion of the Justices (Choice in Education), 616 A.2d. 478, 480 (N.H. 1992).

[⑤] Alan Tarr, "Church and State in the States," *Washington Law Review*, vol.64 (1989).

会学校学生获得某种形式的州经费资助也不是非常罕见。另一个调查显示，有 42 个州提供各种形式的资助，通常以交通、教科书、教育辅助资料、健康服务或午餐计划等形式呈现。①

1999 年，亚利桑那州最高法庭应用联邦判例法做出裁定，允许利用州的税收为私立学校奖学金项目捐款，该项目的受益者是教会学校和独立学校的学生。该意见追溯到了"宗教偏执"时期州宪法中的"布莱恩的修正"式的条款，并且否定了该类条款在亚利桑那州有任何渊源。②

近期和进行中的诉讼

在过去几年中，州法庭层面有四个主要的学校选择案件：两个来自威斯康星州和俄亥俄州，以及在佛蒙特州和缅因州的本质略有不同的抗辩。（以及1999 年反对佛罗里达州早前颁布的法律的诉讼。）前四个州都没有疯狂的分离主义的法律传统，它们的司法制度也没有利用州宪法来反对联邦标准的先例。③ 但这些都是备受关注的政治案件，风险很高。每个案件虽然都是对当地特定的发展的回应，但其中一些核心部分在整个过程中依旧保持不变，不断地提醒着我们在国家舞台所上演着的同样的戏码。

一方的主要力量是美国公民自由联盟（反学校选择的主要力量），支持美国方式的民众、美国政教分离联合会和全美有色人种协进会等机构也偶尔会加入。全美教育协会或全美教师联盟的当地分支机构是每个案件中提起诉讼的一方。另一方则位于华盛顿的国家司法研究所（Institute for Justice）。这个机构的两个主要法律战略策划者，克林特·伯里克（Clint Bolick）和威廉·梅勒（William Mellor），被看作是"法律事务所中关注公共利益的自由意志主义者"。④ 他们虽然与一些保守的事件有关，诸如反对在选举中重新划分选区（gerrymandering）以及在雇佣过程中涉嫌种族歧视的言论，但是他们在各类案件中也代理了不少少数派和处于不利地位者的委托人，从纽约的面包

① Joseph E. Bryson and Samuel H. Houston, *The Supreme Court and Public Funds for Religious Schools: The Burger Years, 1969-1986* (McFarland, 1990).

② *Koytterman v. Killian*, Supreme Court of Arizona, 972 P.2d 606 (Arizona, 1999).

③ 关于威斯康星州、俄亥俄州以及佛蒙特州的案例法的分析，参见 Joseph P. Viteritti, "Blaine's Wake: School Choice, the First Amendment, and State Constitutional Law," *Harvard Journal of Law & Public Policy*, vol.21 (1998)。

④ Institute for Justice, *Liberty & Law*, vol.7 (May 1998).

车司机到俄亥俄州哥伦比亚的黑人发型师都涉及管理问题。

当对密尔沃基市的学校选择项目的质疑被推到了威斯康星最高法庭时，在庭审和上诉阶段都已经被拒绝了。尽管州最高法庭最终裁定支持允许穷人的孩子利用公共教育券进入到私立和教会学校学习的法律，但是美国最高法庭搁置了该裁定，学校选择的反对者们取得了战术上的胜利。通过法律程序，他们成功地将项目的全面执行拖延了 3 年之久。虽然低等法院在做出裁定时故意避免了联邦宪法问题，但是州最高法院将其作为了与第一修正案有关的案件。根据伦奎斯特法庭所制定的先例，法庭在 1998 年 6 月以 4 票对 2 票（一位法官申请回避了）的结果裁定密尔沃基案件并没有违反第一修正案，因为：（1）项目是中立的，因为可以选择宗教或世俗的学校；（2）资助主要是面对学生和家长的而非学校；（3）资助只有在家长选择教会学校的情况下才会直接投入到教会学校中。作为对教会学校是选择项目的主要受益者的上诉理由的回应，法庭认为主要受益者是家长和学生，并且认为："项目的目的是为低收入的家长提供机会，从而使得他们的孩子能够在密尔沃基公立学校系统之外获得教育。"[①]

威斯康星最高法院同时也驳回了基于州宪法所提起的上诉。根据州的公共目的的条文，它解释道："教育处在州职能的顶端。"裁定继续解释道："法庭长久以来都认为平等的教育机会是基本的权利……州政府有宽泛的自由裁量权以确定如何能够最好地服务于这项职能。"通过引用皮尔斯案、梅耶案以及州的先例，法庭确认："威斯康星的传统是把父母看作教育和养育孩子问题上的主要决策者。"接着它引用了该州 1899 年的一项裁定意见，正好切中选择项目的要害：

> 父母是他们孩子的天然监护人，他们天然地有着最有效的动机和倾向，最有利的地位以及最大的责任为子女选择最合适的营养、教育和培训。[②]

多数派的理由与低等法院的裁决所基于的理由截然不同，就好像它们来

---

① *Warner v. Benson*, 578 N.W. 2d. 602 (Wis. 1998).

② *Wisconsin Industrial School for Girls v. Clark County*, 103 Wis. 651, 668-669, 79 N.W.2d. 422 (1899).

自完全不同的法律传统。然而，低等法院的意见也值得考虑，因为它们代表了未来立法的趋势。审判法庭的裁决由法官保罗·B.希金博特姆（Paul B. Higginbotham）在 1997 年 1 月发布。希金博特姆法官根据威斯康星州宪法所要求，在与联邦司法程序相比"更为独立的和更为严格的审查过程"中 ① 做出裁决。虽然他将裁定限于州法律的范围，但是他同时也表达了自己对美国最高法院司法制度的不同意见。他用强硬的语言表示抗议："我很难认为这没有构成对教会学校的直接资助。虽然美国最高法庭已经决定装作看不到这种资助的实际影响，但是本法庭拒绝接受这样的虚构。" ②

希金博特姆法官承认给贫困儿童提供密尔沃基公立学校之外的另一种选择是"良好的公共政策"，能够使得目标人群获益，但是他更担心这样的好处使得教会学校获益，以及资助可能为学生提供进入教会学校的动机。然而他忽视了政府运作的公立学校垄断公共支持的经济动机。他关注于这样的事实，即政府签发的返还学费支票的受益人是学生家长和他们所选择的学校，他把此作为直接资助的证据。可是这一论点被州最高法庭驳回了。该法庭认为，这样的做法是为了管理的目的，是为了防止滥用资助款的同时又不会影响家长执行其选择的权利。

威斯康星上诉法庭坚持认为，"与《人权法案》的作者们相比，威斯康星州宪法的作者们的目的是为了剥夺州政府与宗教合作的权利"，并在 1997 年 8 月以 2 票对 1 票的结果支持了希金博特姆法官的裁决。③ 当州最高法院否定了这项裁决后，州督学约翰·本森（John Benson）在公开场合称之为"为失去宗教自由而默哀的时刻"，并且欢迎像俄克拉荷马市的提摩西·麦克维（Timothy McVeigh）这样的人来密尔沃基开设自己的教会学校。④

俄亥俄法庭上的争斗也被政治争斗所包裹着，而且以夸大其词为特征。这个 1997 年的案件值得一提的是，上诉法庭一致同意推翻法官丽萨·萨德勒（Lisa Sadler）的审判裁决的法律推理。法官萨德勒认为克利夫兰的学校选择项目是合法的，与联邦宪法和州宪法相吻合。俄亥俄的州宪法包含着一些在所有联邦中最为折中的语言，它直接来自《西北法令》，由管理该领地的第一

---

① *Jackson v. Benson*, no. 95 CV 1982, slip op.at 17 (Wis. Cir. Ct., January 15, 1997).

② *Jackson v. Benson*, no. 96 CV 1889, slip op.at 28.

③ *Jackson v. Benson*, 1997 WL 476290 at 12 (Wis. Ct. App., August 22, 1997).

④ *The Milwaukee Sentinel*, June 12, 1998.

届议会修改，俄亥俄州就是在此基础上建立的。州宪法中提到，禁止政府强迫任何人支持特定形式的宗教或支持某一教派超过另一个教派，这部分也同时提到：

  然而，宗教、道德和知识对好的政府管理非常重要，制定合适的法律来保护每个和平地享受其礼拜形式并鼓励学校教育和教学的宗教教派，那将是全体议会的责任。①

上诉法庭引用了大量的州案例法，认为它自己的宪法条款与《第一修正案》是"同外延的"，但是同时又提到州条款"至少和建立国教条款一样"具有"保护"作用。② 它对联邦的先例进行了意义深远的回顾，涵盖从博格年代的分离主义者的观点到伦奎斯特法庭的观点。但是，它对前者做出了自己的判断。接着上诉法庭集中到了中立立场的概念上，并且引用了两项证据证明克利夫兰项目没能做到这一点。首先，它发现错误在于市郊学校没有参与。这很让人吃惊，因为所有公立学校有着相同的机会参与奖学金项目，但是他们都拒绝了资助，拒绝参与该项目。法庭表达了对没有强迫市郊的学区接受克利夫兰的学生的失望。该法庭的多数派似乎相信贫困学生到市郊读书会比进入他们当地社区的私立和教会学校更好些，尽管私立和教会学校很欢迎他们。

  根据项目规定，克利夫兰公立学校的经济处于劣势地位的学生有资格获得特别的奖学金资助。但是法庭对这一点并不满意，并引用了关于中立问题的第二点证据。法庭这样解释道：

  鉴于克利夫兰公立学区证据的不足，这也正是此试点项目存在的理由，因此我们不能认为利用州经费将儿童送入私立教会学校，和利用州经费为克利夫兰城市学区的儿童提供学费补助具有同等的利益。

  奖学金项目为那些把孩子送到私立学校（大多为教会学校）的家长们提供了更大的利益……因此，试点项目为家长提供了一种不被允许的

---

① *Ohio Constitution*. art. I, sec. 7.

② *Gatton v. Goff*, no. 96APE08-982 and 9610308-991 (Ohio Ct. App., May 1, 1997).

把子女送到教会学校的动机。①

对于选择的支持者而言，这正是目的所在。该项目的目的是为贫困家长提供他们不曾享有的机会。当然，这有可能使得一些家长把孩子转到私立学校，特别是在他们不满意公立学校的情况下。家长获得了一些能够使得其子女获益的机会，除了这个，还能有什么原因促使他们这样做呢？

或许，如果克利夫兰的教会学校像法庭所想象的如公立学校一样糟糕的话，法官会允许家长转学。在这之前，他们最好待在失败的公立学校系统中。

俄亥俄最高法庭在 1999 年 5 月下发了其裁决，认为选择项目并没有违反第一修正案中的建立国教条款或俄亥俄宪法中的宗教条款。了解到项目的大多数受益者都选择了教会学校，但法庭的多数派强调"资助并没有从州直接拨至教会学校，也没有教会学校通过自己的努力或者州的努力而直接获得资助"，因此驳回了上诉理由，即该法律虽没有宗教的目的但是有着促进宗教或政府和宗教过分纠缠的主要效果。② 最后，当它作为另一个拨款的法律的附文而获得通过时，法庭根据俄亥俄州宪法的"一个主题原则（one subject rule）"终止了该法律。

为了避免突然打断那些利用选择项目已经进入非公立学校的 3 700 名学生的生活，法庭允许它继续维持数个星期，直到该学年结束。其间，学校选择的支持者们承诺，他们将会更新该法律以符合技术标准，而反对者则承诺，将会针对任何新的条款向美国最高法院提起上诉。

佛蒙特州的选择项目并没有被看作是特别地在帮助穷人，它是一般性的。该项目是国家最老的学校选择法律，颁布于 1869 年，其允许在当地没有公立学校的情况下，让学生在州的资助下进入其他地区的公立或者私立学校学习。到 1997 年，91 个学区参与了该项目。这些年来，该项目中的学生选择了佛蒙特州的其他公立、私立或教会学校——不光在佛蒙特州，还有缅因州、新罕布什尔州、康涅狄格州，甚至还远至宾夕法尼亚州、伊利诺伊州、密歇根州。佛蒙特州有着可以追溯到 1783 年的浓厚的折中主义的政治和法律传统，当年，它的《内阁法案》为每个城镇提供了自己收税的权利以建立自己的礼拜场所。此外，它还有着百年历史的宪法，该宪法以其对宗教机构的开

① *Gatton v. Goff*, no. 96APE08-982 and 9610308-991 (Ohio Ct. App., May 1, 1997), at. 1576.

② *Simmons-Harris v. Goff*, __ Ohio St. 3d (1999).

放态度而闻名。① 最近的 1994 年，州最高法庭在"坎贝尔诉曼彻斯特学校董事会案"中依然裁定，允许曼彻斯特市返还家长所支付的美国圣公会学校的学费。②

1995 年州教育行政长官向地方学校董事会下发了一项声明，声称返还支付给教会学校的学费是不被佛蒙特州宪法或第一修正案的建立国教条款所允许的。他同时声明，新的法律要求所有支付给私立学校的费用必需直接支付给该机构，而不是通过父母去支付。这是公共机构在 126 年的历史中第一次对于如何支付给出了指导意见，且它的意义很明显：直接支付给学校使得项目在法庭审查的过程中更加容易受到攻击，即使在儿童获益的概念之下。

由州首席律师支持的最高行政长官的法律意见，受到了齐藤登学校董事会的质疑，他们则批准了为 15 名进入当地天主教学校的学生提供资助。在庭审阶段，拉特兰郡的法官奥尔登·布莱恩（Alden Bryan）根据直接支付的问题，支持教育最高行政长官将教会学校排除在外的政策。他拒绝承认它们被排除在外是受到了歧视。他提醒受到冒犯的家长们，"所有的佛蒙特家长都有权利把自己的孩子送到教会学校"，但是他并不情愿意识到，最高行政长官的新政策实际上提供了经济抑制因素。③

有趣的一点是，布莱恩法官在 1997 年的裁定中对公共政策的问题持更大的关注。他对整个选择项目的预期结果提出了警告，"各种新的教会学校，或者是处于主流宗教边缘的学校，看到了潜在的财政支持可能也会敞开大门"。他预测有关教育花费的论战"会激化和分化我们的宗教战线"。④ 法庭给出这样的意见是令人吃惊的。学校选择的争论突破了新的界限：政治和宗教的多元主义现在成了有关教育券的学校争斗中的罪人，最好的补救措施是限制对

---

① 它提道："鼓励美德而防范恶习和不道德行为的法律应该保持其长久的效力并恰当地执行。每个镇都应该有适量的学校，除非大部分人同意选择能够为儿童们提供方便的教育的其他方式。所有被联合或纳入到宗教、学习或其他虔诚或慈善的目标提升的宗教社团和群体的人们，都会在享受这样的权利、豁免权和财产时受到鼓励或保护，因为他们有正当权利享受这些由州议会直接制定的规定所保护的权利。" *Vermont Constitution*, art. II, sec. 68.

② *Campbell v. Manchester Board of School Directors*, 641 A.2d 352 (1994).

③ *Chittenden Town School District v. Vermont Department of Education*, No. S0478-96 RcC (Rutland County Superior Court, June 27, 1997).

④ *Chittenden Town School District v. Vermont Department of Education*, No. S0478-96 RcC. at 41.

政府运作学校的公共支持。

佛蒙特最高法庭于 1999 年 6 月一致同意某种程度上支持法官布莱恩的裁定。法庭回避了第一修正案的问题，认为齐藤登学区因为没能确保公共资金没有用于教会学校的"宗教礼拜"而违反了州宪法。裁定理论上允许项目的修正，但是实际上很难想象如何和为什么宗教学校会放弃为其教育使命赋予了意义的核心的宗教价值。

缅因州的选择法律与它的新英格兰邻居颇为相似。200 多年前如果当地没有公立高中，缅因州的市镇会为学生进入私立高中而支付学费。[①] 缅因州宪法的撰写者们认为这些机构的存在至关重要，因此要求州政府去支持和鼓励它们的发展。[②] 直到 1981 年学生在该项目下进入独立学校或宗教学校都还是很平常的事。1981 年法律的出台由缅因州首席律师的意见所推动，该意见认为，将宗教学校包括在内违反了第一修正案的建立国教条款。

1997 年 7 月，5 个来自雷蒙德镇的家庭向州法庭提起诉讼，认为将教会机构排除在外违反了联邦宪法和州宪法所保护的他们的自由行使权利和平等保护权利。另一部分缅因州的纳税人也以州被告的身份作为介入者加入了诉讼，由州教师工会和缅因州公民自由联盟的律师团代理。9 个月之后，审判庭草率地签发了长达 4 页的意见以支持排外的法律，该意见引用了莱蒙案和奈奎斯特案，并进而解释说，为教会学校直接提供学费费用违反了建立国教条款，因为它"资助和促进了宗教"。[③]

1999 年春缅因州最高法院以 6 票对 1 票的结果支持了审判庭的裁决。法庭的多数派认为，从学费计划中将教会学校排除在外并没有违反上诉人的自由行使权利和平等保护权利，而且认为第一修正案的建立国教条款禁止教会学校的学生享受学费资助。虽然法庭承认建立国教条款的司法解释在莱蒙案和奈奎斯特案之后已经有所不同，但显然州法庭的裁决是基于之前的裁决。意识到缅因州直到 1981 年还允许教会学校参与到学费项目中，法庭认为，现在州立法机构采取这样限制性的行动以及州首席律师的观点，是"对自 70 年

---

① Ava Harriet Chadbourne, *History of Education in Maine* (Lancaster, Pa.: The Science Press Printing Co., 1936), pp.31-39.

② *Maine Constitution*, art. VIII, sec. 1. 同时参见 William Wallace Stetson, *A Study of the History of Education in Maine* (State Department of Education, 1902)。

③ *Bagley v. Maine Department of Education*, Docket no. CV-97-484, April 20, 1998.

代以来有关建立国教条款的司法解释发展的回应"，① 就好像近 15 年间的先例判决与缅因州的判决毫无关系一样。

政治与法律

有关宗教在美国政治生活中的合适位置的争论逐渐升级，它彰显着自由社会中的宪法主义的意义，界定了在平常的政治热情背后所掩盖的不变的公共价值。宪法是更高形式的法律，意味着保护个体权益不受其他法律或者管理行为的侵犯。② 按照自己良心行事的能力，自由地信仰宗教的能力是美国宪法传统中最为珍贵的权利。因为最大程度放纵自己的自由的倾向不符合当代美国主流文化，按照良心行事的权利也就成了宪法所列出的权利中最容易受到侵害的权利。它们轻易地被很多公民所放弃，这些公民和虔诚的信徒对宗教的理解截然不同。

美国联邦主义为那些利用政治和法律程序来损害宗教信仰和实践的人们打开了一扇窗户。教育一直以来都处在宪法创伤的中心，因为美国习惯于利用学校来作为传递重要的政治和社会价值的宪法工具。在此意义上，普通学校的经历可谓无可救药地荒唐，时而是宗教教义的布道坛，时而则对社区的信仰公开表示蔑视。如果有人对政府中决定教育政策的政治不甚了解，会觉得整个争论似乎非常不可思议：在解决学校中的宗教问题上何以可能如此缺乏想象力？当教育者们最终决定在公立学校采用世俗课程时，他们竟然不屑于为那些不愿意过世俗生活的家庭提供公平而又严肃的其他选择？③

最近的威斯康星州、俄亥俄州、佛蒙特州和缅因州的州最高法庭的裁定为我们留下的两个核心问题需要在联邦层面解决：当家长情愿选择教会学校而不是公立学校时，是否允许州支付其费用，是否州在允许其他私立学校参加的公共资助项目中歧视了教会学校。毫无疑问，当越来越多的案件从州司法系统中溢出时，最高法院不得不对教育券项目给出直接回答。我自己对伦奎斯特法庭的先例案件的理解是，当时机合适的时候，法庭会裁定在中立的

---

① *Bagley, et al. v. Raymond School District*, Maine Judicial Court, Docket Cum-98-281 (1999).

② 参见 Edwin S. Corwin, *The "Higher Law" Background of American Constitutional Law* (Cornell University Press, 1955)。

③ 关于这个问题的有见地的分析，参见 Warren A. Nord and Charles C. Haynes, *Taking Religion Seriously across the Curriculum* (First Amendment Center, 1998); Charles C. Haynes and Oliver Thomas, *Finding Common Ground* (First Amendment Center, 1996)。

立场下给家长返还学费是被宪法所允许的，而且会否决那些将教会学校及其学生排除在其他人可以获得的基本利益之外的法律。这种对第一修正案的解释与导致第一修正案出台的多元主义和平等主义的价值相吻合。

总之，学校选择的提倡者们可以预期在最高法庭那里会遭遇一些限制和失望。现在没有任何州在任何宪法的要求下提供了公共资金支持的公立学校系统之外的选择。州的立法机构和其他官方机构是否扩大为家长提供教育选择的范围很大程度上是政治的功能。正是这个原因，政府运作的享受公共资金的机构的垄断才能得以保持安全。也正是这个原因，我所描述的美国的宗教自由是有限的自由。

第七章　教育、选择与公民社会

　　教育是公共生活参与的最可靠的指示。公民琼斯（Jones）在选举中投票、资助政治候选人、向政府请愿或参加志愿者组织等的可能性与他的教育水平有很大关系。当然，教育和公民参与的关系是复杂的。教育也能标示其他影响琼斯参与公民社会的倾向的社会归因——财富、职业和技能。这些因素使得琼斯在他付诸行动时得以实现他的政治或社会目标，他自己的个人效能感为其进一步的参与提供了动机。因此，没有良好的教育，琼斯也不太可能参与到他居住的城市的各种事物活动中。

　　教育在推动公民社会活动上扮演着核心角色，在近50年的政治科学研究中，这一点被不断地证明和强化着。[1] 现在我们非常确信，受过良好教育的公民是确保稳定的民主的决定性因素之一。[2] 在最近有关美国政治参与的实证研究中，诺曼·尼（Norman Nie）和他的同事们区别了民主的和公民的两个维度，两者都与教育有关："政治参与"指的是公民通过政府渠道追

---

[1]　此类主题的研究论文数量巨大。参见 Paul Lazarsfeld, Bernard Berelson, and Hazel Gauzet, *The People's Choice: How the Voter Makes Up His Mind in a Presidential Campaign* (Columbia University Press, 1944); Bernard R. Berelson, Paul F. Lazarsfeld, and William N. McPhee, *Voting: A Study of Opinion Formation in a Presidential Campaign* (University of Chicago Press, 1954); Robert E. Lane, *Political Life: How and Why People Get Involved in Political Life* (Free Press, 1959); Angus Campbell, Philip E. Converse, Warren E. Miller, and Donald E. Stokes, *The American Voter* (John Wiley, 1964); Lester W. Milbrath, *Political Participation* (Rand McNally, 1965); Raymond E. Wolfinger and Steven J. Rosenstone, *Who Votes?* (Yale University Press, 1980); Margaret Conway, *Political Participation in the United States* (Congressional Quarterly Press, 1991)。

[2]　Seymour Martin Lipset, *Political Man: The Social Bases of Politics* (Doubleday, 1960); Gabriel A. Almond and Sidney Verba, *The Civic Culture: Political Attitudes and Democracy in Five Nations* (Princeton University Press, 1963); Robert A. Dahl, *Polyarchy: Participation and Opposition* (Yale University Press, 1971); Robert A. Dahl, *On Democracy* (Yale University Press, 1998).

求自己利益的能力；"民主启蒙"指的是对民主规范的理解和承诺。① 一个使得公民在政治过程中成为有效的竞争者，另一个则帮助他们接受该政治过程的结果，即使其结果并不符合自己的利益。对前者而言，教育的功能是对成功者和失败者进行分类。在后者中，教育则是政治渗透和合法化的代理人。通过掌握政治过程中的信息、知识、理解和技能，琼斯成为有效的参与者；通过形成诸如容忍、审议和愿意妥协的价值观，他成为民主社会的好公民。②

从更广的意义上来看，近年来大量的研究证据多次证实了普通学校的潜在原则。公共教育实际上正如我们所知是美国民主的基础，它成功地将一代代移民社会化，使他们成为忠诚的积极的公民。如果说公立学校促进了现代最伟大的自治实验，那么教育也在美国最瞩目的失败上负有责任；如果说教育是获得政治力量的资本，那么它在不同人口统计人群中的不均衡分布正是整个 20 世纪中困扰这个国家的政治不平等的根源；如果说公立教育的责任是教育我们每个人如何在多元的社会中和平而高效地生活在一起，那么至少我们在这方面的无能部分则是由教育造成的；如果如很多民意调查所显示的，美国人不再对政府和公共生活抱有希望，那么或许我们需要开始探索培养公众政治文化的其他途径。

当代社会哲学家对美国民主的现状有着深深的担心。麦克尔·桑德尔（Michael Sandel）在他的被广为阅读的著作中痛彻地指出：我们迷失了作为人的方式；我们不再拥有对美好生活的愿景；我们的政治缺乏能够界定健康的共和理想的公民美德。桑德尔发现，在我们这个时代最大的焦虑是"失去了自我管理和社区被侵蚀"。③ 他将自由民主描述为调和个体与集体分歧的程序性的共和体制。他同意法律学者玛丽·安·格兰登（Mary Ann Glendon）和其他学者的观点，即更倾向于从权利方面来描述国家公民这一概念，声称他

---

① Norman H. Nie, Jane Junn, and Kenneth Stehlik-Barry, *Education and Democratic Citizenship in America* (University of Chicago Press, 1996).

② 杰斐逊同样坚信教育其公民是强大民主的品质体现。参见 Thomas Jefferson, "A Bill for More General Diffusion of Knowledge," in Saul Padover, ed., *The Complete Jefferson* (Duell, Sloan & Pearce, 1943)。

③ Michael J. Sandel, *Democracy's Discontent: America in Search of a Public Philosophy* (Harvard University Press, 1996), p.3. 同时参见 Michael J. Sandel, *Liberalism and the Limits of Justice* (Cambridge University Press, 1982)。

们能够对抗政治，而不是为公共的善做出贡献。①

　　毫无疑问，这些沉重的作品使我们想到了对进步主义课程有极大影响并且对现在的公立学校依然影响巨大的道德相对主义。这些批判性的作品同时也指出了一些自由教育的根本矛盾——一方面推崇价值中立，一方面又宣扬特定的政治议程以确保政府观点的实现。高中的公民教育课程中有关个人权利的部分正在受到越来越多的关注。②

　　虽然自由主义的社会理论和教育中充满了有关"权力的争论"，但学校课程被证实对我们宪法所保护的基本自由权利依然不够敏感，甚至充满敌意。在公立学校中不仅宗教很少被提及，而且对儿童进入私立教会学校的观念也极力反对。宗教和教育的自由观点如此对立，这到底是怎么回事？如果我们还没能想清楚如何在公立学校中以不歧视和不冒犯他人的方式将宗教融合进来，那么为什么我们对学生自己选择教会学校采取禁止的立场？

　　且不说前面提到的宪法角度，至少从启蒙自由主义者那里流传下来的传统是宗教可以被分裂。它强调了我们的不同，但对共同特点认识不足。反对对宗教教育的支持的观点值得引起重视，不仅因为它在美国民众当中颇有说服力，也因为它所基于的宗教的智力旨趣——它在现代民主中很不寻常，即使在我们自己的政治文化中，其强度也很罕见。

　　没有什么领域像美国的中小学那样将宗教和政府公共开支严格地分离开来。而在教会大学中，学生们可以通过各种项目获得联邦资助，资助人群包括特定的民族群体、具有经济需要的个体或退役老兵等，这个传统由来已久。③联邦和州政府将公共资金用于由教会或其他宗教团体运作的社会服务项目也很常见。一项研究发现，大部分由教会运作的儿童和家庭服务机构的40%的资金来自政府公共资金。一年中65%的天主教慈善机构预算，75%的犹太教运作的家庭和儿童服务项目的预算，以及55%的路德教会的社会服务

---

① Mary Ann Glendon, *Rights Talk: The Impoverishment of Political Discourse* (Free Press, 1991). 同时参见 Alasdair Macintyre, *After Virtue: A Study of Moral Theory* (University of Notre Dame Press, 1981), 该书为典型的共和传统的视角；Lawrence M. Mead, *Beyond Entitlement: The Social Obligations of Citizenship* (Basic Books, 1986), 该书为政策视角。

② 参见 Morris Janowitz, *The Reconstruction of Patriotism* (University of Chicago Press, 1983)。

③ 参见 Diane Ravitch, *The Troubled Crusade* (Basic Books, 1983), pp.3-42。

项目预算都来自政府的税收。①

　　1996 年国会通过了由克林顿总统签发的福利改革法案，允许州政府将社会服务项目外包给私人机构，或为其建立相应的支付系统。"慈善选择"条款要求州政府平等对待宗教机构和其他机构，并且保证参与机构能够自由地表达它们的宗教取向而不受到歧视。②

　　为什么中小学教育如此不同？主要有两个解释。政治上的解释是，代表公立学校雇员的教师工会对阻止州立法机构和国会将用于公立学校的公共资助挪作他用负有责任。我们在前面章节已经看到这样的影响，这里无需赘述。很多学校选择的反对者们给出了哲学的解释，认为学校在灌输民主价值方面扮演着重要的角色。这里的推论是私立和教会学校没有能力传递同样的民主价值，照这个思路继续下去，私立和教会学校的繁荣则会对政体本身有破坏作用。

　　虽然上述观点在美国获得了广泛支持，但是没有证据显示，公立学校是民主社会中政治社会化的唯一有效途径，或者说私立和教会学校的蓬勃发展有损于我们自由民主社会的气节。实际上，证据显示恰恰相反。研究表明，曾就读于教会学校的成人表现出了高水平的爱国主义、宽容和公民参与。③ 总而言之，美国的宗教机构在提升民主气质上扮演了积极的角色，而学校选择项目的执行则提升了这样的机会。如果设计合理，学校选择项目能够使得贫困社区受益，不仅仅可提升他们受教育的机会，而且可推动公民生活，有助于应对困扰着处于经济不利地位群体的政治不平等问题。

美国未完成的任务

　　罗伯特·帕特南（Robert Putnam）1995 年发表的文章《独自打保龄球》

---

① Stephen V. Monsma and J. Christopher Soper, *The Challenge of Pluralism: Church and State in Five Democracies* (Rowman & Littlefield, 1997), p.39. 一般参见 Stephen V. Monsma, *When Sacred and Secular Mix: Religious Nonprofit Organizations and Public Money* (Rowman & Littlefield, 1996)。

② 参见 Ronald J. Sider and Heidi Rolland Unruh, "No Aid to Religion? Charitable Choice and the First Amendment," *Brookings Review*, vol.17 (Spring 1999)。

③ Andrew M. Greeley, *The Catholic Myth: The Behavior and Beliefs of Catholic Americans* (Scribner, 1990); Peter Rossi and Andrew M. Greeley, *The Education of Catholic Americans* (Aldine Press, 1966); Jay P. Green, "Civic Values in Public and Private Schools," in Paul E. Peterson and Bryan C. Hassel, eds., *Learning from School Choice* (Brookings, 1998).

（*Bowling Alone*），宛如美国公民社会的丧钟，引发了时事评论者们的让人压抑的讨论。帕特南整理了一系列令人震惊和不安的证据，以说明美国人正在脱离社区。① 最简单的公民行动——参与投票的人数只有 20 世纪 60 年代早期到 90 年代间的四分之一。洛佩尔组织（Roper Organization）调查显示，美国人参加社区集会的人数在 1973 年到 1993 年之间从 22% 降到了 13%。参与政治集会、参与各种地方委员会或者为某个政党工作的人数也有类似的下降趋势。帕特南的结论清晰而令人沮丧：

> 几乎从每个维度来看，美国人参与政治和政府管理的趋势在上一代人中已经显著下降，尽管他们的平均教育水平——政治参与的最好的个人指标——在此阶段显著上升了。②

帕特南的调查特别关注了美国人参与志愿服务的范围。美国劳工部的数据显示，从 1974 年到 1989 年志愿服务的人数减少了六分之一。参与地方家长教师联谊会（Parents Teacher Association, PTA）的人数从 1964 年的 1 200 万降到了 1982 年的 500 万，在他发表该文章的时候人数也只恢复到了 700 万。哈佛的政治科学学者也发现了自 1970 年以来诸如童子军（26%）和红十字会（61%）等主流公民服务机构志愿者人数的显著降低。其他类似机构也有同样的趋势：国际狮子会（自 1983 年以来减少了 12%），麋鹿组织（自 1979 年以来降低了 18%），圣地兄弟会（自 1979 年以来降低了 27%），国际青年商会（自 1979 年以来降低了 44%），共济会（自 1959 年以来降低了 33%）。就连美国人和邻居的接触比率也在 1979 年到 1993 年之间大幅下降了（从 72% 降到 63%）。

帕特南同样发现一些稳定或增长的趋势，即宗教机构依然是美国人最常见的组织形式。他指出，美国"令人惊讶地保持着教会社会"，按人口比例而言，美国有着比其他任何国家都多的教堂。然而，帕特南也迅速指出，在美国宗教感情更倾向于私人行为，而不像过去那样和机构有着更紧密的联系，

① Robert D. Putnam, "Bowling Alone: America's Declining Social Capital," *Journal of Democracy*, vol.6 (January 1995).

② Robert D. Putnam, "Bowling Alone: America's Declining Social Capital," *Journal of Democracy*, vol.6 (January 1995), p. 68.

这样的分析和最近艾伦·沃尔夫发表的调查保持一致。这样的认识对于我们理解宗教机构在当代公民社会中所扮演的独特角色非常重要。我们随后会继续讨论这一点。

帕特南所发现的增长趋势反映了美国公众对待各种事件的态度和优先性的改变。像山峦协会（Sierra Club）这样的环境保护组织在规模上有着引人注目的发展。当诸如女性俱乐部联盟（Federation of Women's Club）和美国女性选民联盟（League of Women Voters of the United States）等传统女性组织的成员在逐渐缩减时，像国家女性组织（National Organization of Women）这样的机构则在逐渐增长（自帕特南的研究发表以来，该组织的成员也开始下降了）。在美国发展最快的志愿者组织是美国退休人员联盟（American Association of Retired Person），这主要基于人口年龄和人口统计学方面的变化。为了说明他的主要观点，帕特南解释道，现在人们参与大型组织和过去参与以本地社区为主的组织完全不同。他们和此类大型国家级组织的唯一联系是支付会费，且他们的参与并不是个体的或互动的，也不会为社区增加社会资本。这正是帕特南的主要观点。

根据科尔曼的研究，帕特南使用的"社会资本"概念指的是让人们合作的网络、标准或信任。这些社会联系将社区中的实质性部分联系在一起，或为分裂的部分建立沟通桥梁。① 这些联系是社区生活的一个侧面，它决定了政府和其他社会机构管理的绩效。帕特南发现，目前为止教育和公民参与的所有方面都有着极高的关联性，包括社会信任和群体会员身份，这一点并不意外。意外的是，社会资本上的减少与教育领域的研究并不相符，社会资本总体减少的同时，人口总体受教育水平实际上在逐渐提升。

公众信任的衰退

帕特南关于美国人的社交生活的研究并非没有质疑。在另一个研究中，韦尔巴（Verba）、施洛兹曼（Schlozman）、布兰迪（Brady）发现，在 1967 年

---

① Robert D. Putnam, "Turning In, Turning Out: The Strange Disappearance of Social Capital in America," *PS: Political Science and Politics*, vol.28 (December 1995); Robert D. Putnam, *Making Democracy Work: Civic Traditions in Modern Italy* (Princeton University Press, 1993). 后者是对意大利宗教管理的广泛的实证研究，在那里社会资本的概念得以发展和应用。

至 1987 年间，回应者们声称，他们参与当地社区的问题解决活动的数量有着大幅提升。[1] 在 1991 年完成的世界价值观调查中，82% 的美国人声称他们至少属于一个志愿者组织，在西方民主国家中名列第一。[2] 政治科学学者埃弗雷特·莱德（Everett Ladd）进行了一系列民意调查，结果显示绝对数目虽然下降了，但是参与志愿活动的人口比例并没有下降，而且家长教师联谊会会员的下降和学龄人口的下降有关。[3] 莱德同时也发现，教会的出席率也保持稳定趋势，而且慈善捐款的数目在不断提升。有关教会出席率方面，他的发现和帕特南的发现相一致。慈善事业可能是公众觉悟的指示，但并不是帕特南在提到社会资本的衰退时所指的公民参与。实际上，捐款与帕特南所提到的个人公民活动参与恰恰相反。

不管帕特南的预告是否可信——我和其他很多政治科学家都相信——他提到的美国民主现状的特定事实是无可争议的。如前面已经提到的，一是作为最基本的公民义务的投票比率在不断下降，另一具有下降趋势的领域是公众对政府管理和领导者的信心。公众玩世不恭的态度如此之严重，以至于发展成了最近哈佛的由多个院系参与的会议主题，会议记录最终成为了著作《为什么人们不信任政府》且出版发行。[4] 我们有数个证据证明这种下降趋势。一篇论文中，盖瑞·奥尔恩（Gary Orren）注意到了民众通过诸如发起和参与全民公投等直接民主方式所表达的不满：70 年代晚期对税收的不满和 90 年代对收养条款的不满。[5] 半数以上的州通过了投票方式以限制一些特定职位上的官

---

[1] Sidney Verba, Kay Lehman Schlozman, and Henry E. Brady, *Voice and Equality: Civic Voluntarism in American Politics* (Harvard University Press, 1995), pp.76, 83. 同时参见 Robert Wuthnow, *Loose Connections: Joining Together in America's Fragmented Communities* (Harvard University Press, 1998).

[2] William A. Galston and Peter Levine, "America's Civic Condition: A Glance at the Evidence," in E. J. Dionne Jr., ed., *Community Works: The Revival of Civil Society in America* (Brookings, 1998), p.31.

[3] Everett C. Ladd, "The Data Just Don't Show Erosion of America's Social Capital," *The Public Perspective* (June-July 1996).

[4] Joseph S. Nye, Philip D. Zelikow, and David C. King, *Why People Don't Trust Government* (Harvard University Press, 1997).

[5] Gary Orren, "Fall from Grace: The Public's Loss of Faith in Government," in Nye, Zelikow, and King, *Why People Don't Trust Government*, p.82.

员可以连任的任期数量。

不信任显著地表现在民意调查上。1958 年近四分之三（73%）的美国人说他们信任华盛顿政府能够、总是和大部分时候都在做正确的事情。到 1968 年的时候这个数字降到了 61%，1974 年降到了 36%，到 1980 年则降到了 25%，并保持到现在。[1] 自 1964 年以来，认为政府被少数只考虑自己利益的利益集团所控制的人数从 36% 上升到了 76%；认为政府并不考虑民意的人数从 36% 上升到了 66%；认为政府把持在少数几个人手里的比例从 29% 上升到 51%。[2]

虽然总体上对政治机构的评价是负面的，但对特定层面的政府的评价则各有不同。比如，在 1997 年，民意调查显示，只有 22% 的受访者对联邦政府给出了积极评价，而对州政府和地方政府则分别是 32% 和 38%。[3] 显然人们更信任与他们的社区更接近的政府。

人们列出的对政府失去信心的主要原因是因为政府浪费、低效而且在错的事情上投入大量的资金。公众对政府和领导者不再抱有幻想并非同时发生的。政治分析学者发现了这种失望和特定事件的关系：越南战争、水门事件、尼克松的豁免、伊朗门以及经济衰退。然而，下降趋势是稳定的。在克林顿执政头两年的持续下降之后，民众的信心在他第一个任期的后两年开始恢复了，然而对克林顿弹劾事件的损失的全面评估还需要些时间。

美国公众表现出的高愤世嫉俗情绪并不仅仅针对政府，人们对普遍认为的很重要的机构的信任度也在下降。在过去的 30 年中，人们对大学（从 61% 降到了 31%）、企业（从 55% 降到了 21%）、医药行业（从 73% 降到了 29%）和新闻媒体（从 29% 降到了 14%）的信任度也在大幅降低。[4] 银行、工会、律师当然还有教育也在降低之列。分析师们对此下降趋势给出了各种解释因

---

[1] Robert J. Blendon and others, "Changing Attitudes in America," in Nye, Zelikow, and King, *Why People Don't Trust Government*, pp.206-207.

[2] Orren, "Fall from Grace," p.81.

[3] Joseph S. Nye, "Introduction: The Decline of Confidence in Government," in Nye, Zelikow, and King, *Why People Don't Trust Government*, p.1.

[4] Joseph S. Nye, "Introduction: The Decline of Confidence in Government," in Nye, Zelikow, and King, *Why People Don't Trust Government*. 同时参见 Seymour Martin Lipset and William Schneider, *The Confidence Gap: Business, Labor and Government in the Public Mind* (Johns Hopkins University Press, 1987)。

素：政党的重要性的下降、缺乏领导力、政客间相互诋毁、负面的新闻媒体、现代和后现代的价值观、对权力的敌视、反制度主义（anti-institutionalism）、不理智的高期望以及前面已经提到的社会资本的锐减。[1]

试图解释这个态度问题所面临的困难是数据并不保持一致。例如就公立学校而言，民众总体对公立学校的信任度很低，但是对自己孩子进入的某个特定学校则有着很高的评价。[2]另一个类似的发现是，和广泛的对其他机构的不满情绪不同的是，大家对宗教机构的信任一直保持着高水平。这和教会的高参与率保持一致。

非裔和西班牙裔以及那些处于收入最底层的人们——他们历史性地依赖政府来干预他们的社会不平等地位——比其他人口对政府的信任水平更高。然而即使是这个人群，也只有三分之一的受访者表示，他们总是或通常信任联邦政府。[3] 令人些许困惑的是，当我们更多地接触到政治行为的研究时，也更能理解贫困人口和少数族裔对政府所存在的矛盾情绪。从民权运动开始，政府领导者，特别是联邦层面，对处于不利地位的人口表现出了极大的同情。政府已经颁布了相当数量的法律来扭转过去种族歧视所带来的影响。然而少数族裔和贫困人口在政治过程中依然没有同等的权利。那些以穷人的名义颁布的法律在执行过程中与他们的利益和愿望并不相符。有时候那些声称代表着穷人利益的政策立法者实际上忽视了穷人的意愿。美国学校教育的历史充斥着这样的例子。没有什么比学校选择更具有代表性了。

顽固的不平等

政治平等是民主的基本假设。[4] 政治平等的原则在美国人当中享有广泛的

---

[1] 同时参见 Joseph N. Cappella and Katherine Hall Jameson, *Spiral of Cynicism: The Press and the Common Good* (Oxford University Press, 1997); Ronald Inglehart, *Modernization and Postmodernization: Cultural, Economic, and Political Change in 43 Societies* (Princeton University Press, 1997); Martin Wattenberg, *The Decline of American Political Parties* (Harvard University Press, 1994)。

[2] Tom Loveless, "The Structure of Public Confidence in Education," *American Journal of Education*, vol.105 (February 1997).

[3] Blendon and others, "Changing Attitudes in America," pp.206-207.

[4] 一般参见 Charles Beitz, *Political Equality: An Essay in Democratic Theory* (Princeton University Press, 1989)。

支持，这可以追溯到杰斐逊的人人生而平等的信念。[1] 但是将这个信念变成现实被证实是这个国家所面临的最令人沮丧的挑战。首先遇到的是法律障碍。直到 1870 年在宪法中加入的修正案才禁止了投票中的种族歧视。1965 年的投票权利法案颁布以后，这个国家才开始在一人一票的平等上获得了真实的进展；但是政治平等之路依然漫长、缓慢而充满了荆棘。[2] 虽然废除投票税、文化水平测试和白人预选（White Primary）[3] 在废除政治过程中的立法不平等上取得了长足的进展，但是这依然无法应对一些由潜在的社会因素所造成的政治不平等。政治研究中解释民主气质的社会经济学模式所暗含的事实是，个人资源决定了谁参与政治以及他能够走得多远。[4] 美国社会中存在的不平等与种族有着密不可分的联系。在 1997 年非裔和西班牙裔的贫困率为 26.5% 和 27.1%，相应地，白人的比例为 8.6%。[5]

正如我们在前面章节所看到的，即使政治制度自身进行根本的调整也无法改变贫困人口的参与率或显著提升他们的政治地位。最后，林登·约翰逊总统全盛时期的消除贫困的投资直接指向了地方的企业，但是这并没有为地方带来显著的权力再分配。选举比例的提高并没有超过 5%。地区的活动人士

---

[1] 参见 Sidney Verba and Gary Orren, *Equality in America: The View from the Top* (Harvard University Press, 1985); Jennifer L. Hochschild, *What's Fair? American Beliefs about Distributive Justice* (Harvard University Press, 1981)。

[2] 参见 Chandler Davidson, "The Voting Rights Act: A Brief History," in Bernard Grofman and Chandler Davidson, eds., *Controversies in Minority Voting: The Voting Rights Acts in Perspective* (Brookings, 1992); Chandler Davidson, "The Recent Evolution of Voting Rights Law Affecting Racial and Language Minorities," in Chandler Davidson and Bernard Grofman, eds., *Quiet Revolution in the South: The Impact of the Voting Rights Act, 1965-1990* (Princeton University Press, 1994); Joseph P. Viteritti, "Unapportioned Justice: Local Elections, Social Science and the Evolution of the Voting Rights Act," *Cornell Journal of Law and Public Policy*, vol.4 (1994)。

[3] 在 1890 年后，很多南方州禁止白人以外的其他选民参与预选。1944 年，最高法院判决白人预选有违宪法。——译者注

[4] Sidney Verba and Norman H. Nie, *Participation in America: Political Democracy and Social Equality* (Harper & Row, 1972); Sidney Verba, Norman H. Nie, and Jae-on Kim, *Participation and Political Equality: A Seven Nation Comparison* (Cambridge University Press, 1978); Verba, Schlozman, and Brady, *Voice and Equality*。

[5] Robert Pear, "Black and Hispanic Poverty Rate Falls, Reducing Overall Rate for Nation," *New York Times*, September 25, 1998.

经常把资源花费在地方项目上，然而这些项目很少能够使得穷人获益。当尘埃最终落定的时候，资金和决定权最终掌握在被旧的种族联盟所控制的市政府手中。芝加哥活动组织者索尔·阿林斯基（Saul Alinsky），曾将以城市名义运作社区扶贫项目的代理人称为"傀儡"，他认为社区行动项目（Community Action Program）是"政治的色情片"。① 从这里我们所能学到的是，跳过建立能够使民主有效地发挥作用的社会必要条件而直接发展政治是不可能的。

通过前面的大量研究，我已经指出教育是建立健康民主所必须的关键要素。但是我并不想过分强调教育的重要性，也不想把不完善的民主的所有压力和责难都放在公立教育上。在学校中所实现的政治社会化的研究结果喜忧参半。一些研究显示，公立学校中所使用的大部分教材对发展恰当的民主过程并不合适。② 德利·卡普尼（Delli Carpini）和基特（Keeter）发现，学生在低年级时对政治留下的积极印象和在高年级时所意识到的政治现实之间的差距导致了他们的愤世嫉俗或回避的态度。③ 最近尼米（Niemi）和琼（Junn）基于 NEAP 数据的研究更加鼓舞人心，该研究显示，学生在高中接触到的公民课程的确提高了他们对政府的认识，但是这个研究也显示了黑人和西班牙裔学生在这方面所具有的知识差距。④

我并不是想给读者留下失败的政治系统或教育系统的印象。我的目的——至少在这章——是想对学校选择的实施是否会对公民生活造成负面影响做出评价，在此之前我需要对目前的状况做出总结。对现存的研究结果的综述显示了两个问题：一是对主要公共机构的不断增长的不信任以及相伴随的在参与公民和社区生活上的衰退；二是持续的不平等，它不仅界定了当前的困境，而且也正是这本书的主题。

现在问题更加清晰了。以特许学校和教育券形式体现的学校选择如何影响我们不断增长的与公共生活的疏离和持续的政治不平等？如果对这个问题的回答如学校选择的反对者所预见的那样，它具有灾难性的影响，那么也没有

---

① Saul Alinsky, "The War on Poverty: Political Pornography," *Journal of Social Issue*, vol.21 (1965).

② John R. Hibbing and Elizabeth Theiss-Morse, "Civics Is Not Enough: Teaching Barbarics in K-12," *PS: Political Science and Politics*, vol.29 (1996).

③ Michael X. Delli Carpini and Scott Keeter, *What Americans Know about Politics and Why It Matters* (Yale University Press, 1996).

④ Richard G. Niemi and Jane Junn, *Civic Education: What Makes Students Learn* (Yale University Press, 1998).

必要继续讨论了。如果回答是"没有"或"很少",那么一旦我们超越了自己对宪法的错误理解,也就没有理由再反对贫困人口的学校选择了。如果证据显示学校选择对上述问题有着积极影响,那么这也就为我们提供了继续讨论下去的动力。在回答这个重要问题之前,我需要花些时间来解释民主是如何形成的。

不断成长的民主

公民社会概念的过度使用使得它在不同人群中具有不同的含义。对本杰明·巴伯(Benjamin Barber)而言,它意味着"独立而自由的社会生活,不论政府还是市场都不具有控制权"。[①] 根据巴伯的说法,我们在家庭、宗族、教会和社区中为我们自己创建这样的社会。麦克·沃尔泽(Michael Walzer)用这个术语来表示"人们之间为了家族、信仰或兴趣目的而形成的非强制的联合以及填充这个空间的一系列关系网络"。[②] 弗朗西斯·福山(Francis Fukuyama)认为,公民社会"是由起媒介作用的机构、俱乐部、工会、媒体、慈善机构和教会所组成的复杂网络,在这里人们社会化于其所处的文化之中,并获得在更大的社会中生存下去的必要技能"。[③]

虽然某种程度上他们各有侧重,但所有定义中出现的共同元素是家庭和教会,并至少暗示了社区。这里我将关注志愿者组织在公民社会中扮演的两个主要功能:民主的基础培训以及在政府和个人之间的媒介机构。家庭、教会和社区在这两方面都扮演了重要角色。

公民教育

当托克维尔[④]游历这个年轻的国家时,最引起他注意的特质之一是人们创

---

① Benjamin Barber, *A Place for Us: How to Make Society Civil and Democracy Strong* (Hill & Wang, 1998), p.4.

② Michael Walzer, "The Idea of Civil Society," *Dissent* (Spring 1991), p.293.

③ Francis Fukuyama, *Trust: The Social Virtues and the Creation of Prosperity* (Free Press, 1995), pp.4-5.

④ 阿历克西-夏尔-昂利·克雷莱尔·德·托克维尔是法国政治社会学家、政治思想家及历史学家。他最知名的著作是《论美国的民主》。托克维尔以他游历美国的经验,从古典自由主义的思想传统出发,探索美国的民主制度及其根源,这本书成为社会学的早期重要著作之一。——译者注

建组织的倾向，他把这看作是形成民主的坚实基础。[1] 通过在这些组织中所建立的私人联系，公民能够养成"发自内心的习惯（habits of the heart）"，这使得他们彼此团结、互惠和具有公共精神；正是这些公民特质使他们积极参与合作的行动。在社区中，志同道合的人们自然发展起来的这些组织与自由个体所拥有的强烈的个人主义形成了平衡，它甚至可以削弱麦迪逊所担心的多数主义的暴政。

按照托克维尔的分析，这些机构中最重要的是宗教机构。他的结论不仅包含了他对美国公民社会中宗教所扮演的角色的观察，也包含了对人们对宗教的深厚感情的敏锐洞察。托克维尔很欣赏美国政府不同于欧洲政府的政教分离政策，他解释道：

> 宗教在美国的政府管理中并不扮演直接角色，但它在政治机构中则排列首位，因为即使它没有传递自由的信息，至少它也帮助了人们实现自由。我不知道美国人是不是真的虔诚地信仰宗教，因为谁也无法看到别人的内心世界，——但是我确信它在维持共和体制上扮演着不可缺少的角色。[2]

到詹姆斯·科尔曼在学术界提出"社会资本"的概念时，已经有大量的涉及各个领域的实证研究证明了托克维尔的核心主题：志愿者组织的成员比其他人具有更高的自我管理的自然倾向。[3] 按照科尔曼的分析，社会资本是人们能够在群体和组织中合作的能力。除了能力和知识之外，人们与他人合作的能力取决于在何种程度上社区能够共享标准和价值观，因为这些标准和价

---

[1] 特别参见 Alexis de Tocqueville, *Democracy in America*, vol.2 (Random House, 1945), pp.114-129。

[2] Alexis de Tocqueville, *Democracy in America*, vol.1 (Random House, 1945), p.316. 同时参见 Tocqueville, *Democracy in America*, vol.2, pp.129-136, 152-157。有关这个主题的详细阐述，参见 William A. Galston, *Liberal Purposes: Goods, Virtues, and Diversity in the Liberal State* (Cambridge University Press, 1991), pp.257-289。

[3] Almond and Verba, *The Civic Culture*. 同时参见 Robert N. Bellah, Richard Madsen, William M. Sullivan, Ann Swidner, and Steven M. Tipton, *Habits of the Heart: Individualism and Commitment in American Life* (University of California Press, 1985)。

值观使得他们能够将个人利益从属于集体利益或者社会利益。①

在人类交往的核心领域，实现独立个体和群体间的社会交往活动主要归因于信任。信任是一种社会美德，它来自基于忠诚、诚实和独立的规范的交往活动。这种美德培养人们从小的社会群体出发直至面向更大的社会背景，从而使民主得以可能。福山在他具有里程碑意义的阐述中强调，"信任"的源头是家庭结构。正如亚里士多德一样，福山把家庭看作是人类组织的基本结构。人类是相互依存的。为了生存和发展，人们需要走出自然家庭单位，实践在家庭中所学到的合作活动。为了形成社会，我们需要更为复杂的经济和政治结构，但这并不意味着要取代家庭，或者与家庭结构竞争，而是需要建立在以社区为基础的家庭结构之上。

有关公民社会的研究文献中对政治社会化过程提出了与我们所熟悉的公立教育框架所不同的看法。包括宗教在内的基于社区的机构是更广范围的社会凝聚力的基础，它有助于国家的健康，而不是妨碍大众福利的分裂力量。民主形成于机构由小到大的自然演化过程中。共同的价值观不可能在像贺拉斯·曼那样强制推行的政治和社会均质化的组织机制中形成。社会价值观是"由衷的产物"，不能强制产生。显然学校，特别是公立学校是唯一或最有效的培养人们的民主气质的机构。

在自由社会中，教育可以发生在教堂、工会礼堂、俱乐部和工作场所，但更重要的是在家庭中。对自由社会而言，没有什么比那些机构之间的冲突更让人讨厌了，这些机构假装行民主教育之责，假装父母可以按照自己的价值观教育子女。或许还有更让人讨厌的事情。更为教条的是，当出现这样的分歧时，选择理所当然地倾向于政府管理的机构，或公立学校。政治理论学者威廉·高尔斯顿透彻地分析了这种荒唐情景。他写道：

> 或许自由的公民教育所遇到的最尖锐的问题是，教育的内容和家长想要传递给子女自己的生活方式的渴望之间的冲突。很少有父母没有意识到这种渴望。还有什么比这更自然的？……相反，在那些被迫将所有

---

① James S. Coleman, "Social Capital in the Creation of Human Capital," *American Journal of Sociology*, vol.94 (1988). 虽然科尔曼使得"社会资本"一词为大众所接受，而最先使用该词的则是简·雅各布斯，见 Jane Jacobs, *The Death and Life of Great American Cities* (Random House, 1961), p.138。

的道德权利出让给州政府的家庭中，谁能够在深思熟虑之后而没有恐怖的极权主义之忧呢？①

高尔斯顿的敏锐分析为公民社会的讨论引入了另一个维度。一致与和谐之间有着巨大的分歧。志愿者组织能够通过吸引草根层面的公民参与而促进社会和谐，一致则是由政府机构自上而下强加的，并且与民主的理想背道而驰。民主是一种既不假定一致也不追求一致的价值观的政府形式。②它需要政府和被管理者之间的一种健康的张力。自由被定义为在公共权威领域之外的私人行动的范畴。它意味着管理的有限性，能够做想做的事情——作为个体和集体中的一员——而不受无理由的强迫。这引出了志愿者组织的第二项重要功能——维持民主的稳定。

协调各机构

彼得·博格（Peter Berger）和理查德·约翰·诺伊豪斯描述了作为媒介的组织和机构在处于私人生活中的个体和公共生活中的机构之间所起的协调作用。③博格和诺伊豪斯是 1970 年代末第一批对美国社区联系减弱以及由此引发的对民主的损害表示担忧的社会评论者。他们特别感兴趣家庭、教会和社区组织对提高公民互动的活力所能起到的作用。如果这些"正式生产和维持联系"的组织能够在政策舞台上发挥更有意义的影响，那么人们在政治生活中会觉得"像在家里一样"。

博格和诺伊豪斯对美国社会生活的研究提醒我们，在自由社会里民间组织扮演了重要的角色，但这些组织的重要性只有在缺乏自由的社会背景之下才会真正意识到。在苏联解体后的东欧，公民社会有着不同的含义。对于生活在那种制度下的人们，公民社会既是政治的另一种选择，也是远离政治的方式。旧秩序的本质是消除合作行为的独立特性。正如一个孩子在子宫中长大一样，东欧的公民社会为不可避免的新生命的诞生提供了庇护。在那样的统治之下，公民社会是唯一的人们可以不受政府控制而为了共同的目标自由

---

① Galston, *Liberal Purposes*, pp.251-252.

② 参见 Robert A. Dahl, *Democracy and Its Critics* (Yale University Press, 1989)。

③ Peter Berger and Richard John Neuhaus, *To Empower People* (AEI Press, 1977). 同时参见 E. J. Dionne Jr., "Introduction: Why Civil Society? Why Now?" in Dionne, *Community Works*.

集会的环境。① 在其政权衰落之后，志愿者组织可以与政府形成平衡，创造必要的张力，在其脆弱的早期阶段加强新民主的力量。②

东欧国家的教育改革就是特定的产物。③ 半个多世纪以来，教育被用来强化对国家的忠诚思想，支持政党的统治，消除异己。其改革的中心之一就是创造可供选择的另一种不由政府运作的学校——当教师和其他教育工作者已经习惯于在不鼓励创新和个人突出的文化中作为政府机构的一部分，这样做很困难。

很多由家长和教师发起的创建非公立学校的努力和政治活动相关。在那些教育和由政府发起的世俗化运动有密切关系的地方（例如波兰），很多新学校是内含宗教性质的。在所有的地方，教育的另一种选择的蓬勃发展正是自由开始生长的证明。首先这些新的选择只对少数能够负担得起私立教育费用的家庭开放。当政府开始用公共资金支持独立的学校时，真正的理性自由的标志才会随后出现。1991年查尔斯·格伦（Charles Glenn）完成了他在苏联领土上的有关教育的大范围调查，他证明了在波兰、俄罗斯和匈牙利存在着1 000多所由政府资助的独立学校。④ 在由美国教育部委托的这项调查中，他也热切地指出，这样的学校在美国并不存在。

我并非旨在建议美国的学校系统本质上是极权的。这里我想要说明的是，和一些美国人所想的正好相反，大多数自由社会认为，教育选择是民主管理和自由的核心特征，这在西方世界很普遍。政府支持的私立和教会学校在澳大利亚、比利时、加拿大、丹麦、英国、法国、德国、荷兰、冰岛、以色列、苏格兰、西班牙和新西兰等国家都以这样或那样的形式存在

---

① 参见 Alan Wolfe, *Whose Keeper? Social Science and Moral Obligation* (University of California Press, 1989); Alan Wolfe, "Is Civil Society Obsolete? Revisiting Predictions of the Decline of Civil Society," in Dionne, *Community Works*。

② 托克维尔也同样意识到了志愿者组织给社区带来的冲突。然而，在谨慎地考虑了其危险之后，他最终的结论是它们最终能够强化民主。参见 Michael W. Foley and Bob Edwards, "The Paradox of Civil Society," *Journal of Democracy*, vol.7 (July 1996); Michael W. Foley and Bob Edwards, "Escape from Politics? Social Theory and the Social Capital Debate," *American Behavioral Scientist*, vol.40 (March-April 1997)。

③ 一般参见 Charles L. Glenn, *Educational Freedom in Eastern Europe* (Cato Institute, 1995)。

④ Charles L. Glenn, *Educational Freedom in Eastern Europe* (Cato Institute, 1995), p.ix.

着。[①] 自 1992 年以来，即使是广义"社会主义"的瑞士[②]，也在实行一套公共支持的学校教育券制度，以作为对那些教育需要无法由普通的公立学校所满足的宗教少数群体和语言少数群体的请求的回应。[③] 在很多国家，宗教原则很自然地要求没有任何人的教义高于另一些人，同时无宗教信仰也同样受到尊重。将无宗教信仰置于优先于宗教信仰的位置，以这样的方式来保护宗教自由，这在思想开放的人们中很不寻常。在这一点上我们美国人还很落后。

这极具讽刺意味。从教会的高参与率以及我们谈论宗教时所表达的信心，似乎可以推断，美国人在西方世界中是最有宗教信仰的。当然我们的信仰似乎是那种安静而自持的类型，不会体现在公共生活中；但这刚好是我要说的。有些人会反驳说，我们特定的政治和宗教文化形成了如此严格的政教分离的标准，使得我们得以呈现我们共同的身份。但是，莱蒙案和奈奎斯特案之后的十几年来，我们的政治和法律文化还是并且一直会是多元主义。我们是移民国家，我们的多元化和我们的统一性同样显著。

在宗教方面我们甚至变得更加多元了。曾经是普通学校文化的主流的新教也在迅速地发生着变化。过去占美国宗教人口主流的圣公会、长老会和卫理公会，现在其成员和天主教、福音教派人数相当。随着犹太教的人口保持相对稳定的同时，伊斯兰教、印度教和佛教教徒在逐渐增加，我们的多样化还在不断提升。[④] 正是这令人愤怒的多元主义以敌对或者琐碎的方式为宗教进入公共学校设置了多种障碍。也正是这个多元主义——政治上、法律上和人口统计学上——成为我们避免建立国教的威胁的最主要力量。

---

① 参见 Monsma and Soper, *The Challenge of Pluralism*; Charles L. Glenn, *Choice of Schools in Six Nations* (Department of Education, 1989); John E. Chubb and Terry M. Moe, *A Lesson in School Reform from Great Britain* (Brookings, 1992); Jan De Groof, "The European Model: Life without the Wall of Separation," paper presented at the Conference on Faith and Public Policy, Ethics and Public Policy Center, Washington, D.C., February 5, 1999。

② 我们平时所称的社会主义实际上是指狭义的社会主义，即以马克思主义为指导的科学社会主义。按此标准，瑞士不是社会主义国家。但原作者认为，从广义上讲，凡是推行公有化，以社会公正为目标的，都是社会主义国家。——译者注

③ Miron Gray, "Free Choice and Vouchers Transform Schools," *Educational Leadership* (October 1996).

④ 参见 Monsma and Soper, *The Challenge of Pluralism*, pp.16-17。

　　我们越是将宗教排除在公立学校之外，为希望根据自己的信仰教育子女的少数群体提供教育选择的争论就更激烈。那些学校选择的反对者们声称，为儿童提供宗教教育会造成社会分裂，会培养分裂主义，甚至会对共和政体造成危害，其实他们不理解当代美国宗教实践的本质。

　　如果我们接受艾伦·沃尔夫和其他人所描述的宗教图景，其实它并不意味着一群宗教狂热者根据教条的教义来改变其生活方式。美国人或多或少被教堂集会和犹太人集会所吸引是因为他们在那里找到了社区的感觉。显然，各种宗教集会有着共同的标准和价值观，但是对于大部分美国人而言，宗教信仰并不是人们的反社会行为、反国家行为，以及拒绝参与更大范围的社区活动的行为来源。当我们进入 21 世纪，我们进行礼拜的地方是产生公民的地方而不是持不同政见者的地方。在参与美国最大的对公民社会的调查之后，高尔斯顿和莱文（Levine）的研究结论呼应了托克维尔 150 多年前已经发现的事实，"教会组织是美国公民社会的支柱"。①

　　那些有着虔诚信仰的少数群体呢？他们居住在自我管理的社区，以一种与美国主流文化的风俗和习惯而不同的方式生活着。这些人会怎么样呢？作为一个信奉宗教自由的社会，我们有责任保护他们保持自己的不同的权利，只要他们没有违反法律。第一修正案是为了保护那些服从自己良心的人们，有时候这些人以不同方式思考和行动，甚至穿着也大不一样。为这些人们的子女提供进入教会学校的可能性，这并不属于宪法责任，但是我们可以这样做。在公共政策方面，州政府越利用公共权威对社区的宗教价值观加以影响，或干扰宗教自由选择，这个宗教越可能成为不和谐力量。这是我们可以从东欧和美国最近公立学校的文化战争中所能学到的重要一课。

　　选择——公立的或私立的——能够提供从围绕着特定的规则和价值观建立的独立社区中产生学校的过程吗？虽然缺乏大量的学校选择经验，对于学校选择的反对者们，我承认这个问题的回答是肯定的。然而更重要的问题是，这样的改变是会加强我们的公民社会，还是削弱它？为了回答这个问题，我需要回到本书最初提出的观点。事实是，在美国很多家长已经在实践着学校选择，虽然我们的民主还不完善，但它也没有把我们分裂到不可挽回的地步。难道要我们相信为穷人提供中产阶级所享有的选择会对政治秩序产生有害影响吗？很难想象任何有良知的人会支持这个观点。在本章的提醒部分我会解

① Galston and Levine, "America's Civic Condition," in Dionne, *Community Works*.

释我所坚信的其实恰恰相反。我认为除了提升他们的教育机会之外，为穷人提供学校选择能够有助于减轻已困扰我们许久的政治不平等问题。

解放贫困人口

首先很显然：给贫困人口提供更好的学校为他们提供了实现更好的政治和经济生活所需要的资源。不那么显而易见的是，给父母为自己的孩子选择学校的权利是为家长赋权的过程：家长为自己生命中最重要的人做些事情所获得的满足感；家长通过行使他的权利与其社区之内或之外的公民社会相联系。[1] 但是全面理解学校选择对贫困人口的影响，需要理解宗教在其社区中所扮演的核心角色，以及过去的教育政策如何削弱了这样的社区生活。像马克思一样，很多学者把宗教看作是民众的麻醉剂——非理性的、另类的当然也是反智力的。如果宗教能够使穷人上瘾的话，那么宗教也是穷人的痛苦遭遇的止疼片。正如前面所讨论的，它也是真正的拯救和救赎的力量——是现世的，不是来世。

穷人的财富

黑人社区的宗教集会的集中化成为一种传奇。在林肯（Lincoln）和玛米亚（Mamiya）有关这个问题的里程碑式的研究中，他们指出，"在黑人社区中，黑人教会毫无疑问是他们的文化发源地"。[2] 非裔美国人和东欧有着类似的经验，宗教是他们公民社会的摇篮，这点值得引起注意。在奴隶制度下教堂是唯一的机构，允许他们在权威的管理范围之外聚集在一起并形成他们自己的文化。在民权运动阶段，教堂是抗议所建立的政治秩序的中心。在民权运动获得立法和司法上的胜利之后，教堂又变成了城市贫困社区发展政治和经济的中心推动力。

1995 年韦尔巴、施洛兹曼、布兰迪发表了关于美国公民志愿者主义的大型调查。[3]《声音与公平》（*Voice and Equality*）以政治科学的社会经济模式为

---

[1] Mark Schneider and others, "Institutional Arrangements and the Creation of Social Capital: The Effects of Public School Choice," *American Political Science Review*, vol.91 (March 1997).

[2] C. Eric Lincoln and Lawrence H. Mamiya, *The Black Church in the Afro-American Experience* (Duke University Press, 1990), p.8.

[3] Verba, Schlozman, and Brady, *Voice and Equality*.

前提，肯定了教育在推动政治活动中的重要作用，并且指出，社会资源分配不公为政治不平等创造了条件。这个研究比其他任何研究都更明确地指出不同社会群体间的相互作用如何能够提高政治参与率。他调查了大范围的各种活动：投票，竞选，捐款，非正式的地方活动，与政府官员的联系、展示、抗议和在地方管理机构工作。韦尔巴和他的同事们特别研究了这些活动的政治有效性：这些活动如何使人们能够与政策制定者互动，表达自己的需要，以及如何施加影响使得自己的需求被听到。

不出所料，处于不同阶层的人们根据他们所拥有的资源而参与不同的政治活动。虽然教育在社会决定因素中排在前列，但根据参与模式，它的相对重要性在与收入和职业进行比较时有所变化。富人比穷人更容易进行政治和慈善捐款，同时也更容易进行宗教捐赠。但不那么富有的人在宗教捐赠方面其实捐出了更大比例的家庭收入。富人比穷人更倾向于在政治和慈善活动中投入时间，但宗教活动方面投入的时间较少。就像托克维尔、贝拉（Bella）、高尔斯顿以及其他研究者一样，韦尔巴和他的团队也特别重视宗教在公民社会中扮演的角色，其不仅仅肯定了它的重要性，而且敏锐地观察到了它在美国政策中所起到的杠杆作用。正如他们所解释道的：

> 只有宗教机构在这个积累资源的过程中提供了平衡。通过为那些缺乏公民资源的人们提供发展公民技能的机会，它在美国的参与系统中扮演了不寻常的角色。[1]

非裔美国人相较于其他美国人而言更多地参与到地方宗教活动中，其次是西班牙裔和白人。[2] 研究对这个现象给出了解释。与其他志愿者组织相比，宗教机构突出的地方在于其民主结构。当其他机构根据阶级、种族和人种统计学数据而分级的时候，宗教机构则更倾向于管理中的平等。新教教会具有不成比例的黑人高参与率，该组织形式的设计正是旨在让所有的人种都能够承担有意义的领导角色。这给了每个人发展参与技能的机会。黑人教会也比其他教会更加具有政治取向，因为地方集合为成员们提供了更

---

[1] Verba, Schlozman, and Brady, *Voice and Equality*, p.18.

[2] 参见 Robert Booth Fowler, Allen D. Hertzke, and Laura R. Olsen, *Religion and Politics in America: Faith, Culture and Strategic Choices* (Westview Press, 1999), pp.157-158。

多的疏导政治能量的渠道。因此教会对处于不利地位人群的政治社会化具有举足轻重的作用。韦尔巴和他的同事做出的结论是，"宗教机构在为那些处于不利地位的人们提供参与动机方面，扮演了远比其他机构更为重要的角色"。①

在 20 世纪的最后 25 年，这个始于社会贫乏时期的资源开始以新的方式发展。20 世纪 60 年代早期，数个不满意进程缓慢的黑人学者曾推测黑人主流教派的空想和政治缄默会导致大范围的脱离。② 他们推测上层的活动成员会脱离传统的黑人浸会教和卫理公会教，更愿意加入白人中产阶级为主流的教会，同时一些激进分子会受到像黑人穆斯林教会那样的分裂运动的吸引。另一部分则会完全放弃有组织的教会。对大面积脱离的预测从来没有被证实，证据反而显示，正是那些主流的黑人教堂处于上世纪末政治运动的前沿。③

在美国，鼓舞人心的故事之一是教堂集会如何重振市中心社区的活力，否则这些社区会因为没有希望而被抛弃。④ 当城市规划者典型地从经济和政

---

① Verba, Schlozman, and Brady, *Voice and Equality*, p.519.

② E. Franklin Frazier, *The Negro Church in America* (Schocken, 1964); Norval D. Glenn, "Negro Religion and Negro Status in the United States," in Louis Schneider, ed., *Religion, Culture and Society* (Wiley, 1964).

③ Norval D. Glenn and Erin Gotard, "The Religion of Blacks in the United States: Some Recent Trends and Current Characteristics," *American Journal of Sociology*, vol.83 (1977); Christopher G. Ellison and Darren E. Sherkat, "Patterns of Religious Mobility among Black Americans," *Sociological Quarterly*, vol.31 (1990); Darren E. Sherkat and Christopher G. Ellison, "The Politics of Black Religious Change: Disaffiliation from Black Mainline Denominations," *Social Forces*, vol.70 (1991).

④ 参见 Robert L. Woodson, *The Triumph of Joseph: How Today's Community Healers Are Reviving Our Streets and Neighborhoods* (Free Press, 1998); Robert D. Carle and Louis A. DeCarlo, eds., *Signs of Hope: Ministries of Renewal* (Judson Press, 1997); Nancy Tatom Ammerman, *Congregation and Community* (Rutgers University Press, 1997); J. M. Thomas and R. N. Blake, "Faith Based Community Development in African American Neighborhoods," in W. Dennis Keating, Norman Krumholz, and Philip Star, eds., *Revitalizing Urban Neighborhoods* (University of Kansas Press, 1996); Fredrick C. Harris, "Religious Institutions and African American Political Mobilization," in Paul E. Peterson, ed., *Classifying by Race* (Princeton University Press, 1995); Andrew Billingsley, "The Social Relevance of the Contemporary Black Church," *National Journal of Sociology*, vol.8 (Summer 1994)。

治的角度来看待发展的时候，很多黑人和西班牙裔的领导者同时也在关注精神的角度。两个群体间视角的不同是可以用白人和黑人间巨大的文化差距来解释的，至少是部分地被解释。在上个 10 年 ①，坦率的黑人学者们不断地挑战着白人学者的文化浅见，这些浅见使得他们努力地在大众中推动世俗运动，虽然社区力量其实主要来自精神世界。

科内尔·韦斯特（Cornel West）批评了自由社会科学家们对道德和文化概念的回避，正是这些概念使我们能够真正理解基础的消除贫困社区的社会病理。他指责人们没能从道德和精神上培养下一代，使得下一代没有能力抵抗在未来生活中所面临的失望。他认为教堂是用爱、关心、服务、奉献和正义的价值观来填补精神空虚的重要机构。② 不断增加的研究证据显示了宗教和社会问题行为之间的负相关，这也支持了韦斯特的判断。③ 和基于信仰（faith-based）的组织有联系的青少年，更不可能和犯罪、暴力、滥用毒品以及其他形式的有害行为有联系。

波士顿的牧师尤金·里弗斯三世（Eugene Rivers）就是领导城市青少年项目的黑人牧师之一。五旬节派的里弗斯牧师和天主教、犹太教以及该城市的其他黑人宗教领袖合作发起了一项成功的反青少年犯罪运动，包括家庭咨询、暑期活动以及对公园和其他青少年聚集的公共场所的再利用。里弗斯牧师与路易斯维尔的凯文·考斯比（Kevin Cosby）牧师以及费城的哈罗德·笛安（Harold Dean）牧师一起合作发起了一项全国范围的竞选运动，将其项目推广到美国 25 个城市的数千所教堂中，这为他在当地赢得了声誉。④ 这其中

---

① 本书出版于 1999 年。——译者注

② 参见 Cornel West, *Race Matters* (Vintage Books, 1994); Cornel West, *Prophetic Thought in Postmodern Times* (Common Courage, 1993)。同时参见 William Julius Wilson, *The Truly Disadvantaged* (University of Chicago Press, 1987); Meredith Ramsey, "Redeeming the City: Exploring the Relationship between Church and Metropolis," *Urban Affairs Review*, vol.33 (May 1998)。

③ 参见 David B. Larson and Byron R. Johnson, "Religion: The Forgotten Factor in Cutting Youth Crime and Serving At-Risk Urban Youth" (Manhattan Institute for Policy Research, 1998); B. Benda, "The Effect of Religion on Adolescent Delinquency Revisited," *Journal of Research on Crime and Delinquency*, vol.32 (1995); D. Brownfield and A. M. Sorenson, "Religion and Drug Abuse among Adolescents: A Social Support Conceptualization and Interpretation," *Deviant Behavior*, vol.12 (1991)。

④ John J. Dilulio Jr., "The Lord's Work: The Church and Civil Society", in Dionne, *Community Works*.

有很多经验值得学习，其中最重要的经验之一是里弗斯自己从该项目中的一个年轻的海洛因毒贩那里学到的。

这个年轻人似乎对牧师所采用的策略很困惑。他问道，如果你所做的这一切都是为了上帝的话，为什么你从来没有提到过他的名字？里弗斯承认："我们在做这些善举的时候，我们不想因为宗教而冒犯别人。关于我们的信仰，我们不想让别人知道太多。"他继续解释道：

> 我们意识到世俗的方式在这个绝望的被遗忘的角落不会起作用。我们为这个教训付出了很大的代价。我们意识到诸如政府、基金会、公立学校以及各种非信仰取向的自助组织等这些治疗性的机构无法触及困扰着我们市中心的精神和道德衰退的深层原因。①

我这里并不是将教堂的角色限制在道德和精神层面。普林斯顿的政治科学家约翰·蒂流里奥（John Dilulio）所说的"政治资本"被谨慎地用来投资市中心的社区，使它成为集就业、住房、教育和关爱于一体的多功能实体。基于宗教集会组织所建立的社会信任，大家得以一起合作为本社区带来了经济和社会资源，这样社区可以更加独立。比如在圣安东尼奥，天主教会是将无能的西班牙裔社区变成地方和州层面的主要政治力量的关键机构。②

玛瑞迪斯·拉姆塞（Meredith Ramsey）指出，现在有 5 个主要的基于信仰的联盟：在佛罗里达州和中西部的"直接的行动研究和培训（Direct Action Research and Training, DART）"，拥有 12 个分支机构；芝加哥的甘梅利尔基金会（Gamaliel Foundation），拥有 35 个分支机构；新英格兰的组织和领导力培训中心（Organization and Leadership Training Center, OLTC），拥有 6 个分支机构；加利福尼亚州的太平洋社区组织研究所（Pacific Institute for Community Organization ），拥有 29 个分支机构。根据拉姆塞的统计，这些联盟和其他已经存在的非附属的群体加在一起，一共有 175 个基于教会的组

---

① Eugene F. Rivers, "High-Octane Faith and Civil Society," in Dionne, *Community Works*, p.60.

② Kent E. Portney and Jeffrey M. Berry, "Mobilizing Minority Communities: Social Capital and Participation in Urban Neighborhoods," *American Behavioral Scientist*, vol.40 (March-April 1998).

织参与了发展行动。①

在推动社区的政治、经济和社会改革方面，很少有人能够比得上纽约的弗洛伊德·弗莱克牧师。弗莱克是艾伦非洲卫理公会主教教堂的牧师，直到1998年他决定将精力集中在牧师职责上之前，他一共在众议院服务了6个任期。基于信仰的机构成为培养当地能够有效利用公共和私人资源的企业家的催化剂，弗莱克牧师是这种可能性的最好证明。如果在西皇后区他的社区当中开车转一转，就可以看到弗莱克的劳动成果，大量低或中等收入的住房、养老院、日托所、信用社、诊所、产前产后保健中心、女性和儿童逃避家庭暴力的避难所、多功能社区服务中心。艾伦也做出了一系列的发展经济的努力，利用什一税、捐款和非营利实体所获得的公共和私人资助以帮助小企业起步。这些努力的结果是一个小型的商业街的建立，容纳了18家小型商业。②

自1982年以来，教会还在运作一个教会学校，该学校从幼儿园到8年级一共480名学生。③学校的经费来自学费和教会的补贴。他们的学生在州一级的测试中不断地超越了该社区公立学校的同龄同学，拥有长长的等候名单并且还在逐年增加。④

弗莱克牧师是最先在公共场合表示支持学校选择的民主党党员之一。这一举动激怒了党内的其他同事们，但是他拒绝就这个问题的立场道歉，并且不断重申这个立场。他说道：

> 如果我们没有为下一代提供优质的教育，我们就无法给他们提供任何未来的希望。城市中的公立学校没能为大量的贫困儿童提供这样的机会。⑤

回击教育忽视

纽约的艾伦学校是在美国很多城市逐渐成长起来的一种现象——黑人独

---

① Ramsey, "Redeeming the City," p.608.

② Somini Sengupta, "Meshing the Sacred and the Secular: Floyd Flake Offers Community Development Via Church and State," *New York Times*, November 23, 1995.

③ Anemona Hartocollis, "In a Religious Model, Seeds for a Charter School," *New York Times*, February 14, 1999.

④ Anemona Hartocollis, "In a Religious Model, Seeds for a Charter School," *New York Times*, February 14, 1999.

⑤ 作者在1999年4月28日对牧师弗洛伊德·弗莱克的访谈。

立学校。根据华盛顿独立教育研究所的调查显示，到 1993 年此类机构达到了 350 个，接纳了 52 700 百名学生。[①] 纽约的图森特研究所做的独立调查则显示，在纽约至新泽西大都市区存在着 71 所这样的学校。[②] 另一个调查显示，在 1998 年华盛顿特区拥有 18 所教会学校和一所穆斯林学校。[③] 很多这样的机构——像布鲁克林隶属于康科特浸会教堂的学校，巴尔的摩隶属于贝瑟尔非裔卫理公会派教堂，芝加哥华盛顿公园社区的由牧师理查德·托利维（Richard Tolliver）发起的学校——都和城市中的牧师有关。它们也都面临着同样的财政困境，因为其使命是满足贫困人口的教育需要，而他们界定贫困人口的标准则是负担不起学费。这些机构的可进入性和有效性被公立学校资金系统所窒息，因为它拒绝为选择将自己的孩子送到私立或教会学校的家长提供支持，而是将大量的公共资源投入到没有能够很好地为少数族裔儿童服务的政府运作的机构。占据了美国教育政策一个世纪之久的严格的分离政策与少数族裔的需要和文化并不相符，而贫困社区所经历的教育忽视在这方面承担着很大的责任。

图森特研究所的主管盖尔·福斯特（Gail Foster）认为，黑人独立学校代表了为担心的家长提供的"强有力的另一种选择"，"生活的精神背景即使在世俗学校也有体现"。[④] 这样的说法的确很有道理。当詹姆斯·科尔曼提到天主教学校在教育城区青少年上取得的杰出成就时，他强调了那些基于社区的传递价值取向的机构的作用。如果天主教学校能够通过将宗教价值观融入教育而创造社会资本，那么学校与黑人牧师的联合将会是最有效地推动城市社区发展的力量之一。关于此类机构，独立教育研究所的琼·拉特雷（Joan Ratteray）曾写道："当家庭和学生有着诸如参与教会活动、在同一社区中生活等共享的社区经验时，这样的社区才能发挥其功能。"[⑤]

[①] Joan Davis Ratteray, *On the Road to Success: Students at Independent Neighborhood Schools* (Washington, D.C., 1991, updated 1996). 同时参见 David Dent, "African Americans Turning to Christian Academies," *New York Times Education Supplement*, August 4, 1996。

[②] Gail Foster and Evelyn Foster, *Directory of Historically Black Independent Schools* (New York: Toussaint Institute, 1998).

[③] Jeremy White and Mary de Marcellus, *Faith-Based Outreach to At-Risk Youth in Washington, D.C.* (Manhattan Institute for Policy Research, 1998), p.7.

[④] Foster and Foster, *Historically Black Independent Schools*, p.14.

[⑤] Ratteray, *On the Road to Success*, p.11.

那些单亲家庭呢？他们因为贫困和各种社会性赤字而处于混乱局面。科尔曼的研究对此也具有启发性。在他作为杰出的社会学家的职业后半段，他写了篇深刻的文章，即讨论美国家庭结构的变化以及对教育的影响。[①] 总体而言，家庭的角色已经发生了改变。随着美国从农业社会过渡到工业社会，家庭不再是生产单位，抚养下一代的职能也外移了。随着女性也加入了劳动力市场，我们更加依赖于外在机构来承担关心和养育下一代的责任。公立学校能够承担这样的责任吗？科尔曼对公立学校没能提供过去由家庭承担的道德和品格教育表示担忧。他对自己 30 年的研究进行了反思，指出家庭的参与对儿童的学业成就具有至关重要的影响，家庭生活本质的改变为学校带来了前所未有的负担。

在他文章的最后，科尔曼将注意力转向了无法从家庭获得成就其学业所需的支持的贫困儿童。他自己的研究显示，单亲家庭儿童和贫困儿童取得更低的学业成就，且这个群体中西班牙裔和非裔占到了绝大多数。为了寻找答案，他转向了对天主教学校的研究，该研究显示，在那些天主教学校中的单亲家庭儿童的辍学率并不比其他儿童高。他接着回顾了另外一些有关"天主教学校现象"在其他世俗学校被复制的新数据。从这个观察他得出结论，"宗教学校为学生提供了某些他们在单亲家庭无法获得的东西，一些不论是公立还是私立的世俗学校都无法提供的某种东西"。[②]

科尔曼用社会资本来解释这"某种东西"。盖尔·福斯特在分析独立的黑人学校的贡献时也给出了类似的解释。福斯特在纽约管理着一个为前公立学校学生设立的奖学金项目，在父母为他们做出教育的另一个选择之前，他们大多数属于特殊教育项目。有序的环境、清晰界定的任务、关心的员工和高期望是福斯特所工作过的私立机构的核心价值，她说道：

> 很多处于危机境地的儿童，其家庭也处于混乱状态，在官僚的公立学校的特殊教育班级，即便是为 7 个学生配备两个老师，也无法和独立黑人学校的主流班级中所情愿和能够提供的养育相比，即使这些班级一

---

① James S. Coleman, "Changes in Family and Implications for the Common School," *University of Chicago Legal Forum* (1991).

② James S. Coleman, "Changes in Family and Implications for the Common School," *University of Chicago Legal Forum* (1991), p.163.

般有 20 到 25 个学生。①

在回顾独立黑人学校的历史时，琼·拉特雷痛心地指出这些机构如何受到界定种族政策的意识的影响。废除种族歧视的努力的假设的前提是白人学校更加高级，为了让黑人学生能够接受适当的教育，他们需要进入白人学校。从社区建设的角度而言，此政策的内涵更让人担忧，这意味着黑人学生所进入的白人学校并不在他们自己的社区。如果说政教分离和强制的世俗主义是教育政策制定者对黑人公民社会的极大冒犯，那么用校车强制接送学生成全了这种冒犯。这些政策对作为地方社区的根基的两类机构——社区教堂和社区学校——造成了严重影响。

特许学校最为可取的特征之一是它为在社区内自然地形成公立学校提供了制度机制。它们是有个性的学校而不是官僚机构的一个碎片；它们是有选择的学校，学生和老师们按照自己的意愿而不是通过完成强制的任务来展现自己。未来在城市中提供各种类型的教育机构的承诺，超出了那些一个世纪前处在公立学校运动前沿的人们的想象。希望当教育质量长期地被认为无法满足需要时，处于不利地位的社区会出现大量的此类机构。

很多新的类似于圣地亚哥的约翰逊小学这样的特许学校会采用传统的课程。其他像密歇根州兰辛的桑科法·舒乐这样的学校，老师和学生穿传统的西非裙子，在他们的课程中包含着伦理的主题。一些学者认为这些老师和学生与美国大熔炉的形象并不相容。他们混淆了文化身份和种族隔离的界限。和过去身着格子裙的女孩儿进入天主教学校，或特权阶级的儿子穿着精英预备学校的蓝色外套和领带出现在校园中相比，身着非洲服装的儿童并不会对美国的民主和多元主义造成更大的危害。他们只是不同而已。总之，桑科法的学生们也需要通过同样的密歇根州主持的面对公立学校进行绩效测评的标准化考试。

1998 年冬天，在特许法案通过一周以后，纽约有一场公众的骚动，因为一些黑人牧师表达了在其社区开设学校的兴趣。即使这些牧师承诺这些学校会是世俗化的，州教育委员会主席（她很不情愿地支持该法律）还是表达了公众的惊慌，宣称宗教领袖"觉得他们能够组织和运作公立学校，这是站不

① Gail Foster, "New York City's Wealth of Historically Black Independent Schools," *Journal of Negro Education*, vol.61 (1992), p.197. 同时参见 Megan Drennan, "Spiritual Healing," *Education Week*, June 5, 1996。

住脚的"。① 当地公民自由联盟的领导者警告说，"特许学校不能成为宗教传教的借口"，他发誓会随时留意事态的发展。

文化不和谐的另一个戏剧性表现存在于白人主导的政策和黑人社区之间。黑人教会领袖寻求各种机会来扭转本社区儿童教育被忽视的模式，而其他人则忙于在宗教和政府之间划一条抽象的界限。通常即使是最善意的白人官员和政治活动家也无法理解在贫困社区中教会所扮演的超越其宗教传教之外的独特而复杂的角色。在贫困社区很难看到博物馆、公民联盟和设立特许学校的文化机构，取而代之的是他们拥有自己的教会。

鉴于少数族裔社区的社会结构，当地教会不可避免地会参与特许学校的建立。在纽约市的这场争论之前，黑人牧师们已经在纽瓦克市、大急流城、塔拉哈西市成功地建立了一些特许学校——他们并没有借此炫耀过。② 我坚信，没有证据显示这些牧师利用学校来游说别人信仰宗教，或者做过冒犯学生的事情。当具有创造性的人们四处为处于社会底层的人口寻找新机会时，我们就会看到美国教育史上前所未有的宗教团体和公共机构间的新型关系。跃入脑海的一个例子是我最近访问过的南布朗克斯（South Bronx）公立高中。布朗克斯领导力学院是南布朗克斯教会集思广益的结果，该教会隶属于美国最大和历史最悠久的社区组织——工业区基金会（Industrial Areas Foundation）。南布朗克斯联盟由 30 个教会组成，代表了 9 个基督教派和 1 个清真寺。

布朗克斯领导力学院建于 1986 年，它的学生主要是西班牙裔和非裔，反映了南布朗克斯的人口构成。该学校属于全美最贫困的社区之一，但因高学术标准和创造性地围绕社区服务的课程建设而脱颖而出。或许最具奇迹（如果有人相信奇迹的话）色彩的布朗克斯领导力学院的故事，是它能够从纽约市学校官僚系统的拜占庭式结构中脱离出来。这是非常具有创造性的，当时纽约市并没有特许学校法案。但是南布朗克斯教会有着非凡的领导力和决心，这也是布朗克斯领导力学院得以存在的原因。③

①　Anemona Hartocollis, "Charter School Legislator Criticizes Ministers' Plans," *New York Times*, December 30, 1998. 同时参见 Anemona Hartocollis, "Religious Leaders Plan for Charter Schools," *New York Times*, December 29, 1998。

②　Lynn Schnaiberg, "Buildings in Hand, Church Leaders Float Charter Ideas," *Education Week*, February 10, 1999.

③　参见 Lee Stuart, "The Bronx Leadership Academy High School," in Diane Ravitch and Joseph P. Viteritti, eds., *City Schools: Lessons from New York* (Johns Hopkins University Press, forthcoming)。

同样值得提起的是，这些基于信仰的社团联合如何在法律允许的范围之内执行其教育计划。正如社团的领导者李·斯图尔特（Lee Stuart）所解释的，政教分离从来就不是个严重的问题。该联盟的组成非常多样，因此同意执行某种特定宗教教义的项目几乎是不可能的，即便领导者们倾向于这么做。正如麦迪逊所设想的，多元主义是对沙文主义最好的防范。这并不意味着宗教被看作是种禁忌，但现在很多公立学校却正是这样。宗教是被认可的，不仅仅作为南布朗克斯社区生活的重要方面，而且是公立学校希望学生获得的公民美德的规范类型。正如斯图尔特解释的：

> 南布朗克斯教会组织的 30 个校区很久以前就有着这样的共识，他们的联合是基于与其宗教传统相通的公共生活和社会公正，既不是宗教教条也不是党派政治……南布朗克斯教会组织除了建立学校之外从来没有想过其他任何东西，完全符合美国政教分离的法律。然而这并不意味着向普遍的将宗教从公共生活中移除的假设投降。南布朗克斯教会组织认为他们的学校会教授价值观，并鼓励将信仰和宗教传统作为进行个人和社会决定的重要因素。[1]

教会、国家和公民社会

没有被认可的证据表明，私立和公立的学校选择对美国的公民社会有负面影响。我也看不到任何由学校选择的反对者所鼓吹的严格的政教分离与健康的民主之间的逻辑联系。我相信，大多数民主社会将公众对宗教教育的支持看作是他们所追求的自由的核心要素。这是 20 世纪文明的一个极大讽刺，美国——由欧洲流亡者建立的追求宗教自由的至今仍是世界上最为宗教式的国家——对为基于信仰的社区提供机会使他们能按照自己的价值观来教育下一代持有着如此强制的视角。在如此宗教多样化的社会中，且大部分美国人对宗教信仰拥有适度的传统，这种严格的视角是违反直觉的。

如果美国宗教机构和政府间的关系存在着危险的话，那也很难说是建立教会的缘故。我们最大的威胁来自这样的事实，很少有美国人严格地按照宗教信仰来生活，因此我们的大多数并不欣赏虔诚的观察者们的道德责任的力

---

[1] Lee Stuart, "Redefining the Public Sphere: South Bronx Churches and Education Reform," in Carle and DeCarlo, *Signs of Hope*, p.148.

量。我们需要意识到这样的人的确存在，第一修正案正是为了这部分人而撰写。我们不应该期望他们接受大部分美国人所接受的世俗气质，或者像其他人一样看待宗教。奠基者们保证去保护这些人的良知不被大多数人所压迫。宪法不是为了保护大多数人不受异见的干扰，也不是为了保证关于宗教和私人生活的其他方面的一致态度。民主本质上是管理的有争议的形式。

　　关于美国的宗教我们能够确定的是，宗教团体是公民社会的强大基石。进行礼拜的场所——基督教堂、犹太教会堂或清真寺——是克服广泛地造成人们不愿意参与公民社会活动的犬儒主义的无价资源。教会是贫困社区力量的来源。严格的分离标准限制了基层组织在市中心学校所能扮演的角色，剥夺了它们在提升教育、社会和政治平等方面的可能影响。美国的教育政策与国家处于最不利地位的社区文化相脱离，因为其制定者并非来自这些社区。如果我们希望能够把平等的原则变成现实，那么穷人对自己子女的幸福问题也必须有做出决定的机会。他们必须不受约束地以自我的方式实现自我支持。

第八章　选择平等

　　我们现在处于学校选择辩论的第二代。第一代辩论主要是围绕着米尔顿·弗里德曼的纯粹的市场模式展开的。这种方式受到了政策制定者的追捧，1990 年丘伯和莫的颇有争议的著作也支持类似的模式，不过那时主要的支持者来自共和党以及拥有政治权利的人群。辩论的第一代反对者似乎更加确信为进入宗教学校的学生提供资助与第一修正案相悖。现在的反对者们对这样的法律陈述并不是很确定，他们更倾向于在州宪法层面进行辩论。

　　第二代政策提案主要针对着特定人群的需要：贫困儿童和学业失败的儿童。这样的路径在诸如泰德·赛泽（Ted Sizer）①、克里斯托弗·詹克斯、约翰·孔斯（John Coons）、史蒂芬·休格曼这些自由学者的著作中初见曙光。但直到白人自由主义者和黑人的联盟形成，直到保守派在威斯康星州和俄亥俄州获得了立法上的突破性进展，允许处于劣势地位的儿童利用公共资金进入私立和教会学校时，这种路径才真正繁荣起来。1999 年佛罗里达州立法机构在类似条件的驱使下也采用了允许学生从失败的公立学校中脱离出来的立法。

　　不难理解为什么少数族裔想要从悲惨的制度下逃离而回到自己习惯的环境中。更有意思的是，在不同政治信仰的人们之间，不断增长的共识，即左右两派之间有着共享的信念，支持选择政策面向特定群体，使得处于经济不利地位的儿童受益。

　　在本书的前段我曾经通过分析现代自由主义者和保守主义者对平等的不同定义来解释他们之间政治视角上的区别。在公共政策领域的保守主义者（曾经被称为古典自由主义者）在解决社会不平等方面倾向于中立态度。曾经保护个人自由的保守主义者，现在更倾向于平等机会的概念，限制政府以处于不利地位者的名义进行干预。他们相信社会阶层应该是基于竞争的，即使竞争的个体间在能力、野心、优势、勤勉等层面上有着明显的差距。现代自

---

① Ted Sizer，即 Theodore Sizer，Ted 为作者对其昵称。

由主义者则更倾向于从结果角度来定义平等。注意到一些人比另一些人享有更多的经济和社会特权，他们把自己看作是积极地调节阶级差距的代理人。

允许贫困家庭使用公共资金来获得私立教育服务的政策，较之放任的自由市场经济学者们的理论，显然和自由主义的社会理论学者推崇的再分配理论更为吻合。但是教育在美国政策领域中有着特殊的地位。每个人都需要平等的机会，即便是最低限度的，这符合基本的社会美德。正如最高法庭在布莱恩修正案中揭示的，良好的教育是充满活力的公民社会、经济幸福和文化适应不可或缺的成分。这一点在政治领域具有广泛共识。实际上，获得优质教育的机会能够通过学生的教育结果表现出来。如果儿童不会读、写、计算和思考，他们也就无法在 21 世纪这个复杂世界中竞争。如果社会的大部分人不具有这些必须的能力，那么就不可能是个人缺陷或家长忽视的结果。美国必须面对这样的事实，它没能为大部分处于不利地位的人提供适当的教育，我们所有人的生活都因此受到影响。

讨论的第二代改变了形式，较少提及——除了在学校选择的反对者当中——取消公立学校。相反，市场经济的鼓吹者们相信竞争会提升公立教育，助其繁荣。现在的支持者们并没有要求取消政府在教育中的角色的强硬立场。如果密尔沃基和克利夫兰在一定程度上预示着未来的话，那么在学校选择项目中，州政府在制定教育标准和进行教育评价方面其实具有重要作用。当然也随之而来有一定的风险。控制教育政策的人会利用其影响阻碍学校选择项目（公立或私立）的执行，有些甚至会尽力阻碍对公立学校执行高标准的绩效问责。不管怎么说政府具有监管纳税人所支持的项目的正当责任。如果家长真正得以赋权，在选择和支持学校上能够自由选择，那么他们将会最终强化高标准的绩效责任。

50 年前弗里德曼提出的选择愿望的概念在新一轮争论中已经变得过时了。特许学校、学费奖学金、市场竞争——由丘伯和莫大约 10 年前所构想的可能性——已经开始被意识到。现在的问题不是是否执行选择，而是如何执行以满足公众的需要。

在本书的开始部分我已经提到，教育政策的设计必须满足社会中处于最不利地位的人们——那些在现行体制下没有获得应有服务的人们——的利益，目的是将大量贫困人口的机会水平提高到接近中产阶级的水平。如果在美国教育中我们能够提升最低水平的学术成就，那么我们就提升了整体。这要求每个孩子，不论其家庭收入，都有途径获得成功的生活所需的技能。这也意味着所有的家长都应该有机会选择反映他们价值观的学校——公立、私立或宗教学校。

半个世纪以来美国为实现教育平等尝试了各种各样的途径，然而种族间的学业成就差距依然保持。即尽管多年来追求公正的各种试验政策陆续出台，如强制校车、"磁石"学校、有控制的选择，而白人和黑人孩子依然在不同的学校读书。西班牙裔的隔离更加触目惊心。假定黑人和西班牙裔学生需要离开自己的社区才能获得好的教育，社会规划者们已经破坏了社区学校的生存能力——它是社区生活的重要组成，很多中产阶级的父母不会在他们自己的城市和社区这一点上妥协。穷人也和那些中产阶级的父母一样，希望他们的孩子能够进入当地具有好的教学和高学术标准的学校。

过去的 20 年里，在富裕学区和贫困学区间的经济平等方面已经有一些成效显著的项目，部分是因为成功的诉讼，以及由州和联邦政府资助的激进的补偿项目。在经济平等的观念之下，在死板的系统中投入大量资金并没有为穷人们提供更好的学校教育。除非投资与有意义的变革相联系，否则它并不会提升处于不利地位的儿童所进入的学校的有效性。这种教育资源平等的途径，已经执行了很长时间，赤裸裸地证明了以服务于穷人的名义颁布和执行的公共政策，却无法在儿童那里看到实质效果。利用所投入的资金精心设计了项目、提供了更多的工作，使得教育机构更加臃肿，但是穷人的孩子所进入的学校依然不够成功。

学校选择项目将资源直接放在了家长手中。它以过去处于不利地位的社区从来没有尝试过的方式将经济赋权和政治赋权相融合。它允许处于经济不利地位的家长能够为了自己的孩子做出选择，这提升了此类决定能够满足学生学习需要的可能性。学校选择项目显然不是魔术棒，无法奇迹般地扭转少数族裔几代人处于落后地位的教育匮乏现状。但是如果很好地设计和执行该项目，选择项目则能够引导国家走向正确的方向，使得我们更为接近这难以触及的教育平等的目标。

然而不论我们在多大程度上把这场教育中的危机看作是国家的困境，教育其实是州政府的职能。尽管国会和总统通过支持创新项目和实验以实践其道德领导的角色可能会有所帮助，但我们教育问题的实际解决办法还是需要从州层面以立法的形式形成。在随后的部分，我将会为学校选择项目的政策制定和实施列出 10 条基本原则，此参考意见从该主题的现存研究中得出的 9 个前提出发。虽然美国在学校选择方面经验有限，但对如何形成为被剥夺权利的公民提升教育机会的政策方面，我们已经有了足够的了解。

前　提

1. **多样化的需求**。对特许学校和私立机构的教育券项目以及密尔沃基和克利夫兰实验的研究证据显示，父母的选择原因虽各不相同，但其中大部分是因为对一般公立学校为学生提供的教育质量不够满意。又因少数族裔社区的公立学校通常比其他地区的公立学校次一级，而通常受特许学校和私立学校吸引的家长中黑人和西班牙裔家长占绝大多数，这就使得大家担心选择项目制造了种族隔离。不幸的是，大部分黑人和西班牙裔已经在经历着隔离。很多参与选择项目的向贫困的少数族裔开放的教会学校在融合方面比公立学校做得更好。然而，比起坐在种族融合的教室里，大部分有选择需要的少数族裔家长更希望自己的孩子能够有更丰富的学业经历。而大部分人很不幸，并没有这样的机会。

倾向于进行学校选择的另一批家长们，希望子女们进入的学校能够反映他们特定的教育哲学、主题或通常在公立学校难以实现的路径。这些价值观或与宗教相关或者不是。虔诚的教徒可能更倾向于选择教会学校，其他父母的需要则可能在特许学校或其他公立、私立学校那里获得满足，这可能包括蒙台梭利学校或华德福学校这样拥有独特课程的学校，或是专注于社区服务、艺术或医学等特殊课程的学校。做出这种选择的父母的动机，可能不像那些逃离学术落后机构的家长的动机那么强烈。然而可以肯定的是，这部分家长也大多处于经济不利地位，因为很多有条件的家长已经根据自己的价值观做出了选择。

2. **有限的需要**。如果我们相信公众民意调查的结果，那么很多美国家长其实倾向于把孩子留在现在的学校。在中产阶级中的确如此，他们大多对孩子的学校是满意的。但是假定这些家长不需要学校选择项目是不合适的。他们之中已经有很多人在进行学校选择，在法律允许的学校选择项目中选择留下其实正是他们选择的结果。我们不应该用选择了其他学校的学生数来衡量选择项目的成功。当搜寻选择可能性的家长获得了转学机会而没有任何经济或官僚障碍时，选择项目才算是成功的。

公立学校的少部分家长会选择放弃，但选择项目的反对者们把这种趋势夸大了很多。具有讽刺意味的是，如果对公立学校的不满如此广泛以至于引发了大量学生的离开，学校选择将会获得更多的支持。现在的情形所隐含的真正危险是，大量对学校满意的家长对那些因为教育质量或价值选择而备受折磨的家长并不在意。不敏感使得大多数群体更容易忽视这些问题，或者更容易受他们身边那些可以从维持现状中获益的人们的影响。

经济不利地位群体的选择需求是多样化的，受家长因选择而面临的经济负担的影响。从几个私人资金资助的项目所提供的可靠数据我们已经知道，要求家长支付部分非公立学校的学费或费用可能对最为贫困的人口而言是抑制因素。这并不是他们为子女选择教育机会动机的必要测量手段，而只是他们是否负担得起选择产生的少量费用的证明。

3. 供应不足。教室的空间不足，无法满足那些选择离开公立学校的孩子们的需要。我们可以从大部分特许学校的长长的等候名单，以及公立私立资金支持的各种项目里大量被拒绝的申请上看出这一点。即使在那些公立学校选择项目已经在州和地方层面获得法律认可并且大面积实施的地方，好的学校等候名单依然很长。在市中心的问题更为严重，相对不足的优质教育资源提升了需求，学生不得不竞争有限的位置。新特许学校的建立应该有助于缓解这个问题，但是这个结果来得很慢而且效果有限。很多特许学校都很小，以其通常规模计算，需要数个特许学校才能容纳所有从一个中等规模的学业不佳的公立学校中出来的学生。

4. 需求引导供应。当越来越多的家庭能够承担为子女提供私立教育的费用时，更多的学生会进入私立学校。这将会为现存的机构提供扩大招生的动机，最终激发创新的教育者们和企业家们开办新的学校。这个推测的证据在中学阶段还很有限，主要来自考虑了市场功能的完善的经济理性。在无法负担私立学校学费的人群对教育的另一种选择的需求逐渐扩大的同时，很多城区的私人和教会学校因为经济原因被迫缩小他们的招生计划。35 个州的特许学校法案已经在实践一种新的混合模式，私人拥有并运作的公司通过与公共权威机构签署合同来运作公立学校。教育市场正在经历着重大重组。公立教育——或者更严格地说，我们国家为每个儿童提供良好的教育的承诺——不再被限定为仅仅指由政府资助和运作的学校。公立教育的承诺可以通过为每一个家庭提供广泛的选择可能来实现。

5. 竞争会提升公立教育。选择的支持者们总喜欢提及纽约州阿尔巴尼市的吉芬小学的故事，慈善家弗吉尼亚·吉芬（Virginia Giffen）提出为任何希望离开失败的公立学校的学生们提供 90% 的私立学校学费资助。这个贫困社区大约 20% 的学生接受了这项资助。该学校在仅仅一年中就变成了创新的示范学校。校长、两位高层管理者和 12 位老师被重新安排了工作，而新的领导者则推行了一系列新项目以稳定旧生源并吸引新学生。

吉芬小学是个竞争如何能够激励专业人士更好地工作的很有说服力的例子，但很难说它是个科学的实验。直到现在，大部分根据经济模式提出的对选择的预测并不真正存在于公立学校中，只是抽象存在。即使出现了特许学校、私人资助的教育券项目或密尔沃基与克利夫兰的奖学金项目，真正的竞争也并不存在。政策制定者已经确保了进入选择项目的特许学校或私立学校的数额有限，且选择学校所获得的资金支持远不及公立学校。其实，市场并没有被允许以其自然的方式施加影响。

经济学者还没能在真实情境中进行控制实验。然而根据对一般市场功能的理解和学者提出的理论模式的发现，可以理性地推测真正的竞争能够促进公立学校的发展。对这一点的否认则是对待公立教育的犬儒主义态度的又一个有力证明。如果公立教育在面对竞争时不愿意改进或者没有能力改进，那么系统则是完全腐败的。

6. *私立学校的优势*。进入私立学校的贫困儿童能够获得实质上的学术进展。这一点被自 20 世纪 80 年代早期的科尔曼研究以来的不断增长的实证研究所证实，在广泛的对公立和私立奖学金项目的评价研究中，这个结论也一再出现。一些证据来自标准化测试结果。更多的证据可以从天主教学校的学生高毕业率上得以体现——它们全都指出了教会学校在改变学生人口统计学特征和学业成就之间的关系方面更具有影响力。私立学校更有优势的另一个证据是在调查中发现的，即经历了学校选择的家长很多都没有选择天主教学校。在私立和教会学校的比较中多次提到的积极因素是更为严格的学术课程、更为安全的环境、更多的家长参与机会、核心价值以及有些人提到的宗教取向。

7. *作为社团的学校*。通常而言，最好的学校是那些能够融入社区的学校：他们有着潜在的教师家长和学生共同遵守的价值体系；他们是志愿者的联盟，参与者可以根据自己的意志自由参与。我们从科尔曼和其他人关于天主教学校的研究中得以理解这样的文化现象。天主教学校通常在教育处于劣势地位的儿童上更有效，因为他们是关心的社团，坚信所有儿童都生而平等。关于天主教学校的研究并不仅仅是相关的，而且天主教学校代表了为希望脱离公立学校的城区儿童所提供的重要的另一种选择。现在还没有足够的研究来支持这个论断，但我们有理由相信其他服务于贫困儿童的非公立学校同样有能力提供像天主教学校那样的关心社团。例如那些少数族裔社区的城区牧师所建立的学校和其他群体所建立的独立学校，它们在努力维持着自己的经济独立。

　　关于天主教学校的研究意义重大，因为它为我们提供了重新设计公立学校的另一种模式。公立学校，特别是那些大都市中的公立学校，代表了天主教组织模式的对立面。很大程度上，他们不是根据专业或顾客群体而组织起来的志愿者联盟。作为庞大的管理系统的一部分的城区公立学校，其自上而下地制定政策并决定教师或者校长能够和应该做什么。这些大型官僚机构的确有它们自己的文化，但是任何研究大型组织的人都知道，官僚机构的原则是层级、命令、可预知性、控制和一致，诸如创新和自治这样的概念并不符合其体制。我们将自己最脆弱和最宝贵的家庭成员托付给这种使人失去个性的机构，这真是让人吃惊。

　　马克斯·韦伯（Max Weber），官僚制度的著名学者，相信这样沉闷的机制的好处是效率。暂且不提韦伯不可否认的洞见，现代管理理论其实很早就已经放弃了官僚模式，但很多教师并没有。特许学校是个例外，它们允许学习机构从由专业人士和家长组成的共享核心价值的社区中产生。它们处于管理公立学校的政府行政结构之外，提供了目前还只在私立和教会学校存在的另一种组织形式。因此特许学校有潜力成为现存的公立学校和非公立学校之外的另一种可行性选择。

　　8. **宪法上的限制：宗教学校**。最高法庭通过 20 世纪的很多案件将宪法第一修正案解释为不允许政府为宗教学校提供直接经济资助。这是保护宗教自由的不寻常的方式。很多现代的民主党管理的州认为，对教会学校的公共支持是宗教自由的体现，规定进入这样的学校是个人的选择。尽管如此，美国的法律规定禁止给教会学校提供直接资助。过去 50 年由伦奎斯特法庭留下的一系列案例法建议，为自由选择进入教会学校的家长提供资助是被允许的（只要资助是以中立的立场发放的）。这种有关宗教—政治关系的更为折中的路径更符合美国长久以来的宪法传统，然而它在 20 世纪 70 年代被暂时地打断了。

　　州被允许确立自己的关于分离的宪法标准，只要该标准不影响联邦宪法所保护的权利。因此，原则上州可以禁止向选择教会学校的父母提供学费资助，但是如果选择项目将教会学校排除在外却允许其他私立学校参与，则有违反了教会学校及其学生的自由实践权利和平等保护权利的嫌疑。

　　9. **宪法的限制：公立学校**。宪法不允许公立学校通过教授宗教来劝诱别人信仰某种宗教，但是它并没有限制学校将宗教作为文化、历史或哲学课程的一部分。很多宪法学者同意宪法禁止公立学校进行有组织的祈祷。一些宗教领袖试图通过修正案来改变这一决定，这看来并不是个好建议也并不现实。撰写一个对学校大部分人而言有着深刻精神意义的祈祷文而又不会冒犯其他人，即使不是不可能也是非常困难的。学校选择项目允许儿童在公共支持下进入教会学校，这应该可以减轻公立学校的宗教信仰者们的压力。

原 则

1. **为贫困人口提供全面的选择机会**。州政府应该为处于经济劣势和教育劣势的儿童提供包括公立学校、独立的私立学校和教会学校在内的选择项目，这将会为贫困家长提供广泛的符合孩子需要的各种选择可能。只包括公立学校的项目过于狭隘，无法为有宗教需要的家长提供服务；只包括教会学校的项目也不适合那些希望孩子在世俗环境中接受教育的家长的需要，也不太可能通过合宪法性的审查。不偏向任何一种学校类型的项目才是公平的，也更可能符合家长的多种需求。

2. **合法性：公立学校选择**。特许学校和其他可供选择的公立学校应该向所有人开放，根据先到先得的原则，只要有足够多合适的席位来满足所有的需要。如果需求大于供给，那么应该优先满足失败的公立学校的学生，失败的学校则由客观的学术绩效标准来判定。比如，少于35%的学生达到了本年级阅读水平的任何学校都应被看作是失败的学校。这个标准随着更多的选择学校的开放和更多的选择席位的增加而提升。一旦满足了失败学校的选择需要之后，剩下的席位应由抽签决定。

3. **合法性：私立学校选择**。通过选择项目进入私立和教会学校应该限制在那些符合预先制定的客观经济标准的家庭内。比如，现存的公立和私立奖学金项目中常用的办法是，依据联邦政府设定的满足免费午餐或午餐补贴的标准来判定。如果项目申请者超员了，那应该优先考虑那些在失败的机构中学习的申请者，标准如前所述。目标是，当贫困家长的子女们待在中产阶级父母不可能选择的学校中时，为这些家长提供选择的机会。

这里需要澄清一下关于"失败的学校"的标准中隐含的优先权。那些因为学术原因想要离开公立学校的儿童应该比那些因为哲学或宗教原因想要离开的儿童有优先权，但这并不意味着后者不是每个孩子获得良好教育的必要因素。随后，当需求不断增加超出现有的席位时，奖学金的发放应该由抽签决定。

4. **特许学校**。健全的特许学校法案应该成为发起学校选择的一部分，以提升供家庭选择的教育机构的质量和多样性。这些学校应该拥有最大可能的自治，使得它们能够根据界定该机构的核心哲学和价值观来发展自己的宪章。这些学校应该不受州和地区规章的限制，除非是关乎学校每个个体的（包括雇员、学生和家长）健康、安全或公民权利。这些机构应该有最大程度的财政和人事方面的自治，只要能够确保在州审计过程中的财政清廉。虽然教师和职员可以被允许与学校层面签署合作性契约，以保证他们在工会和其他专业团体中的会员身份，但这样的学校不应该被实际上代表了地方和州司法部门的合作契约协议所控制。家长应该参与所有学术问题的决策，保证有渠道去获得学校财政管理的所有信息。

5. **高学术标准**。作为自治的交换条件，特许学校必须执行比州学术标准更高的标准。这些标准应该包括基本技能和科目方面的内容要求，以及测量学生学习情况的客观的评价系统。标准化测试应该每年举行。虽然一些学者不断地强调这种方式的不足，但标准化测试依然是测量学生和学校绩效的最为客观的方式。相对而言，中产阶级的父母不会把孩子送到一个大部分学生的标准化测试成绩不佳的学校的。也没有理由相信贫困家长会那么做。这里的假设是，如果大部分学生没有在一定时间内达到期望的水平，那么责任在学校而不是学生。如果我们真的相信所有的人都生而平等，那么我们必须接受所有的儿童（除了那些有特定残障的儿童）都能够在学校中有良好表现的假设。

根据前面所设定的准入资格，很多（如果不是绝大多数的话）进入特许学校和其他选择学校的学生，都有前阶段学习中留下的学业滞后现象。根据在失败学校所经历的时间而设定的过渡阶段中，他们的表现最初地和暂时地应该根据其自己的进展（即通常所知的增值评价）而被评价。任何没能达到州学术标准的特许学校都应被撤销和关闭。任何参与选择项目的私立和教会学校为了保持其合法地位，也必须符合特许学校所遵守的学术标准。

6. **真正的竞争**。对于特许学校的数量不应该有限制，只要它们符合绩效标准。批准建立新特许学校或者允许现存的公立学校转成特许学校的权利不应掌握在地方学区手中，因为它们有希望减少竞争的利益纠葛。一些机构应该通过州政府授权（比如州教育部门，州立大学或新的董事会）来批准特许学校。

有资格的私立企业家应该被允许建立特许学校。特许学校应该获得与公立学校相当的足够的资助，包括人均州和地方经费以及生均花费。不能满足特许学校的绩效标准的公立学校也应该被强制关闭。对所谓的占便宜问题的最有效的回应是真正的竞争。占便宜的说法基于这样的假设，不胜任的机构被允许生存。只要失败的机构还存在，最贫困、最缺乏信息和动乱的家长的子女就会继续待在课堂中。确保没有学生从不合格的学校毕业的最好的办法是关闭这些学校。

7. **非公立学校的准入**。任何进入选择项目的非公立学校必须不论其种族、民族和信仰而接受每个学生。这意味着进入选择项目的教会学校，不能根据学生家庭的宗教信仰而拒绝学生的申请。

单性别学校应该允许保持该入学政策。对于很多个体而言——特别是女性，年轻男性也在逐渐增加——进入单性别学校有着混合学校所没有的好处。处于经济不利地位的男孩和女孩应该有同样的机会获得这种在中产阶级和上层阶级间运作良好的选择。

8. **私立学校学费**。私立学校学生的学费不应该高于特许学校（或其他公立学校）的相应的生均经费，或一般私立学校的花费。特许学校中的这个费用应该包括州和地方的花费以及成本。参与项目的非公立学校必须接受州对学生的安置，认定他们为全额支付了学费。没有家庭应该因为进入公共支持的选择项目中的私立或教会学校而受到经济惩罚。家庭可以为学校进行私人捐助，或参与策划募捐活动，但不应该以入学作为条件强迫他们捐款。

9. **公立学校中的信仰**。公立学校应该保持完全的世俗教育，任何有组织地宣扬宗教的活动都是不被允许的。然而，没有理由将宗教看作是学校课程的禁忌。这种严格的政策既不能造就好的政策，也不能造就好的教育。宗教在公民社会中扮演着重要的角色，而且在很多处于极端经济和社会劣势地位的儿童的生活中也非常重要。它是人类文化的核心部分，值得在人文研究的课程中受到关注。

10. **私立学校中的宗教**。参与选择项目的教会学校应该被允许保持其宗教取向，传递表现它独特制度文化的价值。参与公立选择项目的此类机构应该向所有儿童开放，不论他们有无信仰。为多元化的儿童服务，家长应该有权选择放弃宗教机构，但是这些机构不应该被强迫放弃界定其特性的宗教环境。作为被选择的学校，没有人被强迫进入这样的宗教机构。这些地方的特点吸引了很多需要无法在公立学校得到满足的人们。

最后的一些想法

至此，我们对学校选择有了足够了解，可以把它放在更大范围的社会公共平等背景下来考虑。但更切中要害的问题是，我们是否有政治意愿去这么做。那些习惯于回应处于控制地位的大多数群体的利益的州立法机构，能够对最贫困和虚弱的人群的需要做出回应吗？问题的解决办法违反政治逻辑，因为它需要管理部门去做它们通常并不选择去做的事，历史也不容乐观。在这一点上，行动是真正的挑战，需要重新界定美国公立教育，使之成为顾客驱动而非产品驱动。

所有这些严肃的政治问题中，选择是个道德问题，它代表了作为人，我们到底是谁以及我们超越自我而为别人着想的能力。在美国关于学校选择最为引人注目的争论是关于平等：教育在自由和富有的社会生活中是重要的公共利益，所有人都应该有同等的接受教育的权利，而不论他们的种族、阶级或哲学立场。这一点上应该没有例外或借口。

抛开政治和法律问题不说，依然有很多正直的人不情愿接受选择项目，因为他们不相信这能够帮助穷人进入更好的学校。他们不相信处于社会困境中的家长能够在教育问题上为自己的子女做出符合子女利益的选择。怀疑者们觉得这个问题留给别人处理更为合适，如学校管理者、法官或政策支持者。他们的出发点是好的，但是这样的假设和经验相左。他们忽视了本书中提到的平等的重要一课，因此值得在本书结尾处再次提及：我们无法追求作为社会目标的平等，除非我们相信它是人类方程中的基本事实。所有的个体都应该被平等对待，因为在最基本的方面他们是平等的。

杰出的耶鲁政治学者罗伯特·达尔（Robert Dahl）在他近期的颇受关注的著作《关于民主》一书中讨论了"内在平等（intrinsic equality）"的概念。他解释道，除了某些极端的相反情况，或极少数受法律保护的情况之外，通常而言，我们应该假定每个遵守法律的成人都有足够资格参与州的管理过程。这是产生民主的平等精神。达尔教授的洞见正中问题要害；如果我们相信每个人，不论他们多么卑微，都有能力处理管理政府的复杂事物，那么我们也应该假定，每个人都有能力决定哪所学校对自己的子女是最合适的。

是的，贫困家长在为子女寻找最好的教育的过程中需要克服很多，不仅仅是有限的经济资源的问题。但是他们像所有父母一样。没有人比他们更爱自己的孩子；他们比任何机构都更愿意把自己孩子的利益放在第一位；没有人比他们看到自己孩子的成功时更为喜悦，或对孩子的失败更为失望。贫困的人们非常理解教育平等的含义，因为他们长久以来面对着不平等的现实。我们应该让他们自己做出选择。

译后记

2017 年 2 月 7 日，美国国会参议院以 51 比 50 的投票结果通过总统唐纳德·特朗普（Donald Trump）对教育部长贝齐·德沃斯 (Betsy DeVos) 的提名。如投票比例所显示的那样，这位豪门贵妇出身的新任教育部长尽管受到了广泛的质疑，但是最终还是顺利当选了。在这个连一贯柔弱的迪士尼公主都开始宣告 "girl power" 的时代，性别恐怕并不是德沃斯招人非议之处，她对教育事务的核心观点才是要害。这位从未在任何公立教育机构中任职的社会活动家、商人，长期致力于推动学校选择制度的实现。可以想见，以教师工会为代表的公立学校中的各大利益集团对这位新任部长得有多抵触。光是看看围绕着德沃斯的媒体骂仗，都是颇为精彩有趣的。但是如果对教育本身有所关心，恐怕还是得看看门道：参议院最终选出了一位一直不遗余力地践行学校选择理念的教育部长，这事儿不要说在弗里德曼刚提出教育券的半个多世纪之前，就是在美国最高法院就泽尔曼诉西蒙斯—哈里斯案做出最终判决的 21 世纪之初，恐怕也是让美国人自己都难以置信的。这或许意味着，美国社会对于政府的教育责任的认识发生了一定变化。而无论这种变化具体体现在哪些方面，又会为公共教育的未来走势带来怎样的影响，毫无疑问的是，在价值多元的美国，单凭任何一个群体的一己之力都不足以推动这一变化的发生。无论是重视以竞争来提升公立学校办学绩效的市场主义信徒，还是希冀以资助贫困家庭择校来保障受教育权利平等的自由主义者，抑或企图以自主选择在子女教育上贯彻自身文化与信仰的少数群体，这些在其他社会事务上存在明确分歧甚至直接冲突的人群，在学校选择的发展中形成了某种合力。这种状况何以形成？要理解这一点，我们需要一个能够超越学校教育和司法判决本身，乃至超越对政党政治进行简单利益分析的理论框架。

约瑟夫·P. 维特里迪教授的《选择平等：美国的择校、宪法与社会》便是实现了这种超越的有益成果。曾在纽约、波士顿和旧金山等多地的公立教育系统中有过督学和顾问的丰富经验的维特里迪教授，在本研究中结合历史考察、法理分析和哲学思辨，并以来自大量实证研究的已有成果为支撑，对各种公立和非公立学校间的择校计划及其与教育平等目标的关系进行了系统讨论，为读者描绘了一幅有关学校选择在利益纠结与价值冲突之下动态发展的画卷。不仅如此，作为一名政治学和法学"科班出身"的学者，维特里迪教授在本书中独具匠心地以公民社会的视角来认识择校，就缔结了美利坚合众国的联邦宪法及其修正案的不同理论解释进行了梳理辨析，对州宪法层面上的阻碍及其与公立学校运动的关系进行了讨论，从教育与公民社会间的深刻联系出发就择校的功能与价值进行了阐释，并以促进教育机会平等为目标提出了学校选择项目合理实施的前提和原则。

在多元时代，对平等与自由的定义、价值排序乃至其实现机制的认识不免见仁见智。美国 K-12 教育中，学校选择实践的艰难发展和围绕着学校选择的学术争论与政治角力，正充分体现了这种差异。因此，维特里迪教授的观点必然也不可能是人人认同的。但无论是否认同其观点，这一从公民社会的发展来讨论教育、理解择校的视角本身在美国择校的研究中不容忽视。择校之所以能够从一个被认为有碍平等的极为小众的理念发展成为整合了不同社会需求的具有广泛民众基础（虽然仍然存在强大的社会阻力）的重要教育政策，"公民社会"的讨论框架确实具有深刻解释力。并且，本研究对于教育和公民社会间关系的洞见，其意义不仅限于解释和解决美国 K-12 教育的办学问题。"公民社会"这一兼顾价值多元与价值整合的分析视角有益于深化对教育公共性的认识，对于任何利益多元的现代民主社会的公共教育发展都具有启示价值。这也是我们选择翻译这本初版于 1999 年的专著的原因。

本书的翻译工作由武云斐博士和我合作完成。具体分工为：序二至第三章，由本人负责翻译；第四至第八章，由武云斐博士负责翻译。为保障翻译的一致性与准确性，翻译结束后两人交换互校。

作者约瑟夫·P. 维特里迪教授对于本书中译本的出版给予了大力支持，在翻译过程中曾多次以电子邮件方式对内容进行指导解释，并积极关心出版进度。丛书主编北京师范大学的曾晓东教授精心策划了本套丛书，从书目选定、资助出版到组织翻译，全程关心、指导和支持团队开展工作。丛书的另一位主编华东师范大学的刘涛博士为整个项目的顺利推进承担了大量的协调工作，他是本书最初的"发现者"，翻译了本书的中文版序言，积极参与相关讨论，推动了译著的完成。广西师范大学出版社的编辑为本书的编辑出版付出了大量辛勤劳动，严谨细致令人敬佩。中国教育学会教育政策与法律研究分会理事长、首都师范大学特聘教授、教育学科首席专家、我的博士导师劳凯声教授，清华大学教育研究院石中英教授和华东师范大学教育学部教授、长江学者、我的硕士导师范国睿教授，三位在学界极为受人敬重的权威教授对本书的翻译出版给予了关怀并慷慨推荐，令我们深感荣幸更深受鼓舞。作为译者，我们在此对各位深表感谢。同时，从个人的角度，我也需要感谢我的合作者武云斐师姐。本人虽然从事教育研究若干年并持续关注学校选择问题，但是在美国的司法知识方面仍然存在短板，并且缺乏美国本土生活经验，翻译途中难免遇到困难，甚至出现错处。幸而得遇具有丰富翻译经验并旅居美国多年的武师姐共同合作并多次指点，实在心存感激。我还需要感谢北京市哲学社会科学规划办公室支持本人的北京市社科基金研究基地项目"北京市义务教育阶段择校治理改革研究"。中美择校问题虽然存在巨大的社会差异，但作为其根源的现代教育制度却具有共性。因此，一定程度上而言，本书相应章节的翻译工作，也是这一项目中的比较研究过程。

本书中译本从选题论证到译稿清样，历时近四年。为保证译著质量，我们在每一个环节都尽心尽力，力求精准。然毕竟本书内容涉及大量司法判例、社会组织机构、政治人物和历史典故，使用了教育学、法学、政治学等多个学科的专有名词，同时作者大量引用借鉴已有研究并多处用典比喻，因此，虽然译者尽心，但仍恐译文中有疏漏之处。在此恳请读者多多批评指正。

何　颖

于首都师范大学

2018 年 4 月

Choosing Equality：School Choice，the Constitution，and Civil Society
© 1999，The Brookings Institution Press

著作权合同登记号桂图登字:20－2016－320 号

图书在版编目(CIP)数据

选择平等：美国的择校、宪法与社会／(美)约瑟夫·P. 维特里迪著;何颖，武云斐译.—桂林：广西师范大学出版社，2018.12
书名原文：Choosing Equality：School Choice，the Constitution，and Civil Society
ISBN 978－7－5598－1435－7

Ⅰ. ①选… Ⅱ. ①约… ②何… ③武… Ⅲ. ①教育－公平原则－研究－美国 Ⅳ. ①G571.2

中国版本图书馆 CIP 数据核字(2018)第 269996 号

出 品 人：刘广汉
策划编辑：刘美文
责任编辑：刘美文
助理编辑：李 影
封面设计：王鸣豪
广西师范大学出版社出版发行

（广西桂林市五里店路 9 号   邮政编码:541004）
（网址:http://www.bbtpress.com）
出版人：张艺兵
全国新华书店经销
销售热线：021－65200318 021－31260822－898
山东临沂新华印刷物流集团有限责任公司印刷
（临沂高新技术产业开发区新华路 1 号 邮政编码:276017）
开本：720mm×1 000mm 1/16
印张：16   字数：271 千字
2018 年 12 月第 1 版   2018 年 12 月第 1 次印刷
定价：48.00 元